Baedeker

Allianz Reiseführer

Loire

VERLAG KARL BAEDEKER

Hinweise zur Benutzung

Sternchen (Asterisken) als typographisches Mittel zur Hervorhebung bedeutender Bau- und Kunstwerke, Naturschönheiten und Aussichten, aber auch guter Unterkunfts- und Gaststätten hat Karl Baedeker im Jahre 1846 eingeführt; sie werden auch in diesem Reiseführer verwendet: Besonders Beachtenswertes ist durch * einen vorangestellten 'Baedeker-Stern', einzigartige Reiseziele sind durch ** zwei Sternchen gekennzeichnet. Zur raschen Lokalisierung der Reiseziele von A bis Z auf der beigegebenen Reisekarte sind die entsprechenden Koordinaten der Plannetzmaschen jeweils neben der Überschrift in Rotdruck hervorgehoben: Chambord **C 9**.

Farbige Streifen an den rechten Seitenrändern erleichtern das Auffinden der Großkapitel des vorliegenden Reiseführers: Die Farbe Blau steht für die Einleitung (Natur, Kultur, Geschichte), die Farbe Rot für die Sehenswürdigkeiten, und die Farbe Gelb markiert die praktischen Informationen.

Wenn aus der Fülle von Unterkunfts-, Gast- und Einkaufsstätten nur eine wohlüberlegte Auswahl getroffen ist, so sei damit gegen andere Häuser kein Vorurteil erweckt.

Da die Angaben eines solchen Reiseführers in der heute so schnellebigen Zeit fast ständig Veränderungen unterworfen sind, kann der Verlag weder Gewähr für die absolute Richtigkeit leisten noch die Haftung oder Verantwortung für eventuelle inhaltliche Fehler übernehmen. Auch lehrt die Erfahrung, daß sich Irrtümer kaum gänzlich vermeiden lassen.

Baedeker ist ständig bemüht, die Qualität seiner Reiseführer noch zu steigern und ihren Inhalt weiter zu vervollkommnen. Hierbei können ganz besonders die Erfahrungen und Urteile aus dem Benutzerkreis als wertvolle Hilfe gar nicht hoch genug eingeschätzt werden. Vor allem **Ihre Kritik, Berichtigungen und Verbesserungsvorschläge sind uns stets willkommen.** Sie helfen damit, die nächste Auflage noch aktueller zu gestalten. Bitte schreiben Sie in jedem Falle an die

Baedeker-Redaktion
Karl Baedeker GmbH
Marco-Polo-Zentrum
Postfach 31 62
D-73751 Ostfildern.
Tel. (0711) 4502-262, Fax: (0711) 4502-343
E-Mail: baedeker@mairs.de
www.baedeker.com

Der Verlag dankt Ihnen im voraus bestens für Ihre Mitteilungen. Unter allen Einsenderinnen und Einsendern verlost der Verlag am Jahresende – unter Ausschluß des Rechtsweges – eine Städtekurzreise für zwei Personen nach London. Falls Sie gewonnen haben, werden Sie benachrichtigt. Ihre Zuschrift sollte also neben der Angabe des Buchtitels und der Auflage, auf welche Sie sich beziehen, auch Ihren Namen und Ihre Anschrift enthalten. Die Informationen werden selbstredend vertraulich behandelt und die persönlichen Daten nicht gespeichert.

◀ *Erntegebinde aus dem "Garten Frankreichs", wie das untere Loire-Tal gerne genannt wird.*

Vorwort

Dieser Reiseführer gehört zur neuen Baedeker-Generation. In Zusammenarbeit mit der Allianz Versicherungs-AG erscheinen bei Baedeker durchgehend farbig illustrierte Reiseführer in handlichem Format. Die Gestaltung entspricht den Gewohnheiten modernen Reisens: Nützliche Hinweise werden in der Randspalte neben den Beschreibungen herausgestellt. Diese Anordnung gestattet eine einfache und rasche Handhabung. Der vorliegende Band hat die Loire, den längsten Fluß Frankreichs, zum Thema. Der Reiseführer gliedert sich in drei Hauptteile: Im ersten Teil wird über Naturraum und Landschaftsbild an der Loire, Klima, Wirtschaft, Geschichte, berühmte Persönlichkeiten und Kunstgeschichte berichtet. Eine Sammlung von Literaturzitaten leitet über zum zweiten Teil des Reiseführers, in dem zunächst einige Routenvorschläge gemacht werden und dann die touristisch interessanten Städte, Landschaften und Sehenswürdigkeiten an der Loire bzw. im weiteren Bereich des Flusses beschrieben werden. Daran schließt ein dritter Teil mit reichhaltigen praktischen Informationen, die dem Besucher das Zurechtfinden vor Ort wesentlich erleichtern. Sowohl die Sehenswürdigkeiten als auch die praktischen Informationen sind in sich alphabetisch geordnet.

Idylle am Wasser: Der Indre ist einer der schönsten Nebenflüsse der Loire.

Baedeker Specials berichten über Jeanne d'Arc, über die Fayence-Herstellung in Gien und über die Champignonzucht bei Saumur. Baedeker Allianz Reiseführer zeichnen sich durch Konzentration auf das Wesentliche sowie Benutzerfreundlichkeit aus. Sie enthalten eine Vielzahl eigens entwickelter Pläne und zahlreiche farbige Abbildungen. Zu diesem Reiseführer gehört als integrierender Bestandteil eine ausführliche Reisekarte, auf der die im Text behandelten Sehenswürdigkeiten anhand der jeweils angegebenen Plankoordinaten leicht zu lokalisieren sind. Wir wünschen Ihnen mit dem Baedeker Allianz Reiseführer viel Freude und einen erlebnisreichen Aufenthalt an der Loire!

Baedeker
Verlag Karl Baedeker

Inhalt

Natur, Kultur Geschichte

Seite 8 – 29

Reiseziele von A bis Z

Seite 30 – 183

Praktische Informationen von A bis Z

Seite 184 – 219

Baedeker Specials

Am Strom

Die Loire ist vielleicht nicht Frankreichs berühmtester, wohl aber der längste Fluß unseres westlichen Nachbarn. Wer ihrem Lauf folgen will, muß nicht nur einige Kilometer zurücklegen – von der Quelle bis zur Mündung sind es rund 1000 –, sondern er wird dabei auch mit halb Frankreich Bekanntschaft schließen. Die Reise führt ihn von der Berglandschaft im Département Ardèche, wo die Loire am Fuße eines Vulkankegels entspringt, zwischen dem burgundischen Hügelland und der alten Kulturlandschaft des Berry hindurch bis an den Südrand der Ile de France, ins geografische Herz Frankreichs, und von dort zur Atlantikküste mit ihren endlosen Stränden und traditionsreichen Seebädern. Bereits zwischen Gien und Orléans, wo der Strom nach Westen abknickt, fließt er in einem lieblichen Tal dahin, gerahmt von Wiesen und Feldern. Hinter Orléans beginnt der berühmteste Abschnitt, das Loire-Tal der Schlösser und Adelssitze, der romantischen Städtchen und Winzerdörfer, der ausgedehnten Wälder, der Weinberge und der blühenden Gärten. Der Strom wälzt sich hier in einem breiten Flußbett vorwärts und verliert sich zwischen hellschimmernden Sandbänken, die an manchen Stellen die Größe kleiner Inseln haben und von zahlreichen Wasservögeln bevölkert werden. Die Loire ein einziger Paradiesgarten? Nein, denn auch die Industrieanlagen um die größeren Städte prägen das Bild des Flusses mit.

Fayencen

aus Gien oder Nevers sind beliebte Mitbringsel

Der Fluß

bahnt sich bei Chaumont breit und gemächlich seinen Weg

Schlösser

liegen nicht immer an der Loire, aber fast immer am Wasser

entlang

Doch den kleinen Wermutstropfen kann man verschmerzen, wenn man in den Gärten von Schloß Villandry lustwandelt oder von der Aussichtsterrasse des Schlosses in Blois einen grandiosen Blick über Stadt und Fluß genießt. Der ungeheuren Baulust der französischen Könige und ihrer Vasallen verdankt diese Region über 600 Schloßbauten, darunter so berühmte wie das elegant über den Cher gespannte Chenonceau, einstiger Wohnsitz der königlichen Mätresse Diane de Poitiers, das Schloß in Chaumont mit seinem herrlichen Park oder das Château von Chambord, dessen kalte Pracht die Prestigesucht seines Bauherrn Franz I. erahnen läßt. Selbstredend fordert der Kulturgenuß einen Tribut an das leibliche Wohl, das in Frankreich bekanntermaßen nirgendwo zu kurz kommt und an der Loire schon gleich gar nicht. Ob Wild aus den Wäldern der Sologne oder Fisch aus den zahlreichen Teichen und Bächen, Spargel oder Erdbeeren, Ziegenkäse oder deftige Würste – im "Garten Frankreichs", wie François Rabelais seine Heimat einmal charakterisierte, wird man mit einer Vielzahl hausgemachter Delikatessen bewirtet. Natürlich darf zu solchen Köstlichkeiten ein guter Tropfen nicht fehlen, und auch der stammt in einer so sonnenverwöhnten Region aus den eigenen Weingärten – kurzum: Wer möchte da noch behaupten, der Gast lebe an der Loire nicht wie "Gott in Frankreich" ?

Kavaliere

Das Spiel mit der Geschichte macht allen Spaß – den Zuschauern ebenso wie den Schauspielern

Bürgerhäuser

konkurrieren auf ihre Art mit den fürstlichen Prunkbauten

Alles Käse ?!

Nein, alles Chèvre

Zahlen und Fakten

Naturraum und Landschaftsbild

Längster Fluß Frankreichs

Die Loire, der letzte "wilde" Strom Europas, ist mit insgesamt 1012 Kilometern der längste Fluß Frankreichs. Ihr 115120 km^2 großes Einzugsgebiet – das ist ein Fünftel Frankreichs! – bildet den Kernraum des westeuropäischen Landes.

Von der Quelle zur Mündung

Der Fluß entspringt in 1402 m Höhe am Gerbier de Jonc, einer vulkanischen Kuppe, die im Südosten des Zentralmassivs aufragt, etwa 60 km westlich der südfranzösischen Stadt Valence. Die junge Loire zwängt sich in steilwandigen Tälern, ja stellenweise sogar wildromantischen Schluchten zwischen den Vulkanmassiven des Velay in nordwestlicher bzw. nördlicher Richtung bis in das Becken von Le Puy. Danach gräbt sie sich wieder tief ins anstehende Granitgestein ein, um schließlich das Becken von La Forez zu erreichen, das zwischen die östlich aufragenden Berge des Lyonnais und das Bergland von Forez eingesenkt ist. Danach durchschneidet sie die Karbonschichten des einstmals berühmten Kohlereviers von St-Etienne und erreicht endlich die fruchtbare Ebene der etwa eine Autostunde nordwestlich von Lyon gelegenen Industriestadt Roanne. Südlich der Stadt, bei Villerest, wurde der Fluß erstmals zu einem größeren See aufgestaut.

Nördlich von Roanne fließt die Loire am Westrand des Charollais entlang und tritt dann in das Nivernais ein. Bei der Stadt Nevers vereinigt sie sich mit dem ebenfalls aus dem Zentralmassiv herbeiströmenden Allier und fließt nun als breiter Strom gemächlich dahin. Südlich von Giens beginnt sie ihr Flußbett in erheblichem Maße zu verbreitern, wobei ihr nördliches Ufer über lange Strecken relativ steil ist. Hingegen geht ihr südliches, ziemlich flaches Ufer ganz allmählich in die bewaldeten Sandflächen der Sologne über. Schon vor langer Zeit wurde der Fluß auf diesem Abschnitt eingedeicht.

Nördlich von Gien setzt die mittlere Loire zu einem großen Bogen an und erreicht in Orléans ihren nördlichsten Punkt. Von Süden treten die beiden Nebenflüsse Cher und Indre hinzu, deren Aufschüttungsflächen zusammen mit denen der Loire die sog. Varennes bilden, also jene Landschaft, die sich als eine weite, von Sandbänken durchzogene Ebene darstellt.

Unterhalb von Tour wendet sich die Loire nach Westen und durchfließt zwischen Angers und Nantes in mehreren, zum Teil sehr engen Talabschnitten das sog. südliche Armorikanischen Massiv. Nach der Einmündung des Maine bei Nantes verbreitert sich das Loiretal in erheblichem Maße. Schließlich bildet sich ein 48 km langer Trichter, der bei St-Nazaire in den Atlantischen Ozean mündet.

◀ *Prunkvoller Repräsentationsbau für König Franz I.: Chambord, das größte unter den zahlreichen Loireschlössern*

Naturraum und Landschaftsbild

"Garten Frankreichs"

Hinter Orléans beginnt der berühmteste und zugleich kulturträchtigste Abschnitt des Flußlaufs, das Loire-Tal zwischen Orléans und Angers. Die fruchtbaren Böden in dieser Region tragen dazu bei, daß an den sonnenbeschienenen Hängen die Trauben für einige der bekanntesten Weine Frankreichs gedeihen. Auf den eher sandigen Böden wurden große Spargelfelder und seit einigen Jahren auch Erdbeerfelder angelegt, während im fruchtbaren Hinterland, so etwa auf den Lößflächen der Beauce, Getreide angebaut wird. Ausgedehnte Obstgärten, Rosenfelder und Gemüseplantagen sind charakteristisch für das Anjou. Kein Wunder also, daß dieser von der Natur so begünstigte Abschnitt des Loire-Tals auch der "Garten Frankreichs" genannt wird.

Wasserführung

Seit eh und je problematisch für die Bewohner des Loire-Tals ist die sehr unterschiedliche Wasserführung des Flusses. In ihrem Oberlauf bis in den Raum Gien ist sie ein richtiger Gebirgsfluß, der auf einer Länge von rund 450 Kilometern einen Höhenunterschied von 1200 Metern bewältigt. Seine Wasserführung ist hier in erster Linie vom Witterungsgeschehen im Zentralmassiv abhängig, wo auch alle großen Nebenflüsse der Loire entspringen. Hochwasser kann praktisch zu allen Jahreszeiten auftreten, besonders aber während des regenreichen Herbstes, zur Zeit der Schnee-

Die Loire durchfließt ganz Mittelfrankreich.

Wasserführung (Fortsetzung)

schmelze, aber auch nach dem Durchgang starker Gewitterfronten im Spätfrühling bzw. Sommer. Während die Wasserführung nach einer längeren Trockenperiode durchaus auf 18 m³/sec absinken kann, ist es ebensowenig ungewöhnlich, daß sie innerhalb weniger Stunden auf mehr als 8000 m³/sec ansteigt. Ausgeglichener ist die Wasserführung im Mittellauf, doch kam es auch hier bereits zu schlimmen Überschwemmungen. Lediglich im Unterlauf zeigt sich der Fluß mit durchschnittlich 800 m³/sec verhältnismäßig ausgeglichen.

Flußregulierung

Trotz schwankender Wasserführung und der sich daraus ergebenden Probleme ist die Loire bis heute ein über weite Strecken kaum regulierter Strom. Lediglich an ihrem Oberlauf bei Le Puy und vor allem bei Roanne sind größere Staustufen angelegt. Bereits im 12. Jh. hat man damit begonnen, in stark hochwassergefährdeten Gebieten Deiche zu bauen. Ende der achziger bzw. Anfang der neunziger Jahre des 20. Jh.s gab es Pläne, die Loire in ein Korsett mit zahlreichen Staustufen zu zwängen. Dieses Vorhaben scheiterte jedoch am Widerstand der Umweltschützer.

Schiffahrt

Über Jahrhunderte hinweg war die Loire der wichtigste Handelsweg zwischen Paris und der Bretagne bzw. der Metropole und Lyon. Für den Gütertransport gab es Flachboote mit geringem Tiefgang, die von Pferden gezogen wurden. Um die Möglichkeiten zur Binnenschiffahrt zu verbessern, legte man schon sehr früh Kanäle an, so den 56 km langen Canal de Roanne à Digoin und ab 1822 den 196 km langen Canal latéral à la Loire (Loire-Seitenkanal) bis Briare. Von diesen zweigen Seitenkanäle ab, welche die Verbindung zu anderen Wasserstraßen herstellen: bei Digoin der 114 km lange Canal du Centre (zur Saône), bei Decize der 174 km lange Canal du Nivernais (zur Yonne) und bei Briare der 56 km lange Canal de Briare (zum Loing).
Zur Überquerung der Loire wurden bei Digoin und Briare interessante Kanalbrücken gebaut. Doch in dem Moment, als die Schiffe einen größeren Tiefgang erreichten, verlor die Flußschiffahrt rapide an Bedeutung. Der im 19. Jh. einsetzenden Konkurrenz der Eisenbahn war sie schließlich nicht mehr gewachsen. Heute wird nur der unterste Teil der Loire, von Nantes stromabwärts, von der Schiffahrt genutzt.

Klima

Da die Loire verschiedene landschaftliche Großräume Frankreichs durchfließt, hat sie auch an unterschiedlichen Klimazonen innerhalb des Landesteil. Im Mündungsgebiet der Loire herrscht ebenso wie auch in den anderen meernahen Landesteilen Nord- und Westfrankreichs eher ein gemäßigtes maritimes Klima mit geringen Temperaturunterschieden und Niederschlägen zu allen Jahreszeiten, vor allem aber im Herbst. Weiter landeinwärts wird das Klima kontinentaler, d. h. die Niederschläge nehmen ab, die Spanne zwischen den wärmsten und den kältesten Tagen wird größer. Für ganz Frankreich gilt, daß die durchschnittliche Jahrestemperatur höher ist als die in den mitteleuropäischen Staaten. Je weiter man nach Westen kommt, desto geringer werden auch die Zahl der Frosttage und um so langanhaltender die Vegetationsperiode.

Wirtschaft

Landwirtschaft

Das untere Loire-Tal zwischen Orléans und Angers wird nicht ohne Grund der "Garten Frankreichs" genannt – rund 60 % des Bodens sind agrarische Nutzfläche. Das verhältnismäßig milde Klima und die fruchtbaren Lößböden in den Ebenen schaffen ideale Bedingungen für den Anbau von Obst und Gemüse, insbesondere Äpfel, Trauben, Pfirsiche, Birnen, ja sogar

Der Kalkstein reflektiert das Sonnenlicht: Weingärten bei Sancerre, einem der wichtigsten Anbaugebiete der Loire-Weine

Landwirtschaft (Fortsetzung)

Zitronen, Melonen und Feigen sowie Kartoffeln, Bohnen, Spargel, um nur die wichtigsten zu nennen. Große Getreideanbauflächen gibt es um Orléans, während im Gebiet zwischen Saumur und Tours in den ehemaligen Kalksteinbrüchen Champignons gezüchtet werden (⟶ *Baedeker Special* S. 168). Last not least ist das Loire-Tal, vor allem die Touraine und das Anjou, auch ein namhaftes Weinanbaugebiet mit vielen Winzerbetrieben kleiner und mittlerer Größe – Weinberge unter 10 ha sind hier keine Seltenheit. Beim Vertrieb der edlen Tropfen gehen die Winzer unterschiedliche Wege; die meisten sind in Genossenschaften, sogeannten négociants, organisiert, viele füllen ihren Wein aber auch selbst ab.
In der Sologne, im Poitou sowie in den waldreichen Gebieten am Oberlauf der Loire ist auch die Forstwirtschaft ein nicht unbedeutender Wirtschaftszweig.

Viehzucht

In der gesamten Region des unteren und mittleren Loire-Tals, vor allem in der Umgebung von Paray-le-Monial, werden Charolais-Rinder gezüchtet, die für ihr gutes Fleisch auch über Frankreichs Grenzen hinaus bekannt sind. Relativ häufig sind auch landwirtschaftliche Betriebe mit Milchwirtschaft und Käsefabrikation (um Sancerre vorwiegend Ziegenkäse).

Muschelzucht

Im Küstenbereich werden auf den weiten, bei Ebbe trockenfallenden Wattflächen Miesmuscheln und Austern gezüchtet. Die Auster ist in Frankreich keineswegs eine teure Delikatesse, sondern gehört zu den Standardnahrungsmitteln. An der Küste ist der Fischfang immer noch eine wichtige Erwerbsquelle.

Industrie

Die bedeutendsten Industriestandorte konzentrieren sich im Loire-Kohlebecken bei Roanne und St-Etienne. Vorherrschend sind Maschinen- und Fahrzeugbau, Textilindustrie, Glas- und Keramikherstellung; letztere in Nevers und Gien.

Energiewirtschaft

Eine besondere Bedeutung hat die Loire für die französische Energieversorgung. Zwar gibt es, bedingt durch die geographischen Gegebenheiten, nur am äußersten Oberlauf des Stromes nennenswerte Wasserkraftwerke z. B. am Staudamm von Grangent, nördlich von Le Puy, aber das Wasser der Loire dient zur Kühlung der Reaktoren in den derzeit sechs Kernkraftwerken, die mehr als die Hälfte des französischen Atomstroms liefern. Heute versucht man die Abwärme der Kraftwerke auch zur Beheizung z. B. von Gewächshäusern zu nutzen.

Tourismus

Dank der vielen kulturellen Sehenswürdigkeiten ist die Loire, insbesondere der Abschnitt zwischen Orléans und Angers, ein beliebtes Reisegebiet – sowohl bei den Franzosen selbst als auch bei ausländischen Besuchern. Der Tourismus spielt daher ein wichtige Rolle als Wirtschaftsfaktor. Die Infrastruktur ist entsprechend gut ausgebaut; Hotels, Restaurants und Campingplätze sind in ausreichender Zahl vorhanden. Aufgrund der steigenden Nachfrage wächst auch das Angebot an Freizeit- und Sportmöglichkeiten sukzessive. Auf Wanderer und Radwanderer ist man ebenso eingestellt wie auf Kulturreisende und Weinkenner, die vor allem vor Ort probieren und kaufen wollen.

Geschichte

58–51 v. Chr.	Julius Caesar erobert das von keltischen Galliern bewohnte Gebiet des heutigen Frankreich. Damit beginnt die sprachliche und kulturelle Romanisierung des Landes.
3.–5. Jh. n. Chr.	Seit etwa 250 unternehmen die Franken Kriegszüge nach Gallien und beginnen nach 400 hier zu siedeln.
451	Die Hunnen unter König Attila (Etzel) stehen vor Orléans, werden aber von Bischof Aignan vertrieben. Bei der Schlacht auf den Katalaunischen Feldern werden sie wenig später von den Römern und ihren Hilfstruppen vernichtend geschlagen und ziehen sich nach Osten zurück.
498	Orléans wird von dem Frankenkönig Chlodwig eingenommen.
573–593	Episkopat des Gregor von Tours. Seine Frankengeschichte ist eine wichtige Quelle zur Entwicklung des Merowingerreiches.
7. Jahrhundert	Gründung der Benediktinerabtei Fleury (heute St-Benoît-sur-Loire).
732	Schlacht bei Tours und Poitiers. Karl Martell, seit 720 Reichshausmeier, rettet das Frankenreich durch den Sieg über die aus Spanien vorgedrungenen islamischen Mauren.
768–814	Karl der Große dehnt das Frankenreich aus und gliedert es in Grafschaften.
8.–9. Jahrhundert	Die Karolingische Renaissance bringt eine beispiellose Blütezeit der Künste und Wissenschaften im Geist der Spätantike hervor. Zu ihren Trägern gehört Theodulf, Bischof von Orléans und Abt von St-Benoît.
911	Die Normannen fallen in das Land an der Loire ein. Karl III. überläßt ihnen das Gebiet der Normandie als Lehen.
987	Mit dem Tode Ludwigs V. stirbt die französische Linie der Karolinger aus. Das Königsgut fällt an Hugo Capet, den Stammvater der Kapetinger.
1099	Gründung der Abtei von Fontevraud.
1154	Henri Plantagenêt besteigt als König Heinrich II. den englischen Thron. Sein Anspruch leitet sich von seiner Mutter, der Tochter Heinrichs I. von England, her.
1204/1205	Die Grafschaften Anjou und Touraine fallen der Krone zu.
1302	Erste Einberufung der drei Generalstände.
1308–1312	Die Versammlung der Generalstände in Tours verurteilt den seit 1119 bestehenden Templerorden; man wirft ihm Ketzerei und Sittenlosigkeit vor. Alle Templer werden gefangengenommen, viele getötet. Auf dem Konzil von Vienne (1312) löst Papst Klemens V. den Orden auf.
1328	Karl IV. stirbt. Mit ihm erlischt die Hauptlinie der Kapetinger. Sein Nachfolger Philipp VI. ist der erste Valois auf dem französischen Thron.
1339–1453	Hundertjähriger Krieg zwischen Frankreich und England. Eduard III. von England meldet seinen Anspruch auf Frankreich an. Er begründet ihn mit

Die Könige Frankreichs von 987 bis 1792

987– 996	Hugo Capet (geb. um 940)
996–1031	Robert II. (geb. um 970)
1031–1060	Heinrich I. (geb. 1008)
1060–1108	Philipp I. (geb. 1052)
1108–1137	Ludwig VI. (der Dicke; geb. um 1081)
1137–1180	Ludwig VII (geb. um 1120)
1180–1223	Philipp II. August (geb. 1165)
1223–1226	Ludwig VIII. (geb. 1187)
1226–1270	Ludwig IX. (der Heilige; geb. 1214)
1270–1285	Philipp III. (der Kühne; geb. 1245)
1285–1314	Philipp IV. (der Schöne; geb. 1268)
1314–1316	Ludwig X. (geb. 1289)
1316–1322	Philipp V. (geb. 1293)
1322–1328	Karl IV. (geb. 1294)
1328–1350	Philipp VI. (geb. 1293)
1350–1364	Johann der Gute (Jean le Bon; geb. 1319)
1364–1380	Karl V. (der Weise; geb. 1338)
1380–1422	Karl VI. (geb. 1368)
1422–1461	Karl VII. (geb. 1403)
1461–1483	Ludwig XI. (geb. 1423)
1483–1498	Karl VIII. (geb. 1470)
1498–1515	Ludwig XII. (geb. 1462)
1515–1547	Franz I. (geb. 1494)
1547–1559	Heinrich II. (geb. 1519)
1559–1560	Franz II. (geb. 1544)
1560–1574	Karl IX. (geb. 1550)
1574–1589	Heinrich III. (geb. 1551)
1589–1610	Heinrich IV. (geb. 1553)
1610–1643	Ludwig XIII. (geb. 1601)
1643–1715	Ludwig XIV. (geb. 1638)
1715–1774	Ludwig XV. (geb. 1710)
1774–1792	Ludwig XVI. (geb. 1754)

seiner Abstammung von Isabella, der mit Eduard II. verehelichten Tochter des Kapetingers Philipp IV. Die Engländer erzielen bedeutende militärische Erfolge; 1356 nimmt der ‘Schwarze Prinz’, Sohn Eduards III., bei Maupertuis den französischen König Johann II. gefangen. Trotz des Friedensschlusses von Brétigny (1360) gehen ab 1369 die Kämpfe weiter. 1339–1453 (Fortsetzung)
1429 reißt das Bauernmädchen Jeanne d'Arc (⟶ *Baedeker Special* S. 21) das entmutigte französische Heer mit sich zu neuen Siegen. Sie überredet Karl VII., sich in Reims zum König von Frankreich krönen zu lassen. Am 8. Mai wird das von den Engländern belagerte Orléans durch ihre Truppen befreit. Nach ihrer Gefangennahme wird sie vor ein kirchliches Tribunal gestellt und am 30. Mai 1431 in Rouen als Ketzerin verbrannt.
Bis 1453 werden die Engländer vollständig aus Frankreich vertrieben.

Herzog René, genannt ‘le Bon’ (= der Gute), herrscht in Anjou. Als Regent glücklos, wird er jedoch zum größten Mäzen seiner Zeit. Angers blüht zu einer berühmten Kunststadt auf. 1434–1471

Karl VII. unterzeichnet in Bourges die Pragmatische Sanktion, die der französischen Kirche eine erhebliche Unabhängigkeit von Rom sichert und den Gallikanismus begründet. 1438

Ludwig XI. vereinigt das heimgefallene Lehen Anjou mit der Krone. 1480

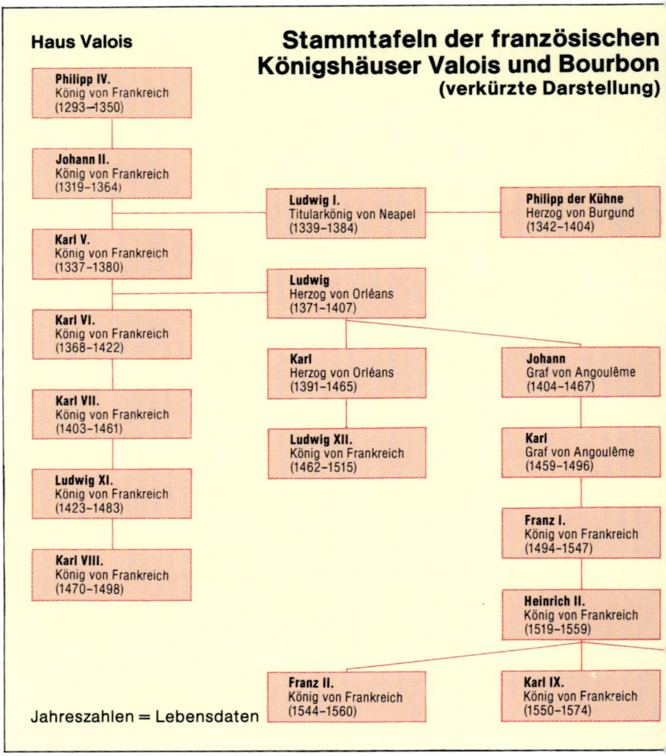

1494–1559 Italienische Feldzüge: Karl VIII. erhebt Erbansprüche auf Mailand und Neapel. Er erobert die Gebiete, kann sie aber auf die Dauer nicht halten. Sein Nachfolger Ludwig XII. wird 1513 durch schweizerische Landsknechte aus Italien vertrieben. Franz I. erkämpft Mailand wieder. 1519 bewirbt er sich erfolglos um die römisch-deutsche Kaiserkrone; zwischen 1521 und 1544 führt er vier Kriege gegen Karl V. um die Vorherrschaft in Italien und das burgundische Erbe. 1525 wird er bei Pavia besiegt und gefangengenommen; er muß alle Ansprüche auf Italien aufgeben.

Durch die Feldzüge kommt Frankreich erstmals mit den von Italien ausgehenden Ideen von Humanismus und Renaissance in Berührung, die bald auch hier ihren Siegeszug antreten und in der Kunst wie in den Geisteswissenschaften eine neue Ära einleiten. In rascher Folge werden alte Schlösser im Stil der Zeit umgestaltet und neue errichtet (Amboise, Chambord, Chenonceau u. a.).

1532 In Nantes wird die Vereinigung der Bretagne mit dem französischen Königreich besiegelt.

1552 Vertrag von Chambord: Heinrich II. unterstützt die von Moritz von Sachsen geplante Erhebung gegen Karl V. Dafür erhält er das Reichsvikariat über die 'Drei Bistümer' Metz, Toul und Verdun.

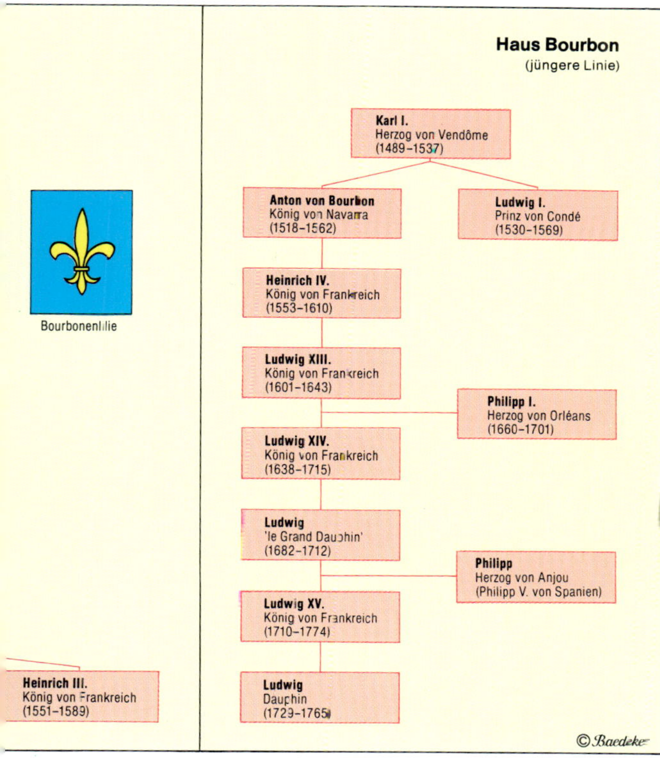

In der Verschwörung von Amboise fordern die Hugenotten Glaubensfreiheit. Sie versuchen König Franz II. dem Einfluß der katholischen Herzöge von Guise zu entziehen, aber ihr Plan mißlingt, und Tausende von ihnen werden hingerichtet. 1560

Die Religionskriege erschüttern Frankreich in blutigen Parteikämpfen. Neben konfessionellen Motiven spielen handfeste politische Interessen die Hauptrolle. Hunderttausende von Hugenotten flüchten ins Ausland. 1562–1598

In der 'Bartholomäusnacht' ('Pariser Bluthochzeit'; 24. August) läßt Katharina von Medici (→ Berühmte Persönlichkeiten), die Mutter des willensschwachen Karl IX., den Anführer der Hugenotten, Gaspard de Coligny, und Tausende seiner Anhänger umbringen. 1572

Der Herzog von Guise, Führer der 1576 gegründeten Katholischen Liga, wird in Blois auf Befehl Heinrichs III. ermordet. 1588

Um das Land zu befrieden, tritt Heinrich IV. zum Katholizismus über ("Paris ist eine Messe wert"). 1593/1598
Im Edikt von Nantes wird den Hugenotten bedingte Religionsfreiheit zugestanden. Das Ende der Religionskriege führt u. a. zum Wiedererstarken der königlichen Autorität.

Geschichte

1604	Der Canal de Briare, der die Verbindung zwischen Loire und Seine herstellt, wird gebaut.
ab 1624	Kardinal Richelieu, nach ihm Kardinal Mazarin und Ludwig XIV. führen die Krone zu höchster Macht: Beginn des Absolutismus. Ludwig verlegt seinen Aufenthalt bevorzugt nach Paris (Louvre; später Versailles); das Land an der Loire verliert seine Bedeutung als höfischer Mittelpunkt Frankreichs.
1648–1653	Hochadel und Gerichtsbarkeit widersetzen sich der Politik Mazarins. Es kommt zu den sogenannten Fronde-Aufständen. Uneinigkeit innerhalb der Fronde führt zu ihrem Niedergang.
1789–1795	Die Französische Revolution zerbricht die alten feudalen Strukturen. Die Kirchengüter werden eingezogen; viele Kunstwerke fallen einem Bildersturm zum Opfer. Wie an anderen Orten werden auch in Nantes Massenhinrichtungen durchgeführt.
1832	Beginn der Dampfschiffahrt auf der Loire.
1847–1852	Abd el-Kader, der Führer mehrerer die Franzosen bekämpfender algerischer Berberstämme, ist im Schloß von Amboise interniert.
1870–1871	Deutsch-Französischer Krieg. Es kommt u. a. bei Orléans zu Gefechten.
um 1900	Die Loire-Schiffahrt wird wegen der zunehmenden Konkurrenz durch die Eisenbahn eingestellt.
1914–1918	Erster Weltkrieg. 1917 richten die Verbände der Vereinigten Staaten von Amerika in Tours ihr Hauptquartier ein. Bei St-Nazaire gehen Truppen an Land.
1939–1945	Zweiter Weltkrieg. Im Jahr 1940 ist Tours für kurze Zeit Sitz der vor den deutschen Truppen aus Paris geflohenen französischen Regierung. Heftige Kämpfe um die Stadt Saumur. 1945 wird Marschall Pétain festgenommen und auf die Insel Yeu gebracht, wo er 1951 stirbt.
1969/1970	Das erste Kernkraftwerk Frankreichs bei Avoine-Chinon geht in Betrieb. 1970 wird die Universität von Tours gegründet.
1985	Frostschäden bringen die Loire-Brücke bei Sully zum Einsturz.
1986	Papst Johannes Paul II. besucht Paray-le-Monial.
1987	Tausendjahrfeier der Entstehung Frankreichs.
1988	Umweltschützer protestieren gegen die geplante Errichtung von Staudämmen und Deichen an der Loire.
1989	Bicentenaire (200. Jahrestag) der Französischen Revolution. Einweihung des TGV Atlantique (Train Grande Vitesse).
1993	Das internationale Kongresscentrum “Vinci” in Tours wird eröffnet.
1997	Im April 1997 löst Jacques Chirac die Nationalversammlung auf. Bei vorgezogenen Neuwahlen verliert die Regierung von Alain Juppé (RPR) die Mehrheit; der Sozialist Lionel Jospin (PS) wird neuer Ministerpräsident einer linken Koalitionsregierung.
1999	Totale Sonnenfinsternis über Teilen Frankreichs.
2002	Seit dem 1. Januar 2002 ersetzt der Euro den Franc.

Berühmte Persönlichkeiten

Hinweis

Die nachstehende, namensalphabetisch geordnete Liste vereinigt historische Persönlichkeiten, die durch Geburt, Aufenthalt, Wirken oder Tod mit dem Gebiet verbunden sind und überregionale Bedeutung erlangt haben.

Honoré de Balzac (20. 5. 1799 bis 18. 8. 1850)

Das Leben des großen französischen Schriftstellers, der in Tours das Licht der Welt erblickte, verlief alles andere als ruhig und geordnet. Honoré de Balzac studierte zunächst Rechtswissenschaften, bevor er sich der Schriftstellerei zuwandte. Um Geld zu verdienen, betrieb er gleichzeitig einen Verlag und eine Druckerei, doch seine unternehmerische Glücklosigkeit führte dazu, daß er seine Geschäfte wieder aufgeben mußte. Erst im Alter von dreißig Jahren feierte er als Schriftsteller Erfolge und fand Aufnahme in die vornehme Gesellschaft. Die Notwendigkeit, die hohen Schulden aus dem Konkurs seines Unternehmens zu begleichen und seinen aufwendigen Lebensstil zu finanzieren, trieb Balzac zu unermüdlicher Produktion. Sein bedeutendstes Werk ist der seit 1831 entstandene, aber unvollendete Romanzyklus "La comédie humaine" ("Die menschliche Komödie"), ein großangelegtes Sittengemälde der französischen Gesellschaft in der Zeit zwischen Französischer Revolution und "Julikönigtum".

René Descartes (31. 3. 1596 bis 11. 2. 1650)

René Descartes, der sich später, humanistischer Tradition folgend, Renatus Cartesius nannte, kam in dem Touraineort La Haye (heute Descartes) zur Welt. Nach dem Besuch der Jesuitenschule von La Flèche durchzog er, zunächst als Kriegsmann, Europa; später ließ er sich in Holland nieder, wo er zwanzig Jahre lebte. Sein letztes Lebensjahr verbrachte er in Stockholm, wohin ihn Königin Christine berufen hatte. Berühmt wurde Descartes durch sein philosophisches System, dessen Quintessenz das rationale Prinzip des "cogito ergo sum" ("ich denke, also bin ich") darstellt. Auch auf dem Gebiet der Mathematik, insbesondere der Geometrie und Algebra, war Descartes Wegweiser in eine neue Zeit.

Diane de Poitiers (3. 9. 1499 bis 22. 4. 1566)

Die Namensgleichheit war kein Zufall: Nur zu gern ließ sich Diane von Poitiers, die Geliebte des französischen Königs Heinrich II., in Gestalt der römischen Jagdgöttin Diana porträtieren. Über 20 Jahre dauerte die Liebesaffäre, die Diana zur einflußreichsten Frau neben der Königin machte. Der Tod Heinrichs bedeutete das rapide Ende ihrer Machtfülle. Ihre Erzrivalin Katharina von Medici zwang sie, den Hof zu verlassen und auch das von ihr geliebte Schloß Chenonceau zu räumen.

Franz I. (12. 9. 1494 bis 31. 3. 1547)

Der französische König Franz I. (François), der einer Seitenlinie des Hauses Valois entstammte und seit 1515 regierte, gehört zu den herausragenden Protagonisten auf der politischen Bühne des 16. Jh.s. Bestimmend für seine Außenpolitik war das gespannte Verhältnis des Königs zu dem Habsburger Karl V., dem er bei der Kaiserwahl 1519 unterlag. Um die habsburgische Macht zu brechen, suchte Franz u. a. die Verbindung zum Papst und zu den protestantischen Reichsständen. Innenpolitisch gelang es ihm, den Hof zum Mittelpunkt des Staates zu machen und die Herrschaft zu zentralisieren, womit er dem Absolutismus in Frankreich den Weg ebnete. Wie auch viele andere Renaissancefürsten zog Franz I. als Förderer der Künste und Wissenschaften bedeutende Künstler und Gelehrte an seinen Hof. Nicht nur an der Loire, sondern auch in der Ile-de-France ließ Franz I. Schlösser erweitern oder neu errichten.

Honoré de Balzac

Franz I.

Katharina von Medici

Katharina von Medici (13. 4. 1519 bis 5. 1. 1589)

Katharina, die Tochter Lorenzos II. von Medici, kam in Florenz zur Welt. Im Alter von 14 Jahren wurde sie mit dem späteren franzöischen König Heinrich II. verheiratet. Ihre große Rivalin war Diane de Poitiers, die einflußreiche Geliebte des Herrschers. Nach Heinrichs Tod regierte Katharina zunächst für ihren Sohn Karl IX. In der Zeit der Glaubenskämpfe suchte sie die Stellung des Königtums zwischen den Hugenotten und den Katholiken zu stabilisieren. Als der Calvinist Gaspard de Coligny, Admiral von Frankreich, den jungen König auf die Seite der Reformierten ziehen wollte, ließ Katharina in der Nacht zum 24. August 1572, der sog. "Bartholomäusnacht" oder "Pariser Bluthochzeit", Tausende von Hugenotten ermorden.

Leonardo da Vinci (15. 4. 1452 bis 2. 5. 1519)

Der geniale italienische Künstler, Techniker und Forscher Leonardo da Vinci verbrachte die letzten zwei Jahre seines Lebens am Hofe von König Franz I. Sein Mitwirken an der Bauplanung verschiedener Schlösser (z. B. Blois und Chambord) steht außer Zweifel, läßt sich aber im Einzelfall nicht immer exakt abgrenzen. Der König stellte Leonardo in Amboise das Schlößchen Clos-Lucé zur Verfügung, wo dieser auch starb. Seine Gebeine ruhen in der Kapelle des dortigen Königsschlosses.

Ludwig XIV. (5. 9. 1638 bis 1. 9. 1715)

Ludwig XIV., genannt "Le Roi Soleil", der Sonnenkönig, ist die Verkörperung des absolutistischen Prinzips schlechthin ("L'état c'est moi" = "Der Staat bin ich"). Um die Einheit des Landes zu wahren, hob er 1685 das Edikt von Nantes auf und ging auch gegen andere religiöse Reformbestrebungen vor. Andererseits verteidigte er die Sonderstellung, die der gallikanische Katholizismus genoß, auch gegenüber dem Papst. Doch den Hegemonieanspruch Frankreichs in Europa konnte er trotz politischer und militärischer Erfolge nicht durchsetzen.

Martin von Tours (um 317 bis 8. 11. 397)

Als Soldat teilte er seinen Mantel mit einem frierenden Bettler, und als Eremit gründete er bedeutende Klöster: Der hl. Martin gehört zu den großen frühchristlichen Missionaren des Abendlandes. Vom Jahr 371 an war er Bischof von Tours; nach seinem Tode wurde er heiliggesprochen und zum Apostel Galliens erhoben. Der Mantel des hl. Martin war eines der fränkischen Reichskleinodien.

Denis Papin (22. 8. 1647 bis 1714)

Der in der Nähe von Blois geborene Naturforscher und Arzt Denis Papin ist als Erfinder des Dampfdruckkessels mit Sicherheitsventil ('Papinscher Topf') in die Geschichte der Technik eingegangen. Er experimentierte viel mit den Kräften von Dampf und Druckluft, erfand Pumpen, Zentrifugen und angeblich auch ein mit Dampfantrieb ausgestattetes Schiff. Die Aufhebung des Ediktes von Nantes (1685) vertrieb ihn, der Hugenotte war, aus Frankreich. Nach Aufenthalten in Marburg und Kassel ist Papin nach 1714 in England verschollen.

Amazone, Märtyrerin, Nationalheldin

Schon lange bevor die Kirche sie im Jahre 1920 heiligsprach, wurde sie wie eine Heilige verehrt. Kein Wunder, denn das Bauernmädchen aus der Lorraine hatte in einem fast schon verloren geglaubten Krieg ihrem Vaterland zum Sieg verholfen, dem zaudernden Thronfolger den Weg gewiesen und schließlich der Inquisition getrotzt, die sie am Ende dennoch zum Tod auf dem Scheiterhaufen verurteilte.

Als Jeanne d'Arc die politische Bühne betrat, herrschte Krieg zwischen England und Frankreich, der Hundertjährige Krieg, wie ihn später die Historiker nennen sollten. England versuchte, seinen Anspruch auf den französischen Thron durchzusetzen. 1422 besetzten englische Truppen den Norden Frankreichs und nahmen Paris ein. Der Dauphin Karl VII. floh aus Paris und zog sich in die befestigten Schlösser an der Loire zurück. Damit machte er allerdings England den Weg frei, denn der französische Thron galt solange als vakant, wie der Dauphin sich nicht in Reims krönen ließ. Im Herbst 1427 spitzte sich die Lage zu, als sich englische und burgundische Truppen verbündeten, in das Gebiet an der Loire einfielen und vor Orléans standen, der letzten französischen Bastion. Die Stadt setzte sich zur Wehr, doch die Belagerer blieben hartnäckig. In dieser Situation trat Jeanne d'Arc auf den Plan. Angeblich hatte das streng gläubig erzogene Mädchen Stimmen gehört, die sie aufforderten, Frankreich von den Engländern zu befreien. Sie begab sich nach Chinon, wo sie nach eingehenden Verhören am 25. Februar 1429 vom Dauphin empfangen wurde und ihn davon überzeugen konnte, daß er sich zum König krönen lassen mußte. Man unterstellte ihr ein Heer, dem es am 8. Mai 1429 gelang, Orléans von den Besatzern zu befreien. Doch nach einem weiteren Sieg bei Patay und der Krönung Karls VII. in Reims am 17. Juli schloß der kriegsmüde König einen Friedensvertrag mit den Burgundern. Jeanne kämpfte ohne die Rückendeckung des Königs weiter, marschierte auf Paris zu und wurde dort verwundet. Das Vertrauen der Soldaten in die junge Anführerin nahm ab, Niederlagen stellten sich ein. Schließlich geriet Jeanne in die Gefangenschaft der Burgunder, die sie den Engländern auslieferten. In Rouen stellte man sie vor ein kirchliches Tribunal und beschuldigte sie, mit Hilfe böser Mächte die Siege errungen zu haben. Johanna verteidigte sich mit dem Hinweis auf ihre göttliche Eingebung, doch die Inquisition befand sie der Ketzerei für schuldig, und so wurde sie am 30. Mai 1431 auf dem Scheiterhaufen verbrannt. Daß selbst innerhalb der Kirche Zweifel an dem Schuldspruch aufkamen, zeigt die Tatsache, daß das Urteil bereits 1455 aufgehoben wurde. Jeanne d'Arcs starke Persönlichkeit, ihr mutiges Auftreten und ihre ungewöhnliche Ausstrahlung ließen die Märtyrerin bereits bei ihren Zeitgenossen zu einer hochverehrten Person werden. Und: Der Mythos "Jeanne d'Arc" beschäftigt bis heute Historiker, Schriftsteller und Filmemacher.

Berühmte Persönlichkeiten

François Rabelais

Ch. M. de Talleyrand

Jules Verne

François Rabelais (um 1494 bis 9. 4. 1553)

Eigentlich war er Kleriker, aber der Nachwelt ist er als Schöpfer wortgewaltiger, lebenspraller und von derbem Grobianismus wie von humanistischer Bildung übervoller Epen im Gedächtnis geblieben: François Rabelais, zunächst Ordensbruder bei den Franziskanern, dann bei den weniger strengen Benediktinern, später Weltgeistlicher und Arzt. Sein bekanntestes Werk ist die Geschichte vom Riesen Gargantua und seinem Sohn Pantagruel, ein mehrbändiges Opus, das als böse Satire auf die Sitten der Zeit gedeutet wird.

Duc de Sully (Maximilien de Béthune; 13. 12. 1560 bis 22. 12. 1641)

Maximilien de Béthune war Minister Heinrichs IV., dem er als Hugenotte auch weltanschaulich nahestand. Seit 1576 hatte er im Hugenottenheer gekämpft. Nachdem Heinrich den Thron bestiegen hatte, berief er ihn als Finanzberater und betraute ihn mit der Aufgabe, Wirtschaft und Staatsfinanzen zu sanieren. Für seine Verdienste wurde Béthune im Jahre 1606 zum Herzog von Sully erhoben, aber nach dem Tod Heinrichs entmachtet.

Charles Maurice de Talleyrand (2. 2. 1754 bis 17. 5. 1838)

Der aus altem Adel stammende Charles Maurice de Talleyrand-Périgord war seit 1788 Bischof von Autun. Als Mitglied der Nationalversammlung schloß er sich 1789 den Revolutionären an und wurde ein bedeutender Vertreter der konstitutionellen Kirche, als welcher er 1791 den Eid auf die Verfassung leistete. Dafür wurde er vom Vatikan mit dem Kirchenbann bestraft und trat aus der Kirche aus. Nachdem er vom Konvent als Royalist verurteilt worden war, hielt er sich 1794–1796 in Amerika auf. Nach seiner Rückkehr diente er dem Direktorium und dann Napoleon I. als Außenminister. Dessen Großmachtpolitik allerdings lehnte er ab, weshalb er 1809 entlassen wurde. Auf dem Wiener Kongreß vertrat er die Interessen Frankreichs und war bis 1815 nochmals Außenminister.

Jules Verne (8. 2. 1828 bis 24. 3. 1905)

Jules Verne, der berühmte Sohn der Stadt Nantes, war einer der ersten, die im ausgehenden 19. Jh. den technischen Fortschritt des Industriezeitalters gedanklich fortführten und ihn dabei ins Utopische steigerten. Als man sein Werk vor einigen Jahrzehnten wiederentdeckte, staunte man darüber, wie exakt er viele technische Entwicklungen vorausgesehen hat.

François Villon 1431–1463)

Der aus ärmlichen Verhältnissen stammende François Villon, eigentlich François de Montcorbier, war zeitlebens ein unruhiger Geist. 1452 erlangte den akademischen Grad eines Magisters, aber meist hielt er sich nicht unter seinesgleichen, sondern unter Gaunern, fahrendem Volk und Abenteurern auf. Nach einer Messerstecherei wurde er 1463 zum Tode verurteilt und entging nur knapp der Hinrichtung. Er mußte Paris verlassen und ist von diesem Zeitpunkt an untergetaucht. Seine zynische, zugleich aber erschreckend offene Dichtung (“Kleines Testament”, “Großes Testament”) war weithin bestimmend auch für die Vagantenlyrik der Gegenwart.

Kunstgeschichte

Vor- und Frühgeschichte

Aus vor- und frühgeschichtlicher Zeit sind an der Loire kaum nennenswerte Zeugnisse erhalten; auch die griechische und römische Kolonisation ist an dieser Gegend fast spurlos vorübergegangen.

Karolingische Kunst

In frühchristlicher Zeit werden im ganzen Lande Klöster gegründet. Eine herausragende Bedeutung nimmt die im 7. Jh. gegründete Abtei von Fleury, heute St-Benoît-sur-Loire, ein. Die klösterliche Schreibschule der Abtei, in der berühmte Handschriften entstehen, gehört ebenso wie von Tours im 8. Jh. zu den künstlerischen Zentren des Karolingischen Reiches. In der sakralen Architektur der Karolingerzeit wird der Zentralbau bevorzugt. Die Kirche von Germigny-des-Près, einem kleinen Ort bei St-Benoît-sur-Loire, ist ein Beispiel für den karolingischen Kirchenbau an der Loire.

Romanik

Die Romanik setzt um das Jahr 1000 ein. Ihr augenfälligstes Merkmal ist der Rundbogen. Im Sakralbau gewinnt der Typus der Basilika stark an Bedeutung, der auch später in der Gotik vorherrschend bleiben wird. Charakteristisch für die Basilika ist ein Mittelschiff, das die beiden Seitenschiffe überragt und eigene Fenster besitzt. Später kommen noch das Querhaus und gelegentlich weitere Seitenschiffe hinzu. Die Innenräume sind in ihrer asketischen Kargheit sehr wirkungsvoll. Der Bauschmuck konzentriert sich auf die Kapitelle von Pfeilern und Säulen, an denen sich eine reiche Ornamentik mit Pflanzen-, Tier- und Menschendarstellungen entfaltet. Verhältnismäßig häufig sind stilistische Einflüsse aus dem byzantinischen Raum, z. B. in der Kathedrale von Le Puy (12. Jh.).
Wichtige Impulse für die Weiterentwicklung des romanischen Kirchenbaues gingen von der Reform des burgundischen Benediktinerklosters Cluny aus (10./11. Jh.). Das Querhaus wird stärker nun betont – wodurch die Kreuzesform des Grundrisses sich heraushebt – und erhält einen Vierungsturm. Im Westen, auf der Eingangsseite, schließt der Kirchenbau mit einer Vorhalle . Nach diesem Muster entstehen die Kirchen von Paray-le-Monial, St-Benoît-sur-Loire und La Charité (letztere nur teilweise erhalten). Auch die Kathedrale von Nevers geht auf romanische Ursprünge zurück. In diese Zeit fällt auch die erste Hochblüte der Glasmalerei. Hervorragende Beispiele für diese “Kunst am Bau” findet man vor allem in der Kathedralen von Angers und in der Kirche La Trinité in Vendôme.

Plantagenêt-Stil

Zwischen 1150 und 1250, am Übergang von der Romanik zur Gotik, bildet sich im Anjou, im Poitou und in der Touraine der sogenannte Plantagenêt-Stil heraus, benannt nach der Dynastie, die zu dieser Zeit in den besagten Gebieten herrschte. Charakteristisch für diesen Stil ist das sog. Anjou-Gewölbe, bei dem der Schlußstein höher liegt als die Spitzen der Bögen zwischen den einzelnen Jochen.

Gotik

Seit dem 12. Jh. setzt sich die in Frankreich entstandene Gotik im Kirchenbau durch. Während bei den Bauwerken aus der Romanik die Dachkonstruktion noch auf massigen, nur von wenigen Fenstern durchbrochenen Mauern ruht, wird nun in der Gotik mit der Einführung der Kreuzrippe die statische Voraussetzung dafür geschaffen, durch das sogenannte Strebewerk den Seitenschub des Gewölbes abzufangen und die Kräfte in das Fundament zu leiten. Durch diese Konstruktion werden die Mauern von ihrer tragenden Funktion entlastet und können in große Fensterflächen

Gotik (Fortsetzung)

aufgelöst werden. Die Glasmalerei feiert ihre größten Triumphe in den Kathedralen von Bourges und Tours. Die schmalen, überwölbten Kirchenschiffe lenken den Blick nach oben. Türen, Fenster und Wände zeigen reiches Maßwerk. Mit den Portalfiguren der Kathedrale von Chartres beginnt die Hochblüte der mittelalterlichen Steinskulptur.
Je mehr sich die Gotik ihrem Ende zuneigt, desto raffinierter wird der Maßwerkschmuck. So entsteht schließlich der "Style flamboyant" ('Flammender Stil'), der seinen Namen von den an Flammen erinnernden, kunstvollen Ornamenten hat. In der ausgehenden Gotik wächst auch die Bedeutung des Profanbaus. Wehrhafte Schlösser, stattliche Bürgerpalais und große Spitäler werden errichtet.
Die Buchmalerei gewinnt in der Gotik an Bedeutung. Herzog Jean de Berry und Ludwig I. von Anjou beschäftigen niederländische Miniaturmaler (u. a. entsteht das berühmte Stundenbuch des Herzogs von Berry). Vermutlich im Auftrag von Ludwig I. entwirft Hennequin de Bruges den berühmten, 1375–1380 von dem Pariser Teppichweber Nicolas Bataille gefertigten Gobelin-Zyklus "Tenture de l'Apokalypse", der heute im Schloß von Angers aufbewahrt wird.

Renaissance

Im Verlauf des 15. Jahrhunderts beginnt sich das Tal der mittleren Loire, etwa zwischen Orléans und Saumur, zum bevorzugten Aufenthaltsort der französischen Könige zu entwickeln. Als erster zieht Karl VII. 1427 in Chinon ein, und in der kurzen Zeitspanne von etwa 150 Jahren (bis zum Tode Heinrichs III., 1589) entsteht in diesem Gebiet eine Kette von prunkvollen Schlössern. Auf seinen Feldzügen nach Italien lernt Karl VIII. die Renaissance kennen, die dort um 1420 aufgekommen war. Tief beeindruckt von der "Wiedergeburt" der Antike, läßt er Handwerker und Künstler, Gärtner, Architekten und Gelehrte in seine Heimat bringen und sein Stammschloß im neuen Kunststil erweitern. So wird Amboise zum Ausgangspunkt für den Siegeszug der Renaissance durch ganz Frankreich.
Unter Karls Nachfolgern zeichnet sich vor allem König Franz I. durch seine Bauleidenschaft aus. Das Emblem des Herrschers, ein feuerspeiender Salamander, ist an vielen Schlössern zu finden. Es entstehen die Neubauten von Châteaudun, Chenonceau, Blois und Chambord. Hat man sich bei den militärischen Zweckbauten vergangener Zeiten noch an strategischen und topograpahischen Gegebenheiten und Erfordernissen orientiert, so wandelt sich das Schloß jetzt zum repräsentativen Prunkbau, wenngleich formal noch vieles an wehrhafte Burgen erinnert, beispielsweise wuchtige Ecktürme, Wehrgänge mit Pechnasen oder wassergefüllte Gräben. Franz I. zieht auch namhafte ausländische Künstler, so den genialen Leonardo da Vinci, an seinen Hof. Der Kirchenbau tritt gegenüber der Profanarchitektur stark zurück, bleibt auch stilistisch der neuen Strömung fern.
Eine Kunstgattung tritt besonders in den Vordergrund: der Gobelin (Bildteppich). Die großflächigen Wandbehänge, nicht nur Schmuck, sondern auch der Wärmedämmung in den unzureichend beheizten Räumen dienend, werden vor allem in Flandern hergestellt, aber auch in Frankreich entstehen Manufakturen. Die Herstellung ist aufwendig und arbeitsintensiv: Ein Teppichweber benötigt ein ganzes Jahr, um einen einzigen Quadratmeter Gobelinfläche herzustellen.

Barock

Dem Barock in Italien und Deutschland entspricht in Frankreich die sog. Klassik, ein in bewußter Abgrenzung gegenüber dem bewegten Barock entstandener Stil, der in der Architektur und in der Innenraumgestaltung eher strenge Formen bevorzugt, die Antike wieder stärker rezipiert und auf Ordnung und Symmetrie bedacht ist. Im wesentlichen deckt sich die Zeit der französischen Klassik mit der Epoche des Absolutismus. Da der König und mit ihm der Adel zunehmend die Nähe von Paris suchen, läßt die Bautätigkeit im Loire-Tal erheblich nach. Berühmtestes Beispiel für den klassischen Barockstil an der Loire ist der 1635–1638 von François Mansart errichtete Flügel des Gaston d'Orléans im Schloß von Blois. Die Klassik dauert bis zum späten 18. Jh., wird dann in Malerei und Plastik von der Romantik, in der Architektur vom Klassizismus abgelöst.

Der Bauherr war humanistisch gebildet: Schloß Beauregard, um die Mitte des 16. Jh.s erbaut, ist ein typisches Beispiel für die Renaissance an der Loire.

19. Jahrhundert

In der Architektur folgen auf den Barock der Klassizismus und der Historismus, der auf vergangene Stilformen zurückgreift. So erwacht auch das Interesse an den mittelalterlichen Kunstdenkmälern wieder, die in der zweiten Jahrhunderthälfte mit großem Engagement restauriert werden. Die königlichen Gemächer im Schloß von Blois sind ein anschauliches Beispiel dafür, wie die Restauratoren des 19. Jh.s ein Baudenkmal nicht nur erforschten und die Bausubstanz sicherten, sondern sich darüber hinaus zu allerlei Ergänzungen oder sogar Veränderungen anregen ließen.

20. Jahrhundert

Bereits im 19. Jh. und erst recht im 20. Jh. konzentriert sich die Kunstszene in Frankreich auf die Metropole Paris. Auch die Städte an der Loire liegen nur noch am Rande des Geschehens. Dennoch haben immer wieder Künstler den Weg an Frankreichs längsten Strom gefunden, so zum Beispiel der Surrealist Max Ernst, an dessen Aufenthalte ein Brunnen in Amboise erinnert, oder der amerikanische Künstler Alexander Calder, der sich eine Zeitlang in dem Dorf Saché niederließ.

Die Loire in Zitaten

Jean Pasquerel
Französischer
Augustinermönch

AUSSAGE AM 3. MAI 1456 IM REHABILITATIONSPROZESS JEANNE D'ARC

An jenem Tage machten wir auf freiem Felde halt, und ebenso am nächsten Tag. Am dritten Tag gelangten wir in die Nähe von Orléans, wo die Engländer das Flußufer mit den Schanzen hielten. Das Heer des Königs rückte so dicht an die Stellungen der Engländer heran, daß sich Engländer und Franzosen gegenseitig beobachten konnten. Die Loire führte damals so wenig Wasser, daß die Schiffe weder stromaufwärts fahren noch sich dem feindlichen Ufer nähern konnten. Dann stieg das Wasser, fast plötzlich, und so hoch, daß die Schiffe dem Heer entgegenfahren konnten. Johanna bestieg mit einigen Kriegsleuten ein Schiff, um in die Stadt zu gelangen. Ich kehrte auf Johannas Befehl mit den Priestern und dem Banner bis nach Blois zurück. Wenige Tage später zog ich mit einer starken Truppe ungehindert über die Beauce nach Orléans zurück, immer vornean mit den Priestern und dem Banner. Als Johanna hörte, daß wir im Anmarsch waren, kam sie uns entgegen, und zusammen zogen wir ohne ein Hindernis in Orléans ein, wohin wir vor den Augen der Engländer Lebensmittel brachten. Es war wirklich wunderbar, wie die Engländer mit ihrer ganzen Macht und Stärke uns kleines Häuflein Königstreuer vor ihren Augen vorbeiziehen ließen. Sie sahen und hörten die Priester singen, und ich war unter ihnen und trug das Banner.

(...) Am Himmelfahrtstag forderte Johanna die Belagerer in einem Brief zur Übergabe auf. "Ich hätte Euch auf angemessenere Art meinen Brief geschickt, aber Ihr haltet meine Herolde gefangen; Ihr habt meinen Herold Guyenne gefangen. Sendet sie mir zurück, und ich werde Euch einige von Euren bei Saint-Loup Gefangenen ausliefern, sofern sie nicht alle tot sind." Dann nahm sie einen Pfeil und befestigte mit einer Schnur den Brief an der Pfeilspitze und bat einen Bogenschützen, den Pfeil den Engländern zu senden, und sie schrie: "Lest! Da kommen Nachrichten!" Die Engländer empfingen den Pfeil und den Brief und lasen ihn. Dann hörte man sie entrüstetes Geschrei ausstoßen: "Da kommen Nachrichten von der Hure der Armagnaken!" Als Johanna das hörte, begann sie zu schluchzen und heiße Tränen zu weinen und rief den König des Himmels um Hilfe an. Am Tag nach Himmelfahrt, am Freitag also, stand ich früh auf, nahm Johanna die Beichte ab, und dann sang ich die Messe vor ihr und den Bürgern von Orléans.

François Rabelais
Französischer
Dichter

WIE ZWISCHEN DEN WECKENBÄCKERN VON LERNE UND DES GARGANTUA LANDSASSEN DER GROSSE STREIT ENTSTUND, DARAUS EIN SCHWERER KRIEG ERWUCHS (1532)

Zu selbiger Zeit, es war um die Weinles und Herbsten Anfang, hütheten die Hirten des Landes draussen der Reben, auf daß die Staaren die Trauben nicht frässen. Um die Zeit kamen die Weckenbäcker von Lerné mit zehn bis zwölf Karren-Lasten Wecken, die sie zur Stadt führen wollten, den grossen Heerweg daher gefahren. Gedachte Hirten nun baten sie bescheidentlich ihnen für ihr Geld davon nach dem Marktpreis etliche abzustehen. Denn ihr sollt wissen, daß es zum Frühstück ein recht himmlisch Futter ist: frische Wecken mit Trauben, zumal zu den Zirbeln, Knusseln, Muskateller, Spantrauben und dem Rumor wenn einer etwann verstopften Leibes ist ...

Ihrem Begehren aber wollten die Weckenbäcker keineswegs willfahren, ja (was noch ärger war) schimpften sie auch noch gröblich aus und schalten sie Hungerleider, Zahnlucker, Rothfüchs, Hudelkerl, Bettscheißer, Hallunken, Duckmäuser, Faulpelz, Schlecker, Dickwänst, Maulaufreißer, Taugenichts, Lackl, Kunden, Brockenschnapper, Maulhelden, Schwengel, Hanswürst, Faulenzer, Jämmerling, Dummköpf, Narren, Esel, Leutfopper,

F. Rabelais (Fortsetzung)

Prahlhäns, Zähnknapper, Kühfläder, Dreckhirten und noch mehr dergleichen ehrenrührige Wort: und sagten ihnen dabey, sie wären nicht werth, solch edle Wecken zu fressen, sondern grob Kleyenbrod und Schwarzbrod thätens ihnen auch. Auf solchen Unbill trat einer von ihnen namens Forgier, ein wohlgestalter wackrer Mann und schmucker Junggesell herfür und antwortet ihnen sämtlich: Ey, seit wann sind euch die Hörner g'schossen, daß ihr so bockstolz worden seid? Ihr pflegtets doch sonst uns gern zu geben, und jetzund weigert ihr euch? Das ist nicht nachbarlich, und wir machens nicht also, wenn ihr bey uns die gute Frucht hohlt zu euren Fladen und Butter-Wecken. Man hätt euch von unsern Trauben wohl noch obenein in Kauf gegeben. Aber bey dem heiligen Kindsdreck! es kann euch gereuen, und kann sich noch schicken, daß ihr einmal mit uns zu thun kriegt; so wollen wir euch mit gleicher Münz beschlagen, und da gedenket dran.
Darauf fing Marcket, Groß-Stabträger der Wecken-Brüderschaft an, und sprach zu ihm: wahrlich du machst dich mächtig batzig diesen Morgen, hast nächten g'wiß zuviel Hirsbrei gessen. Komm her, komm her ich will dir von meinen Wecken geben. – Da trat Forgier in aller Einfalt zu ihm hin und zog einen Dreier aus seinem Leib-Gurt, vermeinend Marcket sollt ihm von seinen Wecken austhun. Aber er gab ihm mit seiner Geißel ein so feuchtes um die Bein, daß die Schlingen darin stunden, und flugs reiß aus, und wollt davon fliehn. Aber Forgier schrie Zeter-Mordio was er konnt, und warf ihm zugleich einen dicken Klippel nach, den er unter dem Arm trug, womit er ihn an die Kron-Rath des Haupts über der krotaphischen Ader der rechten Seit so gründlich traf, daß Marcket von der Mähren fiel, und mehr einem todten Menschen glich als einem lebendigen.
Mittlerweyle liefen die Meyer, die da herum Nüß abschlugen, mit ihren langen Bengeln herbey und draschen diese Weckenbäcker wie grünes Sommerkorn zusammen. Deßgleichen kamen die andern Hirten und Hirtinnen auf des Forgier Geschrey mit ihren Schleudern und Schlingen und sausten mit grossen Wackersteinen so haarscharf hinter ihnen drein, daß man vermeint' es hagelt'. Hohlten sie endlich ein, und nahmen von ihren Wecken ohngefähr vier bis fünf Dutzend, zahltens ihnen jedoch nach dem gebräuchlichen Anschlag, und schenkten ihnen noch dazu ein hundert Wallnüß und drey Korb Gutedel. Darnach halfen die Weckner dem Marcket wieder auf seine Gurr (alte Stute), denn er war schmählich blessiert und kehrten wieder heim gen Lerné, liessen den Weg auf Pareillé für dießmal liegen, schwuren aber hoch und theuer und bedräuten alle Hirten, Schäfer und Meyer von Seuillé und von Sinays schwer. Als dies vollbracht war, liessen sichs die Hirten und Hirtinnen bey den Wecken und edeln Trauben trefflich wohl seyn, schwenkten sich nach der muntern Sackpfeif miteinander im Kreis herum, und spotteten der großmauligen Herren Wecken-Ritter, daß sie so übel angeloffen, weil sie sich nicht mit der guten Hand frühmorgens das Kreuz gesegnet hätten: und wuschen dem Forgier mit groben Rüßlingen so säuberlich die wunden Bein, daß er bald heil ward.

(Übersetzung von Gottlob Regis)

Eine Reise ins Limousin (1663)

Jean de la Fontaine
Französischer Dichter

Die Loire ist bei Orléans fast dreimal so breit wie die Seine bei Paris. Der Ausblick ist nach allen Seiten sehr schön und nur vom Horizont begrenzt, wie es sich gehört. Da der Fluß im Verhältnis zu seiner Breite nicht sehr tief ist, und seine ungewöhnlich klaren Wasser glatt und ohne Windung dahinfließen, könnte man ihn fast für einen Kanal halten. Zu beiden Seiten der Brücke sieht man beständig Segelboote dahingleiten, die einen flußaufwärts, die anderen flußabwärts, und da sie flacher gebaut sind als die Flußschiffe in Paris, verdecken sie einander nicht: man kann sie alle sehen, zählen und schätzen, welchen Abstand sie zueinander haben; das ist eine der Schönheiten des Flusses: es wäre nämlich wirklich schade, wenn so klare Wasser gänzlich von Schiffen bedeckt wären. Die Segel dieser Boote sind besonders groß, was ihnen die Majestät von Seeschiffen verleiht, und ich stellte mir vor, den Hafen von Konstantinopel im kleinen vor mir zu sehen.

J. de la Fontaine (Fortsetzung)

Übrigens ist Orléans, von der Sologne her gesehen, ein schöner Anblick. Da es an einen Hügel gebaut ist, überblickt man fast die ganze Stadt. Die Promenaden und die anderen Baumreihen, die man an vielen Stellen entlang der Stadtmauer angepflanzt hat, bewirken, daß die Stadt zur Hälfte von grünen Wällen umschlossen erscheint , und ich finde, daß ihr das gut steht. Wenn ich Euch das Innere der Stadt im einzelnen beschreiben wollte, würde ich Euch sicher langweilen; ich habe Euch ohnehin schon zu lange mit diesem Gegenstand geplagt. Trotzdem sollt Ihr noch wissen, daß das Viertel, das wir durchquerten, um zur Brücke zu gelangen, sehr häßlich, alles übrige hingegen recht schön ist: breite, saubere und angenehme Straßen, denen man die alte Provinzhauptstadt anmerkt. Ich hatte nicht genug Zeit, mir die Befestigungen anzusehen, habe mir aber sehr viel Rühmliches darüber sagen lassen, desgleichen von der Heilig-Kreuz-Kirche.

Alfred de Vigny
Französischer Dichter

CINQ-MARS (1826)

Cinq-Mars, den Blick auf das große Fenster des Speisesaals geheftet, betrachtete traurig die prachtvolle Landschaft, die er vor Augen hatte. Die Sonne schien in ihrem vollen Glanze und färbte den Strand der Loire, die Bäume, den Rasen mit Gold und Smaragd; der Himmel war reinster Azur, die Fluten durchschimmerndes Gelb, die Inseln von einem leuchtenden Grün; hinter ihren runden Wölbungen sah man die großen lateinischen Segel der Frachtschiffe wie eine Flotte im Hinterhalt auftauchen. O Natur, Natur! sagte er sich. Schöne Natur, lebe wohl!

Der von Bäumen gerahmte Kanal von Briare bietet ein idyllisches Bild.

Wolfgang Koeppen
Deutscher Schriftsteller

REISEN NACH FRANKREICH (1961)

Auch Tours, die alte Stadt, die Heimat von Rabelais, Balzac, der Jugend Descates', scheint die Patina ihrer großen Jahrhunderte in den letzten Zerstörungen für immer verloren zu haben. Die Hauptstraße, die Rue Nationale, die sich von der Loire, von der Wilsonbrücke wie ein gerader Strich durch die Stadt zieht, ist wieder aufgebaut, ist belebt, sogar lebendig,

Wolfgang Koeppen (Fortsetzung)

doch gesichtslos. Aber der erste Eindruck täuscht, und selbst ein neuer Platz, wie der des Marschall Foch, ist zumindest am Abend das echte Frankreich. Vor sauberen Hotels, vor hellen Cafés sitzt der Bürger, und die Bäume sind wieder gewachsen, schon wieder gestutzt. Das schönste Leben aber sammelt sich auf der Place Jean Jaurès: ein Forum des Volkes, zu Recht nach seinem Freund, dem Märtyrer des Friedens, genannt. Baumalleen, Cafés, Brasserien, Handwerker, Vertreter, Postboten, Rekruten, junge Leute, Mütter, Kinderscharen. Sie trinken Bier, sie trinken Limonade, und alle essen bei sich zu Hause. Die Restaurants bieten einen Tisch, der schlecht, oder teuer und schlecht ist. Auch um Tours herum wächst köstlicher Wein, aber die Wirte von Tours beziehen das elende Getränk aus Fabriken. Dennoch, ich blieb in Tours, ich sah den Hexenplatz Plumereau, die Rue du Change, vor Alter müdgeneigte Häuser aus Ludwigs XI. Zeit, bewohnt, geliebt, gehaßt, Rabelais' Welt und noch immer Heimat. Abendbrotgerüche. Kinderstimmen hinter angelehnten Fensterläden und die Schwadron der Jünglinge auf Motorrädern, brausend, knatternd um die engen Ecken. Schulterschmale Gassen zum Fluß hinunter. Stimmen, die sich zur Nacht bereiten, in der Luft wie ein Chor von Geistern. Über der Loire Wind und Wolken und Blitze eines fernen Gewitters.

Otto Rombach
Deutscher Schriftsteller

WIEDER IN FRANKREICH (1973)

Gegen Abend, als wir von der Uferstraße der Loire aus durch den Parkwald fuhren, war das breit in seinem Wiesenplan gelegene Schloß Chambord bereits von leichtem Dunst umgeben. Nur die Helme der mächtigen Türme, die es flankierten, und die Zwillingstürme des Mittelteils mit seiner verwirrenden Vielfalt von Giebeln, Kaminen und anderen Steingebilden auf der Dachterrasse waren noch von Lichtkonturen aufgehellt. Unwirklich sah es mit dem orgelpfeifenartigen Gedränge dieser Dachaufbauten aus, fast orientalisch und – nun im Abendlicht – fast märchenhaft. Auch wiederholte sich die eigentümlich gezackte Dachpartie im Wasserspiegel, der sich weit vor dem Gartenparkett durch die unendlich scheinende Lichtung zog.
Öfters hatten wir unterwegs Fasanen erblickt, die plötzlich goldrot in den Wiesen am Waldrand die Köpfe hoben. Nun wäre es hier, wo einst ein einfaches Jagdhaus stand, auch einsam genug für äsende Rehe und Hirsche gewesen, Damhirsche wie auf alten Gobelins, auf denen oft das Jagdvergnügen mit höfischen Jägern, Damen und Hifthornbläsern geschildert wurde, antikisch oder legendenhaft edel. Denn auch solche Bilder hätten historisch vor den Prospekt des Schlosses gepaßt, wo rundum Abendnebel um das Unterholz standen, während sich auf den Wipfeln der Bäume noch der sonnige Nachglanz des Tages hielt.

Routenvorschläge

Vorbemerkung

Die Routenvorschläge sind als Anregung gedacht für denjenigen, der individuell mit dem Auto oder Motorrad die Loire erkundet. Auf der zum Reiseführer gehörenden Karte sind die vorgeschlagenen Strecken leicht zu verfolgen. Orte, die im Abschnitt "Reiseziele von A bis Z" unter einem Hauptstichwort beschrieben sind, erscheinen in den Routenbeschreibungen in **halbfetter** Schrift. Die Beschreibungen der anderen Orte können über das Register gefunden werden.

1. Vom Gerbier de Jonc zur Atlantikküste

Zeitplan

Wer der Loire von der Quelle bis zur Mündung folgen und dabei auch die abseits vom Strom gelegenen Hauptsehenswürdigkeiten besuchen will, muß ohne An- und Rückreise mit einer Strecke von rund 2000 km und mit einem Zeitbedarf von gut drei Wochen rechnen. Eine solche Fahrt erschließt einige der wichtigsten Landschaften in Frankreich, denn sie führt vom Zentralmassiv und der Auvergne durch Burgund und das nördliche Périgord, dann durch die Touraine und das Anjou sowie durch den äußersten Süden der Bretagne bis zu den flachen Sandküsten der Vendée.

Wer etwas weniger Zeit hat, kann die Route abkürzen und erst ab **Nevers** der nachstehend beschriebenen Route folgen. Diese Variante ist ohne An- und Rückreise rund 1200 km lang.

Anreise

Die günstigste Zufahrt von der deutsch-französischen Grenze sowohl zur Quelle der Loire als auch nach Nevers verläuft von Mulhouse im Elsaß zunächst auf der gebührenpflichtigen Autobahn über Besançon nach Beaune. Wer die kürzere Variante gewählt hat, fährt hier auf Nationalstraßen in westlicher Richtung über Autun nach Nevers (ab Mulhouse etwa 370 km). Anderenfalls folgt man der Autobahn über Châlon-sur-Saône und Lyon bis zur Anschlußstelle Tournon (ab Mulhouse etwa 450 km); von hier gelangt man auf Landstraßen zum Gerbier de Jonc, an dessen Fuß die Loire entspringt.

Gerbier de Jonc – Le Puy

Von der Quelle der Loire am **Gerbier de Jonc** folgt man auf z. T. schmalen und kurvenreichen Straßen dem Flußlauf durch die **Loire-Schlucht**. Dann erreicht man die am Ostrand der Auvergne gelegene Stadt **Le Puy**, die vor allem durch ihre phantastische Lage in einer von Vulkankegeln beherrschten Ebene fasziniert.

St-Etienne – Orléans

Bei St-Etienne erstreckt sich das industriereiche Loire-Becken, in dem weiter nördlich die Stadt **Roanne** folgt. Über das Kunst- und Pilgerstädtchen **Paray-le-Monial**, wo man die berühmte Kirche Notre-Dame besichtigen sollte, gelangt man nach **Nevers**, die Hauptstadt der historischen Landschaft Nivernais.
Rund 25 km nördlich von **Never** erreicht man **La Charité**. Von hier lohnt ein Abstecher in die rund 50 km entfernte Bischofsstadt **Bourges** mit ihrer

Ein schmaler Fluß, der sich seinen Weg durch eine unberührte Landschaft bahnt: Die obere Loire im Frühling ▶

Route 1 (Forts.), St-Etienne – Orléans

stolzen Kathedrale. Von dort geht es weiter nach **Sancerre**, das herrlich gelegene, von Rebhängen gerahmte Weinstädtchen. Von **Gien**, wo man ebenso wie in Nevers Fayencen einkaufen kann, führt die Route über **Sully-sur-Loire** und **St-Benoît-sur-Loire** nach **Orléans**.

Orléans – Blois

Das Loire-Tal zwischen **Orléans** und **Angers** ist wegen seiner Schlösser und Adelssitze das meistbesuchte Gebiet entlang des Stroms. Man kann diese Strecke die meiste Zeit direkt am Fluß entlangfahren, da die Route National 152 (N152) bzw. die D 952 das rechte Ufer begleiten. Auf dem ersten Teilstück von **Orléans** nach **Blois** bieten sich zwei Stops an, der erste in dem hübschen, direkt an der Loire gelegenen Städtchen **Beaugency**, der zweite in **Chambord**, dem inmitten eines riesigen Waldparks gelegenen Schloß Franz I.

Blois – Tours

Blois ist schon allein wegen seines herrlichen Châteaus auf dem höchsten Punkt der Stadt einen Besuch wert. Es eignet sich aber auch als Ausgangspunkt für die Besichtigung einiger benachbarter Schlösser wie beispielsweise **Cheverny** (etwa 15 km südlich) oder für einen Abstecher nach **Vendôme** ins landschaftlich reizvolle Tal des Loir. Für die Strecke nach **Amboise** gibt es zwei Alternativen: die eine führt am Fluß entlang und schließt die Besichtigung von Schloß **Chaumont** mit ein, das in herrlicher Aussichtslage über der Loire thront, die andere, etwas zeitintensivere, verläuft über **Cour-Cheverny**, Schloß Troussay, Fougères-sur-Bièvre (s. Abb. S. 32) und Pontlevoy nach Montrichard, ein gemütliches kleines Städtchen am Cher. Von dort ist es nicht weit nach **Chenonceaux** mit dem berühmten, über den Cher gespannten Schloß. Rund 15 km nördlich von **Chenonceaux** erreicht man **Amboise**. Das letzte Stück bis nach **Tours** mit schönen Uferpartien durchquert ein bekanntes Weinanbaugebiet mit den beiden bekannten Winzerorten Vouvray und Montlouis.

Tours – Saumur

Nicht nur wegen der Museen und Sehenswürdigkeiten, auch wegen der guten Einkaufsmöglichkeiten und der angenehmen, lebendigen Atmosphäre ist **Tours** ein wichtiges Etappenziel, dem man etwas Zeit einräumen sollte. Von **Tours** geht es weiter nach **Villandry**, dem Schloß mit den wohl größten Gartenanlagen, und von dort weiter nach **Azay-le-Rideau**, wo ein besonders idyllisch gelegener Schloßbau besichtigt werden will. Entweder auf der schnurgeraden Straße (D 751) durch den Wald oder mit einem Umweg über **Ussé** führt die Route in die malerisch an der Vienne gelegene Weinstadt **Chinon**. An der Strecke von **Chinon** nach **Saumur** lohnt sich der kleine Abstecher zur berühmten Abtei **Fontevraud-l'Abbaye**. Bei der Einmündung der Vienne in die Loire nähert sich auch die Route wieder dem Strom und führt bis **Saumur** nahe am Fluß entlang.

Saumur – Angers

Von **Saumur**, dem Zentrum der Champignonzucht, des Reitsports und der Schaumweinproduktion an der Loire bis nach **Angers** gibt es widerum zwei Alternativstrecken, die beide ihren Reiz haben. Schneller ist die direkt am Loire-Ufer, das hier verhältnismäßig steil abfällt, entlangführende. Deutlich mehr Zeit braucht man für die zweite Route. Sie führt zunächst nach **Montreuil-Bellay** (15 km südlich) mit seinem romantisch gelegenen Schloß, weiter nach Doué-la-Fontaine mit dem sehenswerten Musée de la Commerce und den Höhlenwohnungen in der Umgebung, und dann über Brissac-Quincé (Schloß) nach **Angers**.

Angers – La Baule

Die Universitätsstadt **Angers** mit dem Schloß und einer Reihe sehenswerter Museen liegt zu beiden Seiten der Maine, die etwas weiter westlich in die Loire strömt. Die nächste Großstadt, **Nantes**, ist die historische Kapitale der Bretagne, obwohl sie heute zur Region Pays de la Loire gehört. Rund 60 km hinter **Nantes**, bei der Hafen- und Industriestadt **St- Nazaire**, mündet die Loire in den Atlantik. Nördlich der Loire-Mündung liegt nicht nur das berühmte Seebad **La Baule**, sondern auch der Parc Régional Naturel Brière, ein unberührtes Naturparadies mit ausgedehnten Sumpf- und Heidegebieten.

Fougères-sur-Bièvre, ein Dorf bei Cour-Cheverny mit einem mittelalterlichen Schloß

2. Von St-Nazaire über Poitiers nach Nevers

St-Nazaire – La Rochelle

Man verläßt **St-Nazaire** in östliche Richtung und überquert auf einer Straßenbrücke den Mündungstrichter der Loire. Dann fährt man über Fromentine (Straßenbrücke zur Insel **Noirmoutier**) an der Vendée-Küste entlang nach **Les Sables d'Olonne**, einem der meistbesuchten Seebäder an der Atlantikküste. Nun entfernt sich die Straße vom Meer und führt in einem weiten Bogen in die alte Hafenstadt **La Rochelle**. Vorgelagert ist ihr die Insel **Ré** , die durch eine Straßenbrücke mit dem Festland verbunden ist. Auch die etwas weiter südlich, im Bereich der Charante-Mündung der Küste vorgelagerte **Ile d'Oléron** ist über eine Brücke erreichbar.

La Rochelle – Nevers

Von La Rochelle verläuft die Route östlich ins Landesinnere. Über **Niort**, die Hauptstadt des Départements Deux-Sèvres, **Poitiers**, das Kunstfreunde mit seinen romanischen Kirchen begeistert, **Châteauroux** und **Bourges** erreicht man bei **Nevers** wieder die Loire.

3. Von Nantes über Rennes und Le Mans nach Fontainebleau

Man durchquert zunächst das Moor- und Heidegebiet der Grande Brière und gelangt in das mittelalterliche bretonische Grenzstädtchen **Vannes** am Golfe du Morbihan. Dann geht es landeinwärts über **Ploërmel** nach **Rennes** , kultureller und wirtschaftlicher Mittelpunkt der Bretagne. An der Strecke nach **Le Mans**, das hauptsächlich wegen der dortigen Rennstrecke bekannt ist, liegt auch das hübsche Städtchen **Vitré**. Die kürzeste und schnellste Verbindung nach **Chartres** mit seiner weltberühmten Kathedrale führt über die Autobahn. Von **Chartres** rund 120 km entfernt liegt **Fontainebleau**, das bereits zum Einzugsgebiet von Paris gehört.

Reiseziele von A bis Z

Amboise **D 8**

Région: Centre
Départment: Indre-et-Loire
Höhe: 60 m ü.d.M.
Einwohnerzahl: 11 000

Lage

Das alte Städtchen liegt etwa 25 km östlich von Tours am linken Ufer der Loire, die hier die langgestreckte Île St-Jean umströmt. Amboise ist ein idealer Ausgangspunkt für die Erkundung der vielen Sehenswürdigkeiten in der Touraine. Von der Brücke über die Loire bietet sich ein herrlicher Blick auf die Häuser von Amboise und das hochgelegene Château.

Geschichte

Fulco Nerra, Graf von Anjou, gründete zu Beginn des 12. Jh.s hier eine Burg. Die Herren von Amboise legten auf dem Bergsporn eine Festung an. Als Louis d'Amboise bei König Karl VII. in Ungnade fiel, wurden Stadt und Festung 1434 von der Krone konfisziert, der Ausbau zum Schloß begann. Karl VIII., der in Amboise geboren und aufgewachsen war, forcierte ab 1492 die Bauarbeiten. Bei seinem Feldzug nach Italien im Jahre 1494 lernte er die italienische Renaissance kennen und schätzen. Als er nach Amboise zurückkehrte, befanden sich nicht nur unzählige Gemälde, Teppiche, Möbel und Stoffe in seinem Troß, sondern auch eine Schar von Künstlern, Handwerkern und Architekten, die er mit der Ausstattung des Schlosses betrauen wollte. Noch vor dem Abschluß der Bauarbeiten verunglückte Karl 1498 tödlich; seine Nachfolger vollendeten sein Lebenswerk. Erst Franz I., der auf dem Schloß seine Jugend verbracht hatte, machte Amboise wieder zur königlichen Residenz und berief im Jahre 1517 Leonardo da Vinci (⟶ Berühmte Persönlichkeiten) in die Stadt. Der italienische Künstler und Erfinder lebte einige Jahre in Clos-Lucé. Geschichte schrieb Amboise noch einmal im Jahre 1560 in der "Verschwörung von Amboise", als Hugenotten König Franz II. mit ihrer Forderung nach Glaubensfreiheit bedrängten. Sie verfolgten ihn nach Amboise, wo sie bei ihrer Ankunft überwältigt wurden; viele der Aufständischen wurden an den eisernen Balkongittern des Schlosses aufgehängt oder in der Loire ertränkt. Im 17. Jh. diente das Schloß als Staatsgefängnis, und im beginnenden 19. Jh. wurden die südlichen Gebäudeteile abgerissen.

* Schloß

Lage
Rue Victor Hugo

Öffnungszeiten
März–Okt.
tgl. 9.00–18.00
Juli/August
tgl. 9.00–19.30
sonst 9.00–12.00
und 14.00–17.00

Das Schloß von Amboise ist trotz seiner imposanten Erscheinung ein Torso, denn von der einst weitläufigen und überdies stark befestigten Anlage stehen heute nur noch der aus zwei Flügeln bestehende königliche Wohntrakt (Logis du Roi), die Chapelle St-Hubert und zwei Türme. Von der gegenüberliegenden Flußseite sind die wuchtigen Stützmauern noch gut zu sehen, die den Unterbau des L-förmigen Logis du Roi bilden. Der unter Karl VIII. entstandene Flügel des Wohntraktes ist mit einer reich gegliederten Fassade dem Fluß zugewandt. Sie wird links vom runden Tour des Minimes, in dessen Innerem eine Reit- und Fahrrampe aufwärts führt, und rechts von einem kleineren, rechteckigen Turm gefaßt.

◀ *Gepflegte Gartenanlagen und ein anmutiges Château: Chenonceau ist ein Highlight unter den Loire-Schlössern*

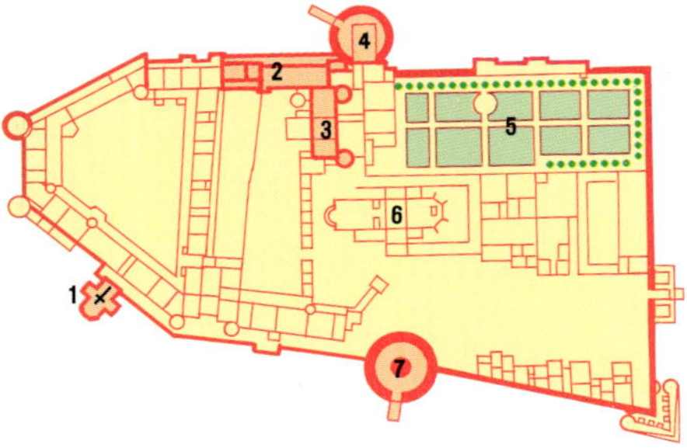

Amboise
Schloß
Zustand im 17. Jahrhundert

1 Chapelle St-Hubert (Hubertuskapelle)
2 Gotischer Flügel
3 Renaissanceflügel
4 Tour des Minimes
5 Garten
6 Kapelle
7 Tour Hurtault

N

100 m

© Baedeker

Eingang zum Schloß

Der Eingang ins Schloß liegt an der Rue Victor Hugo, die von der Durchgangsstraße entlang der Loire abzweigt. Man betritt den Schloßbezirk durch einen gedeckten Gang in der südwestlichen Ummauerung, der zunächst vor den Eingang der Hubertuskapelle führt.

Chapelle St-Hubert

Die auf der Umfassungsmauer stehende Hubertuskapelle wurde um 1491 von Karl VIII. und seiner Gemahlin Anne de Bretagne gestiftet. Besonders sehenswert ist das spätgotische Portal mit einer schönen Reliefdarstellung im Türsturz. Erzählt wird die Legende des hl. Hubertus, der auf der Jagd vergeblich einen Hirsch verfolgte. Plötzlich erschien ihm das Tier mit einem Kreuz im Geweih, und er hörte die Stimme Christi, die ihn zu einem Leben im Dienste Gottes aufforderte. Das Tympanon über dem Türsturz mit der Madonna und den Stifterfiguren ist ein Werk aus dem 19. Jh.; in dieser Zeit wurden auch Dach und Dachreiter erneuert. Im linken Querschiff befindet sich das Grab von Leonardo da Vinci.

Logis du Roi

An der Nordseite der Terrasse stehen, im rechten Winkel zueinander, die beiden erhaltenen Flügel des königlichen Wohntraktes (Logis du Roi). Der parallel zum Fluß stehende Bau ist noch spätgotisch geprägt, der quer dazu angeordnete Flügel stammt aus der Renaissance und wurde unter Ludwig XII. und Franz I. errichtet. Besonders deutlich sind die stilistischen Unterschiede an den Dachfenstern (Lukarnen) zu erkennen.
Durch die Salle des Gardes, die mit Rüstungen, Gobelins aus Aubusson und gotischem Mobiliar ausgestattet ist, betritt man die von Arkaden überspannte Terrasse, von der sich ein herrlicher Blick über die Dächer der Stadt und auf den Fluß bietet. An der Rückwand der Loggia befindet sich ein Plan des Schlosses, wie es sich im 16. Jh. präsentierte. Durch die Tour des Minimes, den mit einer gewendelten Rampe versehenen Turm, gelangt man in den Renaissanceflügel mit einigen Gobelins und Mobiliar aus Gotik und Renaissance. Im ersten Obergeschoß des gotischen Flügels, den man nun wieder betritt, liegt die große Salle de Justice (Gerichtssaal). Hier wurde im Jahre 1560 das Urteil über die Hugenotten gesprochen. Der anschließenden Hinrichtung sollen Franz II. und seine junge Gemahlin Maria Stuart beigewohnt haben.

Garten

Östlich der Schloßgebäude erstreckt sich der große Schloßgarten. An der Stelle einer im 18. Jh. abgerissenen Kapelle befindet sich das Denkmal für Leonardo da Vinci. Im Süden begrenzt die Tour Hurtault den Schloßbezirk.

Sehenswertes in der Stadt

Rathaus

An der Durchgangsstraße entlang der Loire steht das im 16. Jh. errichtete ehemalige Hôtel de Ville (Rathaus), in dem ein kleines Museum mit Handschriften, Gemälden u. a. untergebracht ist. Gegenüber die Kirche St-Flo-

Erster Renaissancebau an der Loire: Schloß von Amboise

Alterswohnsitz von Leonardo da Vinci: Clos-Lucé

Rathaus (Fortsetzung)

rentin (15. Jh.) mit Renaissance-Turmhelm. Wenige Schritte südlich steht die Tour de l'Horloge, der Rest eines Stadttores aus dem 15. Jahrhundert.

Max-Ernst-Brunnen

Bei dem auffälligen Brunnen an der Uferpromenade handelt es sich um ein 1968 entstandenes Werk des deutschen Surrealisten Max Ernst, der lange in Frankreich gelebt hat. Wegen der heiter-skurrilen Bronzefiguren, die den Brunnen schmücken, wird er auch "la grenouille allemande", "der deutsche Frosch", genannt.

St-Denis

Die im Südwesten der Altstadt gelegene Kirche St-Denis ist ein interessanter Bau aus dem 12. Jh. mit Erweiterungen aus dem 15. und 16. Jahrhundert. Im Inneren beachte man die romanischen Kapitelle, das barocke Altarbild (17. Jh.) sowie die Figurengruppe einer Grablegung (16. Jh.).

Postmuseum

Das Musée de la Poste (geöffnet April – Sept. Di.–So. 9.30–12.00 und 14.00 – 18.30; Okt. – März 10.00 – 12.00 und 14.00 – 17.00 Uhr; Januar geschlossen), in der Rue Joyeuse, ist in einem vornehmen Haus aus dem 16. Jh. eingerichtet. Zu den Exponaten zählen u. a. Uniformen, Ausrüstungsstücke, Fahrzeugmodelle und Briefmarken.

*Clos-Lucé

In dem Herrenhaus Clos-Lucé, südöstlich vom Schloß an der Rue Victor Hugo, in einem kleinen Park gelegen, verbrachte Leonardo da Vinci (⟶ Berühmte Persönlichkeiten) seine letzten Lebensjahre. Franz I., der den genialen Künstler nach Amboise holte, stellte ihm das Anwesen zur Verfügung, das durch einen unterirdischen Gang mit dem Schloß verbunden ist. Im Erdgeschoß von Clos-Lucé gibt es eine Reihe von Wohnräumen mit Mobiliar aus dem 18. Jh. zu besichtigen, u. a. auch den Empfangsraum und die Küche. Eine Vorstellung von Leonardos Erfindergeist vermittelt die Ausstellung im Untergeschoß mit rund 40 phantastischen Konstruktionen und Maschinen, die nach den Entwürfen des großen Meisters von der Computerfirma IBM gebaut wurden.

Chapelle St-Hubert ...

... und Max-Ernst-Brunnen

Der einzige Überrest eines Schlosses: Pagode de Chanteloup

Amboise, Clos-Lucé (Fortsetzung)

Im ersten Stock befindet sich das Zimmer, in dem Leonardo am 2. Mai 1519 im Alter von 67 Jahren verstarb. Neben dem Fenster (mit Blick auf das Schloß) hängt die Reproduktion einer Zeichnung des Künstlers, die das Schloß in seinem damaligen Zustand zeigt. Geöffnet von Mitte März bis 12. Nov. 9.00–19.00, sonst bis 17.00 Uhr.

Pagode de Chanteloup

Lage
3 km südlich

In dem Waldgebiet Forêt d'Amboise südlich der Stadt steht abseits der Straße die im späten 18. Jh. in Anlehnung an fernöstliche Vorbilder errichtete Pagode von Chanteloup. Das 44 m hohe Bauwerk (von oben schöner Ausblick) ist der einzige nennenswerte Rest einer großen barocken Schloßanlage, die 1715 errichtet und später stark erweitert worden war, ehe sie ab 1800 als Steinbruch benutzt wurde.

Angers C 5

Région: Pays de la Loire
Département: Maine-et-Loire
Höhe: 48 m ü.d.M.
Einwohnerzahl: 140 000

Lage

Angers, einst Hauptort der Grafschaft Anjou und heute die lebendige Hauptstadt des Département Maine-et-Loire, liegt etwa auf halber Strecke zwischen Tours und Nantes zu beiden Seiten der Maine, die 8 km weiter südwestlich in die Loire mündet. Hauptsehenswürdigkeit der Universitätsstadt ist das Schloß, das mit den 70 mittelalterlichen Gobelins ein kunsthistorisches Juwel zu bieten hat, das in Frankreich seinesgleichen sucht.

Einstiges Burgtor . . .

. . . und Schloßhof

Hinweis

Eine preisgünstige Sammeleintrittskarte gilt für die Besichtigung des Schlosses, des Logis Barrault, des Hôtel Pincé, des Musée Jean-Lurçat und der Galerie David-d'Angers.

Geschichte

In gallo-römischer Zeit war Angers Zentrum des von den Andekaven besiedelten Gebietes; nach der Eroberung errichteten die Römer über dem Fluß ein Kastell. Im 9. Jh. überrannten die Normannen die Stadt, wurden aber dann durch Karl den Kahlen vertrieben. Mit dem Aufstieg der Fulconen begann für die Stadt und das umliegende Anjou eine Blütezeit. Vor allem unter Fulco Nerra entstanden zahlreiche Wehr- und Sakralbauten. Geoffroy V. (1129–1151) führte als erster den Beinamen "Plantagenêt" nach seiner Helmzier, einem stilisierten Ginsterbusch. Sein Sohn war als Heinrich II. der erste Plantagenêt auf dem englischen Thron. Das Anjou gehörte daher im 12. Jh. zu England.
Karl von Anjou wurde vom Papst mit dem Königreich Neapel und mit Sizilien belehnt, aber seine hochfliegenden politischen Pläne wurden durch die Sizilianische Vesper (1282), bei der 6000 Franzosen von den Sizilianern umgebracht wurden, zunichte gemacht.
Die heute wohl bekannteste Gestalt aus der Geschichte von Angers ist René I., genannt René le Bon (= der Gute). Er war zwar politisch glücklos (Verlust der noch bei Anjou verbliebenen italienischen Gebiete), doch als hochgebildeter und begabter Förderer der Künste machte er seine Residenz zu einem einzigartigen Kulturzentrum.

* Schloß

Lage
Promenade du Bout-de-Monde

Über dem linken Ufer der Maine erhebt sich auf einem isolierten, 32 m hohen Felsplateau das Château. Das Areal ist von starken Wehrmauern mit 17 Rundtürmen umgeben, die heute an den Außenseiten 40–60 m hoch sind. Ursprünglich von Fulco Nerra erbaut, wurde die Burg von Ludwig dem Heiligen erneuert. In den Religionskriegen befahl Heinrich III., die Türme niederzureißen, doch wurden nur die Hauben abgetragen. Von den ursprünglich zwei Burgtoren ist nur noch die an der Nordseite gelegene Porte de Ville zu benutzen; die Porte de Champs liegt zwischen den beiden südlichen Ecktürmen nahezu in halber Höhe der Mauer.

Öffnungszeiten
Palmsonntag bis 31. Mai tgl. 10.00 – 18.00
Juni – Sept. 9.30 – 19.00
sonst täglich 10.00 – 12.30 und 14.00 – 17.00

Nachdem man Graben überquert hat, betritt man den weiten Schloßhof, der ursprünglich an allen Seiten umbaut war. Heute stehen nur noch die Kapelle, das Logis Royal und das Logis du Gouverneur. In den beiden letzteren sind die berühmten Gobelins aus dem 15. und 16. Jh. zu sehen. Die breiten Wehrmauern sollte man unbedingt ersteigen, denn von dort oben, insbesondere von den beiden höchsten Turmstümpfen, genießt man einen herrliche Blick auf die Stadt und auf die Loire.

**Teppichzyklus der Apokalypse

Auf der rechten Seite des Schloßhofs liegt auch das Gebäude, das zu Beginn der 50er Jahre errichtete wurde, um die kostbaren Bildteppiche, den bedeutendsten Kunstschatz von Angers, der Öffentlichkeit in einer Dauerausstellung zeigen zu können. Der Teppichzyklus “Tenture de l’Apocalypse” wurde vermutlich im Auftrag Herzog Ludwigs I. von Anjou in den Jahren 1375 – 1380 von dem Pariser Teppichweber Nicolas Bataille nach Miniaturen angefertigt. Die Entwürfe für das Werk lieferte Hennequin von Brügge, Hofmaler in den Diensten Karls V., des Bruders von Herzog Ludwig. Für welche Räume die Teppiche bestimmt waren bzw. ob sie überhaupt als Wandschmuck gedacht waren, läßt sich nicht mehr rekonstruieren; sicher ist nur, daß sie bei der Hochzeit von Ludwigs Sohn (Ludwig II.) mit Yolande von Aragon im Jahre 1400 im Palast von Arles aufgehängt wurden. In späteren Zeiten wurde die Bildfolge in Einzelteile zerschnitten, für unterschiedliche Zwecke benutzt und verkauft. Die 5 m hohe Teppichfolge war ursprünglich insgesamt 130 m lang; die 70 Einzelbilder verteilen sich auf sieben Teppiche. Der erste, der vierte und der fünfte Teppich sind vollständig, von den anderen blieben nur Fragmente erhalten.

Gewebte Visionen: Szene aus der Teppichfolge zur Apokalypse

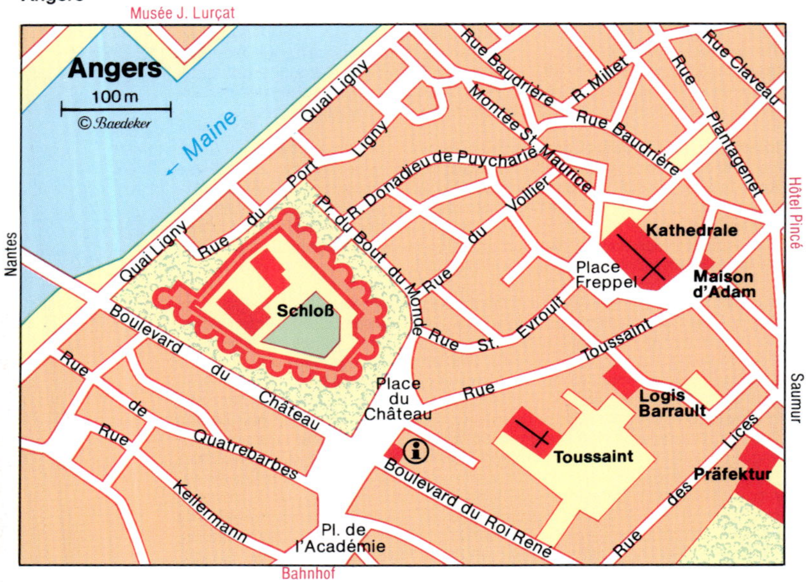

Teppichzyklus (Fortsetzung)

Die Darstellungen auf den Teppichen illustrieren die Offenbarung des Johannes aus dem Neuen Testament, die den Menschen zunächst Schreckensvisionen, dann aber die Erlösung durch den Sieg Christi und die Herrschaft Gottes verheißen. Die Teppiche sind nach demselben Schema aufgebaut: Am Anfang jedes Teppichs ist jeweils eine große sitzende Figur mit einem Buch in der Hand dargestellt. Die Figur, deren Bedeutung nicht geklärt ist, blickt auf zwei übereinanderstehende Bildreihen, in denen die Visonen dargestellt sind. Diese werden mit einer unglaublichen Detailfreude, mit großer Dramatik und genau beobachtetem Ausdruck geschildert. Die entsprechenden Bibelstellen sowie Reproduktionen der Wandbilder hängen an der Wand gegenüber. Erläuterungstexte zu den Bildteppichen können am Saaleingang entliehen werden. Im hinteren Teil des Ausstellungsraumes wurde unterhalb des Fußbodenniveaus eine romanische Kirchenapsis freigelegt.

*Kathedrale St-Maurice

Lage
Place Freppel

Durch die schmale Rue Rue St-Aignan kommt man zur Kathedrale von Angers aus dem 12./13. Jh., zu der von der Maine eine schöne, teilweise als Freitreppe gestaltete Rampe hinaufführt. An dem sehr gut erhaltenen gotischen Portal finden sich Figuren mit Resten der farbigen Fassung. Im Tympanon thront Christus, umgeben von den vier Evangelistensymbolen. Darüber sind acht Ritterstatuen (16. Jh.) zu sehen, die die Gefährten des hl. Mauritius darstellen. Überragt wird die Fassade von drei Türmen, deren mittlerer in der Hochrenaissance erneuert wurde.
Das Langhaus der Kirche wurde noch um die Mitte des 12. Jh.s mit einem der frühesten gotischen Gewölbe im Anjou gedeckt; das Gewölbe im Querhaus entstand erst am Ende des Jahrhunderts. Die Besonderheit des typischen "Anjou-Gewölbes" besteht darin, daß der Schlußstein höher liegt als die Gurtbögen zwischen den einzelnen Jochen.

Glasfenster

Der größte Kunstschatz der Kathedrale sind die herrlichen Glasfenster, die, soweit sie nicht modern sind, aus drei verschiedenen Epochen stammen. Die hochgelegenen Fenster an der linken Seite des Langhauses enstanden im 12. Jh. und sind die ältesten. Sie zeigen Szenen aus dem Marienleben, das Martyrium der hl. Katharina von Alexandria und das des hl. Vincentius. Die beiden Rosetten sind Werke des 15. Jahrhunderts. Hinter dem hochbarocken Altar (18. Jh.) sind in den Apsisfenstern Darstellungen von Heiligen und Märtyrern zu sehen, dazwischen eine Wurzel Jesse und die Leidensgeschichte. Die Glasgemälde an der rechten Seite des Langhauses sind modern. An diese Seite des Langhauses ist die Chapelle Notre-Dame-de-Pitié angefügt.

Kirchenschatz

In dem einschiffigen Inneren der Kathedrale ist der reiche Kirchenschatz links in einem Nebenraum beachtenswert, der silberne und goldene Reliquiare, Monstranzen sowie eine antike marmorne Badewanne enthält, die als Taufbecken verwendet wurde.

Weitere Sehenswürdigkeiten in Angers

Maison d'Adam

*Maison d'Adam

Direkt hinter der Apsis der Kathedrale, an der hübschen Place Ste-Croix, steht die Maison d'Adam, ein sehr gut erhaltenes, schönes Fachwerkhaus aus dem 15./16. Jahrhundert. Beachtenswert sind die vielen geschnitzten Figuren an den Balken.

Logis Barrault

Das im 15. Jh. errichtete Logis Barrault ist ein sehenswertes Bürgerpalais in der Rue du Musée. Das Stadthaus wird heute vom Musée des Beaux-Arts genutzt (Kunstmuseum; geöffnet Mitte Juni bis Mitte September täglich 9.00 bis 18.30, sonst Di. bis So. 10.00 bis 12.00 und 14.00 bis 18.00 Uhr). Gezeigt werden vor allem Gemälde aus dem 17. und 18. Jh., u. a. Werke von Raffael, Murillo, Ribera, Watteau, Boucher, Fragonard, Ingres und Corot.

Galerie David d'Angers

Nahebei befindet sich die gotische Klosterkirche Toussaint (Allerheiligenkirche), die heute profaniert ist. Die ehemalige Kirche wird heute als Ausstellungsort für das Werk des Bildhauers Pierre Jean David d'Angers (1788–1856) genutzt. Nahezu das gesamte Oeuvre dieses Künstlers aus Angers, teils im Original, teils als Nachbildungen, ist hier zu sehen. Die originale Dachkonstruktion der Kirche wurde durch ein Glasdach ersetzt, so daß der Innenraum lichtdurchflutet ist. In das Ensemble einbezogen sind der barocke Kreuzgang und die Stadtbücherei mit einem kleinen Park.

Hôtel Pincé

Das Hôtel Pincé (1523–1530 erbaut), der schönste Privatpalast der Stadt, steht rund 200 m nördlich der Kathedrale. In ihm befindet sich das Musée

Hotel Pincé (Fortsetzung)

Turpin de Crissé mit Werken des in Angers geborenen Malers Turpin de Crissé (1772–1859), ferner mit Emailarbeiten, Stichen und Graphiken, Ostasiatica und griechischen Vasen (geöffnet 15. Juni–15. Sept. tgl. 9.30–19.00, sonst Di.–So. 10.00–12.00 und 14.00–18.00 Uhr).

Musée Jean Lurçat

Das in dem ehemaligen Hôpital St-Jean aus dem 12. Jh. untergebrachte Museum am Boulevard Arago zeigt Werke des vor allem als Erneuerer der Gobelinkunst bekannt gewordenen Malers Jean Lurçat (1892–1966). Im großen gotischen Saal, dem einstigen Krankensaal, hängt ein Zyklus von zehn Bildteppichen ("Le Chant du Monde" = "Das Lied der Welt"), der in der Art einer modernen Apokalypse die Gegenwartsprobleme der Menschheit zeigt. Keramik und Gemälde ergänzen die Sammlung (geöffnet Mitte Juni–Mitte Sept. tgl. 9.30–19.00, sonst Di.–So. 10.00–12.00 und 14.00–18.00 Uhr). Beachtung verdient auch die aus dem 16. Jh. stammende ehemalige Apotheke.
Zu dem Gebäude gehören noch ein romanischer Kreuzgang und eine Kapelle sowie ein kleines Weinmuseum.

Umgebung von Angers

Distillerie Cointreau

Im Industriegebiet St-Barthélemy-d'Anjou, zwischen dem Stadtzentrum von Angers und Trélazé, kann man die Distillerie Cointreau besichtigen. Ein kleines Museum und eine Audiovisionsshow informieren über die Herstellung des Likörs und die 150jährige Geschichte des Unternehmens, das 1849 von den Brüdern Cointreau gegründet wurde.

Trélazé

In der näheren Umgebung von Angers wird seit langer Zeit Schiefer abgebaut. Diesem Gewerbezweig ist in dem Ort Trélazé, 5 km südöstlich der Stadt, das Musée de l'Ardoise (Schiefermuseum) gewidmet. Vorführungen zeigen dem Besucher, wie man früher das Gestein brach.

*Château Montgeoffroy

Schloß Montgeoffroy, 24 km östlich von Angers gelegen, war über die Jahrhunderte in Familienbesitz und glänzt deshalb mit einer komplett erhaltenen Einrichtung, die nicht aus anderen Schlössern hier als Schausammlung vereint, sondern Stück für Stück für dieses Schloß gefertigt wurde – bis hin zur Küche mit ihren rund 250 Geschirrteilen.

Plessis-Macé

Außerhalb des Dorfes, das 15 km nordwestlich von Angers liegt, wurde bereits im 11. Jh. ein Schloß gegründet. Louis von Beaumont, ein Favorit Ludwigs XI., ließ es im 15. Jh. umbauen. Die Räumlichkeiten (Gemächer, Speise- und Ballsaal u. a.) sind über den reizvollen Innenhof zugänglich.

Plessis-Bourré

Rund 20 km nördlich von Angers erreicht man das von breiten Wassergräben umzogene Schloß von Plessis-Bourré, das seit seiner Erbauung in der zweiten Hälfte des 15. Jh.s kaum verändert wurde. Es bildet ein mit runden Ecktürmen bewehrtes Gebäuderechteck, zu dem eine gut 40 m lange Brücke hinführt. Im Inneren sind mehrere Schauräume mit altem Mobiliar zur Besichtigung geöffnet. Das Schmuckstück des Schlosses ist die Holzdecke im Gardesaal (1. Obergeschoß), die im 15. Jh. mit allegorischen Darstellungen bemalt wurde.

*Château de Serrant

Das Château, ein prunkvoller, von einem schönen Park umgebener Dreiflügelbau aus dem 16.–18. Jh., liegt etwas südlich abseits der Durchgangsstraße, 18 km südwestlich von Angers. Sein äußeres Erscheinungsbild ist geprägt vom Wechsel zwischen hellem Werkstein und braunem Bruchsteinmauerwerk. Die mit kostbaren Möbeln und flämischen Wandteppichen ausgestatteten Gemächer sowie die umfangreiche Bibliothek können besichtigt werden. Sehenswert ist auch die Kapelle, die Jules Hardouin-Mansart, dem Hofarchitekten Ludwigs XIV., zugeschrieben wird, sowie das Marmorgrab aus der Werkstatt des nicht weniger bedeutenden Bildhauers Antoine Coysevox.

Brissac-Quincé

In dem kleinen Ort Brissac-Quincé, 16 km südöstlich von Angers abseits der Loire gelegen, sollte man dem Schloß einen Besuch abstatten, das von einem hübschen Park mit altem Baumbestand umgeben ist. Von einem älteren Schloßbau an dieser Stelle stammen noch die beiden Rundtürme, die zum Rest der Anlage aus dem 17. Jh. nicht so recht passen wollen. Obgleich noch bewohnt, kann das Schloß auch von innen besichtigt werden. Gobelins, bemalte Holzdecken und schönes altes Mobiliar verleihen den Räumen Atmosphäre (tgl. außer Di. 1. Juli – 15. Sept. 10.00 – 18.00, April/Juni und 16. Sept. – 31. Okt. 10.00 – 12.00, 14.00 – 17.00 Uhr).

Azay-le-Rideau

D 7

Région: Centre
Département: Indre-et-Loire
Höhe: 45 m ü.d.M.
Einwohnerzahl: 3000

Lage

Das kleine Städtchen Azay-le-Rideau liegt etwa 25 km südwestlich von Tours am Indre, einem linken Nebenfluß der Loire. Wegen seines Schlosses wird der Ort von Frühjahr bis Herbst viel besucht. Dennoch gibt es hier, vor allem am Ufer des Indre, noch einige idyllische und geruhsame Plätze – ideal für ein Picknick oder einen Spaziergang unter Bäumen.

Geschichte

Schon im frühesten Mittelalter dürfte der Platz befestigt gewesen sein. Im Jahre 1518 wählte Gilles Berthelot, ein bedeutender Finanzmann unter Franz I., den anmutigen Ort aus, um hier auf den Resten der 1418 zerstörten Festung ein Schloß bauen zu lassen. Doch er hatte nicht lange Freude an dem eleganten Bau, denn wegen eines Finanzskandals mußte er 1527 fliehen, und sein Besitz fiel der Krone zu.

Prunkbau eines Finanzmanns: Schloß Azay-le-Rideau

Speisezimmer von Azay-le-Rideau mit dem Kamin von Rodin

**Schloß

Öffnungszeiten
1. April–30. Juni
tgl. 9.30–18.00
1. Juli–31. Aug.
tgl. 9.00–19.00
Sept./Okt.
tgl. 9.30–18.00
Okt.–März
tgl. 9.30–12.30
und 14.00–17.30

Azay-le-Rideau gehört zu den schönsten Schloßbauten im Einzugsgebiet der Loire – zum einen wegen seiner Lage in der Indre, von hohen Bäumen und einer bezaubernden Parklandschaft umschlossen, zum anderen wegen seiner stilistischen Einheitlichkeit und Harmonie. Von der Durchgangsstraße führt eine romantische Allee durch den Park zum Schloß, das auf einer kleinen Flußinsel erbaut wurde. Die Süd- und die Westfassade des Schlosses spiegeln sich im Wasser der Indre, die den hier verbreiterten Schloßgraben durchströmt; der weitläufige Park schließt sich an.
Ursprünglich war eine vierflügelige Anlage vorgesehen, aber Berthelot konnte nur den Hauptbau und den kürzeren westlichen Seitenflügel fertigstellen lassen. Obgleich der Gesamteindruck des Renaissancebaues zunächst von den massigen Ecktürmen bestimmt wird, erweist sich das Erscheinungsbild des Schlosses beim Nähertreten als ausgesprochen elegant. Selbst so wehrtechnische Details wie die Wassergräben oder der Wehrgang mit Pechnasen (zwischen Haupt- und Dachgeschoß) hatten keine Verteidigungsfunktion, sondern dienten ausschließlich als Zierde.

Das Treppenhaus, von außen an den versetzten Fensterreihen und dem Giebel zu erkennen, stellt eine Neuerung dar, denn die Treppe ist geradläufig mit Umkehrpodesten und nicht, wie bisher üblich, in Form einer Wendeltreppe gestaltet. Im Erdgeschoß von Schloß Azay ist die rippengewölbte Küche sehenswert; der Kamin und der Brunnen liegen unter dem nachträglich angehobenen Fußbodenniveau. Im Speisesaal beachte man die schwere Balkendecke und die herrlichen Gobelins. Der mächtige, reichverzierte Kamin dort wurde nach altem Vorbild von dem Bildhauer Auguste Rodin (1840–1917) gestaltet. Das Mobiliar besteht aus Kopien alter Stücke. Im ersten Stock befindet sich die Chambre du Roi, das Zimmer des Königs. Vor dem Kamin liegt noch der originale Steinfußboden;

Azay-le-Rideau, Schloß (Fortsetzung)

das Parkett wurde anläßlich eines Besuches Ludwigs XIV. gelegt. Neben dem Kamin steht ein spanischer Reisesekretär mit Elfenbein und Blattvergoldung. Das jenseits der Treppe liegende Empfangszimmer ist der größte Raum im Schloß. Der Salamander auf dem Kamin ist in der Dreidimensionalität vortäuschenden Technik des "trompe l'œil" gemalt. An den Wänden hängen vier große Gobelins mit biblischen Szenen. Anschließend betritt man einen im rechten Seitenflügel befindlichen Saal. Die dortigen Gobelins aus dem 18. Jh. sind ausgezeichnet erhalten.

St-Symphorien

Die großenteils noch romanische, jedoch gotisch überwölbte Kirche St-Symphorien steht südlich der Ortsmitte an der Place du 11 Novembre (Zugang durch die Rue Balzac und Rue Gambetta). Das kleine Gotteshaus besitzt an der Fassade des rechten Schiffes Reste eines karolingischen Reliefs. Der linke Teil der Fassade ist spätgotisch, teils schon zur Renaissance überleitend.

Umgebung von Azay-le-Rideau

Marnay

Ein "Muß" für Liebhaber alter Landmaschinen und Oldtimer-Fahrzeuge ist das Musée Maurice Dufresne, 5 km nordwestlich von Azay-le-Rideau auf einer Halbinsel der Indre gelegen. Rund 3000 in die Jahre gekommene Fortbewegungsmittel und skurrile Maschinen aus aller Welt – von der Revolutions-Guillotine aus dem Jahr 1792 über verschiedene Traktorenmodelle, Sportwagen und Motorräder bis zum Blériot-Eindecker aus dem Jahre 1909 – wurden hier zu einer interessanten Ausstellung zusammengetragen (geöffnet tgl. Mai–Oktober 9.15–19.00 Uhr, März, April, Nov., Dez. bis 18.00 Uhr).

Saché

Wenn Saché, 5 km östlich von Azay-le-Riedeau gelegen, bekannter ist als andere Orte im idyllischen Indre-Tal, dann deshalb, weil sich Honoré de Balzac (⟶ Berühmte Persönlichkeiten) in den 30er Jahren des 19. Jh.s wiederholt hier aufhielt. Einem Freund des Romanciers gehörte das am Ortsrand in einem Park gelegene Schloß. Einige Repräsentationsräume sowie das Arbeitszimmer von Balzac stehen zur Besichtigung offen. Außerdem werden Briefe, Schriften und Erstausgaben des Dichters gezeigt. Auch der US-amerikanische Künstler Alexander Calder hat für einige Zeit in Saché gelebt. Als Erinnerung an seinen Aufenthalt stiftete er dem Ort ein Stabile, das vor dem Rathaus steht.

Villaines-les-Rochers

Das Korbmacherhandwerk hat eine lange Tradition in dem Dorf Villaines-les-Rochers, 5 km südlich von Azay-le-Rideau gelegen. Auch heute noch sind hier über hundert Korbmacher tätig.
Wer noch Platz im Reisegepäck hat, kann direkt ab Hersteller Korbwaren kaufen oder den Handwerkern bei der Arbeit über die Schulter schauen.

Korbmacher bei der Arbeit

Beaugency

C 9

Région: Centre
Département: Loiret
Höhe: 110 m ü.d.M.
Einwohnerzahl: 7000

Lage und Allgemeines

Das ruhige Städtchen liegt am rechten Ufer der Loire, auf halber Strecke zwischen Orléans und Blois, in einer überwiegend landwirtschaftlich genutzten Gegend. Die mittelalterliche Altstadt von Beaugency erstreckt sich zwischen der Durchgangsstraße und dem Fluß. Obgleich mitten in einer vielbesuchten Reiseregion gelegen, hat sich Beaugency noch viel von der Normalität einer französischen Kleinstadt bewahrt und ist deshalb als Standort oder Zwischenstation ausgesprochen angenehm.

Sehenswertes in Beaugency

Schloß
*Musée régional de L'Orléanais

Die ehemalige Burg ließ im 15. Jh. Graf Jean von Dunois, genannt der "Bastard von Orléans", zum Schloß umbauen. Im Inneren ist das sehenswerte Musée régional de l'Orléanais (Regionalmuseum) untergebracht, das mit einer Fülle von volkskundlichen Exponaten aus der Region aufwartet, darunter schönen alten Trachten, Schmuck sowie Handwerks- und Spielzeug. In einem Raum wurden die typischen Möbel und Alltagsgegenstände einer Winzerfamilie aus dem 19. Jh. zusammengetragen. Des weiteren sehr interessant ist das kleine Turmzimmer wegen seiner schönen Gebälkkonstruktion. Die Besichtigung des Museums ist nur im Rahmen einer Führung möglich (in französischer und englischer Sprache; kopierte Informationstexte in deutscher Sprache; geöffnet täglich außer Di. 10.00–12.00 und 14.00–18.30; im Winter nur 14.00–17.00 Uhr).

Donjon

Neben dem Schloß erhebt sich der mächtige, 36 m hohe Donjon (Wehrturm) aus dem 11. Jh., der Rest einer älteren Befestigungsanlage. Heute sind nur noch die glattflächigen Außenmauern erhalten.

Notre-Dame

Die Eglise Notre-Dame (Frauenkirche), einst zu einer Abtei gehörend, wurde im 12. Jh. erbaut, hat aber nach einem Brand durch die teilweise Erneuerung im gotischen Stil ihre Einheitlichkeit verloren. Der eindrucksvolle Innenraum ist durch mächtige Rundpfeiler in drei Schiffe gegliedert; das Querhaus besteht praktisch nur aus einer Überhöhung der Seitenschiffwölbung und tritt außen nicht aus dem Baukörper hervor. Geschichte schrieb das Gotteshaus im Jahre 1152: In diesem Jahr trat hier ein Konzil zusammen, das die Ehe zwischen König Ludwig VII. und seiner Frau Eleonore von Aquitanien – angeblich wegen Blutsverwandtschaft – für ungültig erklärte. Eleonore heiratete kurze Zeit später Heinrich Plantagenet, den späteren König Heinrich II. von England.

Tour St-Firmin

An der Place St-Firmin, einem hübschen dreieckigen Platz wenige Schritte westlich der Kirche, erhebt sich der 50 m hohe gleichnamige Turm, der einzige Überrest einer im 16. Jh. erbauten und in der Französischen Revolution zerstörten Kirche.

*Hôtel de Ville

Neben dem romanischen Maison des Templiers (Templerhaus) in der Rue Prateau ist das Hôtel de Ville (heute Rathaus) am Place de la Poste der bedeutendste Profanbau in der Altstadt von Beaugency. Hinter der herrlichen Renaissancefassade verbirgt sich im ersten Obergeschoß der Ratssaal, heute Trauzimmer (Schlüssel beim Office de Tourisme schräg gegenüber erhältlich). Sehenswert ist dieser Raum wegen der acht Gobelins aus dem 17. Jh. und 18. Jh. aus dem Besitz eines der letzten Äbte von Notre-Dame. In derselben Straße wie das Hôtel de Ville steht auch der Tour d'Horloge, ein Uhrturm, der Teil der Stadtbefestigung aus dem 12. Jh. war.

Jagdschloß mit berühmter Porträtgalerie: Schloß Beauregard

Umgebung von Beaugency

Avaray

In Avaray, 13 km südwestlich von Beaugency, stand schon im 13. Jh. ein Schloß, das später häufig von den französischen Königen bewohnt wurde. Nach 1736 wurde es neu erbaut; vom alten Bau blieben nur die Ecktürme.

Talcy

Das Dorf Talcy liegt 15 km westlich abseits der Loire in der fruchtbaren Beauce-Ebene. Mitten im Ort erhebt sich das Schloß, das man durch den trutzigen, von Ecktürmchen flankierten Torbau betritt. Bereits im 13. Jh. stand hier eine Burg, die 1517 der Florentiner Bernard Salviati erwarb und zum Schloß ausbaute. Zwei romantische Liebesgeschichten ranken sich um Schloß Talcy: Salviatis Tochter Kassandra wurde von dem Dichter Pierre de Ronsard (1521 – 1585) umworben, der ihr zahlreiche Gedichte widmete, und die Enkelin des Schloßherrn, Diana, wurde von dem Literaten Agrippa d'Aubigné (1552 – 1630) erfolglos umschwärmt – der Großvater willigte in eine Hochzeit nicht ein. Der Reiz von Schloß Talcy liegt vor allem in der originalen Ausstattung der Wohnräume. Sehenswert sind auch die Weinpresse (17. Jh.) und das Taubenhaus (16. Jh.).

Beauregard **D 9**

Région: Centre
Département: Loir-et-Cher
Höhe: 90 m ü d.M.

Lage

Schloß Beauregard liegt knapp 10 km südlich von Blois, am Rand eines ausgedehnten Waldgebiets. Die Zufahrt zum Schloß ist ab dem Dorf Cellettes (an der D 956) ausgeschildert.

*Schloß Beauregard

Geschichte

Zu Beginn des 16. Jh.s erwarb König Franz I. das Anwesen von Beauregard und errichtete dort ein Jagdschloß. Der Humanist und königliche Staatssekretär Jean du Thier, der 1545 Herr über Beauregard wurde, ließ das Schloß erweitern und berief dazu italienische Künstler an seinen Hof. Der spätere Besitzer von Beauregard, Paul Ardier, vervollständigte im 17. Jh. die Innenausstattung und gab die berühmte Porträtgalerie in Auftrag. Seit dem Ende des 18. Jh.s wechselte das Schloß mehrmals den Eigentümer. Heute steht von der einstigen Anlage im wesentlichen nur das Hauptgebäude.

Öffnungszeiten

Oktober – Mitte Januar und Mitte Februar – Ende März täglich außer Di. 9.30 – 12.00 und 14.00 – 17.00, April – Sept. täglich bis 18.30, Juli/Aug. 9.30 – 18.30 Uhr. Besichtigung nur im Rahmen einer Führung.

Rundgang

Die Besichtigung beginnt im Erdgeschoß in einem Vorzimmer, in dem neben einer holländischen Wanduhr (18. Jh.) und einer Statue der hl. Margarethe mit dem Drachen (17. Jh.) der Kieferknochen eines Walfischs gezeigt wird. Der Hauptraum im ersten Obergeschoß, die Porträtgalerie, wurde seit dem 17. Jh. nicht verändert. Den Boden dieses beeindruckenden Raumes bedecken blaue Delfter Kacheln (17. Jh.), auf denen Motive aus der Kriegsführung dargestellt sind. Die 327 Gemälde umfassende Porträtsammlung umfaßt die berühmtesten Herrscherpersönlichkeiten aus der Geschichte Frankreichs vom 14. bis zum 17. Jahrhundert. Unter jedem Porträt befindet sich eine kurze Beschreibung der jeweiligen Regierungszeit. An die Porträtgalerie schließt sich die sog. Südgalerie an, die mit schönem altem Mobiliar bestückt ist. Eine schmale Tür führt von dort in das Schellenkabinett, das ehemalige Arbeitszimmer Jean du Thiers. Der kleine Raum ist vollständig mit einer Eichenholzvertäfelung ausgestaltet, die ein italienischer Tischlermeister für den Schloßherrn du Thier im 16. Jh. fertigte. Seinen Namen erhielt das Kabinett von dem Wappen des Hausherrn, drei Schellen, die hier wiederholt als Motiv auftauchen. Der Rundgang endet in der großen Küche im Erdgeschoß, die bis 1969 benutzt wurde. Der weitläufige Park ist frei zugänglich.

Blois C 9

Région: Centre
Département: Loir-et-Cher
Höhe: 72 m ü.d.M.
Einwohnerzahl: 52 000

Lage und Allgemeines

Blois liegt auf zwei Hügeln am steilen rechten Ufer der Loire, etwa 60 km südwestlich von Orléans. Die Hauptstadt des Département Loir-et-Cher ist das Handelszentrum eines reichen Agrarlandes – mit vielen Geschäften, in denen die regionalen Delikatessen angeboten werden. Während unten in den schmalen Sträßchen das Leben seinen normalen Gang geht, strömen vor dem Eingang des hochgelegenen Schlosses die Besucher zusammen. Bei gutem Wetter bietet sich von der dortigen Aussichtsterrasse ein herrlicher Blick über die Dächer der Stadt, die Loire und die Wälder der Sologne.

Geschichte

Im 11. und 12. Jh. gehörten die Grafen von Blois und der Champagne zu den einflußreichsten Lehnsherren von Frankreich; 1397 kam die Grafschaft an Ludwig von Orléans. Dessen ältester Sohn Karl ließ nach seiner Rückkehr aus fünfundzwanzigjähriger englischer Gefangenschaft Teile des alten Festungswerkes abreißen und an ihrer Stelle einen Wohntrakt errichten. Als mit Ludwig XII. erstmals ein Sproß des Hauses Orléans König von Frankreich wurde, setzte für Blois ein großer Aufschwung ein, denn die Stadt war der Lieblingsaufenthalt des Regenten. Auf seine Veranlassung

Geschichte (Fortsetzung)

wurden weitere Flügel an den Schloßbau angefügt, außerdem weitläufige Terrassengärten angelegt, die sich nach Nordwesten in das Gebiet der heutigen Stadt erstreckten. Die Bautätigkeit wurde unter Franz I. fortgesetzt. Während der Religionskriege war das Schloß Schauplatz eines blutigen Ereignisses: Der Herzog von Guise, Rivale von Heinrich III. und Führer der Katholischen Liga, zwang den König im Jahre 1588, die Generalstände nach Blois einzuberufen. Sein Ziel, den König auf dieser Versammlung abzusetzen, schien damit in greifbare Nähe gerückt, da nahezu alle Mitglieder dieses Gremiums vom Herzog bestochen waren. Doch Heinrich nutzte seinerseits die Gunst der Stunde, um den Widersacher aus dem Weg zu räumen und ließ ihn am Morgen des 23. Dezember im Schloß von Blois ermorden. Nur acht Monate später holte den König ein ähnliches Schicksal ein: Auch er starb als Opfer eines Mordanschlags.

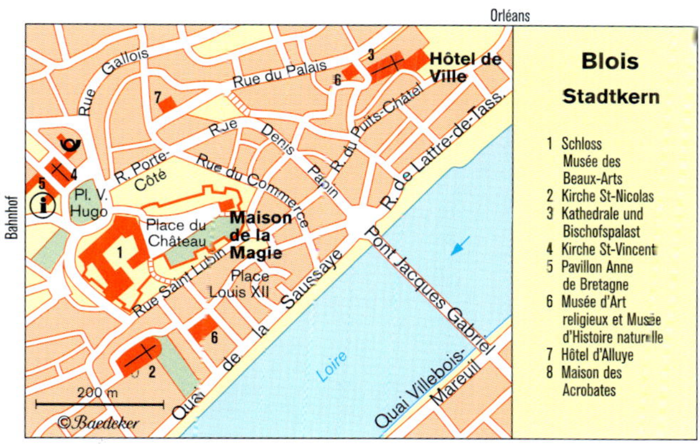

**Schloß

Lage
Place du Château

Öffnungszeiten
15. März – 30. Juni und Sept./Okt. tgl. 9.00 – 18.00
Juli und Aug. tgl. 9.00 – 19.30
Nov. – 14. März tgl. 9.00 – 12.30 und 14.00 – 17.30

In beherrschender Lage erhebt sich über der Stadt das Château, die bedeutendste Sehenswürdigkeit des Städtchens Blois. Von der Unterstadt führt eine Straße hinauf zur Place du Château, deren Südwestseite von der Eingangsfront des Schlosses (Flügel Ludwigs XII.) beherrscht wird. Über dem großen Portal wie über dem kleinen Torbogen rechts daneben erblickt man das Relief eines bekrönten Stachelschweins, dem Emblem Ludwigs XII. Das große Portal ist aufwendig gefaßt: Unter einem spätgotischen Baldachin mit reichem Maßwerkschmuck steht die Reiterstatue König Ludwigs. Bei der Plastik handelt es sich um eine im 19. Jh. angefertigte Kopie der Originalskulptur.

Die Anlage des Schlosses vermittelt sich dem Besucher am besten, wenn er den Eingangstrakt passiert hat und im Innenhof steht. Hinter ihm liegt dann der zwischen 1498 und 1503 entstandene Flügel Ludwigs XII., rechts schließt sich daran der Saal der Generalstände (13. Jh.) und der an seiner Wendeltreppe zu erkennende Flügel Franz I. an (1515 – 1520 erbaut). Dem Eingangsflügel gegenüber liegt der Flügel Gaston d'Orléans, zwischen 1635 und 1638 erbaut. Zwischen diesem und der Chapelle Saint-Calais, 1508 geweiht, öffnet sich der Hof zur Terrasse "du Foix".

Rundgang
Flügel Franz I.

Der Besichtigungsrundgang beginnt im dreigeschossigen Flügel Franz I., dessen reicher Fassadenschmuck von der italienischen Renaissance geprägt ist und eine Abkehr von der mittelalterlichen Bautradition Frankreichs bedeutete. Das architektonische Prunkstück dieses Flügels ist die Wendeltreppe, die in einem Turm von polygonalem Grundriß aus der Fas-

Schloßrundgang (Fortsetzung)

sade heraustritt. Ursprünglich markierte sie die Mitte dieses Flügels, ehe der linke Teil des Baues wegen der Errichtung des barocken Flügels gekürzt wurde. Bei höfischen Festen konnte das adelige Publikum von den Plätzen im Treppenhaus die Vorstellungen im Hof verfolgen.

Im Erdgeschoß des Flügels ist heute ein Lapidarium untergebracht. Es birgt Bauplastik und Architekturteile, die bei den großen Restaurierungen des Schloßbaus, vor allem bei der ersten, 1843 bis 1870 durch Felix Duban durchgeführten, geborgen bzw. ausgetauscht worden waren. In der ersten und zweiten Etage befinden sich die königlichen Gemächer und Empfangssäle. Die Ausstattung dieser Räume geht zum überwiegenden Teil auf die großangelegte Restaurierung von Duban im 19. Jh. zurück.

Über die Wendeltreppe erreicht man den großen Saal in der ersten Etage, die Salle des capitaines des Gardes. Den reichverzierten, mächtigen Kamin schmücken die Herrscherembleme von Franz I. und Anne von Bretagne, der Salamander und das Hermelin. Durch die Salle des Gardes, den Saal der Wache der Königinnen, betritt man die Galerie der Königin, die in der Zeit Katharinas von Medici ausgestattet wurde. Es folgen das Ankleidezimmer, das möblierte Schlafzimmer und die kleine Betkapelle der Königin. Der letzte Raum in diesem Geschoß wird als Giftkabinett bezeichnet – angeblich soll die Königin in den Geheimschränken hinter der Holzvertäfelung Gift versteckt haben. Im zweiten Obergeschoß liegen die Räume Heinrichs III. Hier ließ der König am 23. Dezember 1588 den Herzog von Guise ermorden. Es wird erzählt, daß König Heinrich von seinem Arbeitszimmer aus, hinter einem Vorhang verborgen, der Bluttat zugesehen habe.

Saal der Generalstände

Über die große Wendeltreppe geht es wieder hinunter in die erste Etage und von dort in den Saal der Generalstände (Salle des Etats-Généraux), der durch eine Säulenreihe in zwei überwölbte Schiffe unterteilt ist. Wie der Name schon besagt, wurden in diesem Raum 1576 und 1588 die Generalstände einberufen. Sein heutiges Erscheinungsbild erhielt der Saal im Rahmen der Restaurierung durch Felix Duban im 19. Jahrhundert.

Flügel Ludwigs XII.

Der Rundgang setzt sich im Flügel Ludwigs XII., dem Eingangsflügel, fort. Die ehemaligen Gästeappartements Ludwigs XII. dienen seit 1869 dem Musée des Beaux Arts als Ausstellungsräume. In der langen Galerie, von der die einzelnen Räume erschlossen werden, hängen schöne Gobelins und gestickte Wandteppiche aus dem 17. und 18. Jahrhundert. Die Sammlungen des Museums umfassen vor allem französische Gemälde und Skulpturen (17.–19. Jh.).

Kapelle Saint-Calais

Ludwig XII. war nicht nur der Bauherr des nach ihm benannten Flügels, sondern auch der Chapelle Saint-Calais, die 1508 ihrer Bestimmung übergeben wurde. Die Ausmalung des rippengewölbten Bauwerks ist das Ergebnis der Schloßrestaurierung durch Felix Duban im 19. Jahrhundert.

Flügel des Gaston d'Orléans

Im Südwesten wird der Schloßhof durch den Flügel abgeschlossen, den der französische Baumeister François Mansart 1635–1638 für den Bruder Ludwigs XIII., Gaston d'Orléans, errichtet hatte. Um Platz zu schaffen für diesen Flügel, der ursprünglich den Auftakt bilden sollte für eine komplette Erneuerung des Schlosses, mußten Teile des Flügels Franz' I. und einer Kapelle abgebrochen werden.
Mit dem Bauwerk hatte Mansart, der als bedeutendster Vertreter des klassischen Barock in Frankreich gilt, eine erste Probe seines Könnens geliefert. Daß er sein Metier beherrschte, wird, zumal andere Räume nicht zu besichtigen sind, vor allem am zentralen Treppenhaus deutlich, das auch in seinem unvollendeten Zustand eine großartige Wirkung entfaltet (die Treppe wurde erst 1932 nach seinen Plänen eingebaut und führt nur bis ins erste Obergeschoß).

Spiralförmig geht es aufwärts: Wendeltreppe am Flügel Franz I. ▶

Das spätmittelalterliche Schloßportal

Blick vom Schloß auf St-Nicolas

Sehenswertes in der Altstadt von Blois

Maison de la Magie

In dem großbürgerlichen Wohnhaus an der Ostseite der Place du Château hat die Stadt 1998 ein ungewöhnliches Museum eröffnet. Es ist dem Zauberer und Erfinder Jean-Eugène Robert-Houdin gewidmet, der 1805 hier zur Welt kam. Das Innere des Museums gleicht einem Labyrinth, in dem der Besucher in die Welt der Magie entführt wird. Im hauseigenen Theater gibt es täglich eine Zaubervorstellung.

Pavillon Anne de Bretagne

Nördlich des Schlosses erstreckten sich einst die königlichen Gärten, zu denen auch der kleine, mit einer Natur- und Ziegelsteinfassade verkleidete und mit einem Schieferdach gedeckte Pavillon Anne de Bretagne gehört, der heute vom Fremdenverkehrsamt der Stadt genutzt wird.

St-Nicolas, Jakobinerkonvent

Vor dem Schloßflügel Gaston d'Orléans, dessen Fassade man von der Place de Lices am besten überblickt, führt eine Treppe hinunter in die Altstadt, aus deren schmalen Gassen die im 12. und 13. Jh. erbaute Kirche St-Nicolas herausragt. Sie gehörte zu einer ehemaligen Benediktinerabtei, deren 1663–1724 erneuerte, heute profanierte Gebäude sich südöstlich anschließen. Die Säulen von Chor und Querschiff tragen interessante romanische Figurenkapitelle. Das Hauptschiff ist überwiegend gotisch.
Nordöstlich von St-Nicolas, gegenüber der Markthalle, befindet sich der Couvent des Jacobins (15./16. Jh.), in dem sich das Naturgeschichtliche Museum, das Museum religiöser Kunst und eine Bibliothek befinden.

Hôtel d'Alluye, Maison des Acrobates

Zwei besonders schöne Beispiele für die Profanarchitektur in Mittelalter und Renaissance findet man in der Altstadt: Das prächtige Stadthaus mit Haustein- und Backsteinfassade in der Rue S. Honoré ließ sich 1508 der königliche Finanzminister Baron d'Alluye erbauen. In der Rue du Palais, die auf den Vorplatz der Kathedrale zuführt, steht das sog. Haus der Akrobaten. Seinen Namen verdankt dieses mittelalterliche Fachwerkgebäude den geschnitzten Figuren an den Holzbalken. Maison des Acrobates (Forts.)

Kathedrale St-Louis

Im Altstadtbezirk nordöstlich des Schlosses steht die Kathedrale St-Louis. Hier gab es schon in frühchristlicher Zeit eine Kirche, die im 12., 15. und 16. Jh. erneuert wurde. Am 6. Juni 1678 zerstörte ein Orkan den Bau bis auf Apsis, Turm und Westfassade, und der von Colbert veranlaßte Wiederaufbau dauerte bis 1702. Heute zeigt die Kathedrale Formen der spätesten Gotik und der Renaissance, abgesehen von der Basis des Turmes, die noch von der im 12. Jh. errichteten Kirche stammt. Das Innere mißt 80 m in der Länge, 30 m in der Breite und bis 18,70 m in der Höhe. Die schöne Krypta ist im 10./11. Jh. entstanden.

Bischofspalast

Östlich schließt an die Apsis der Kathedrale der ehemalige Bischofspalast an. Im 18. Jh. erbaut, dient er heute als Rathaus.

Umgebung von Blois

Château-Renault

In dem kleinen Städtchen Château-Renault, 34 km westlich von Blois, sind die Reste eines Schlosses aus dem 14. Jh. zu sehen; der Donjon (Wehrturm) ist noch älter. Auf dem Schloßgelände befindet sich außerdem ein interessantes Ledermuseum.

Ménars

6 km nordöstlich von Blois liegt das Dorf Ménars. Inmitten von schönen Terrassengärten steht ein um die Mitte des 17. Jh.s errichtetes Schloß, ursprünglich Herrensitz für den Bürger Guillaume Charron. 1716 wurde es von der Marquise de Pompadour erworben, die dem königlichen Hofbaumeister Gabriel den Auftrag zur Erweiterung erteilte.
Um die Mitte des 18. Jh.s wurden umfangreiche Änderungen an dem Bau vorgenommen, und seit jener Zeit gehört er zu den ganz wenigen Werken der klassischen Stilepoche im Gebiet der Loire. Vom jenseitigen Flußufer hat man einen guten Überblick über die Schloß- und Gartenanlage.

Blickfang am Loireufer – Schloß Ménars

Bourges

E 11

Région: Centre
Département: Cher
Höhe: 130 m ü.d.M.
Einwohnerzahl: 85 000

Lage

Bourges, die Hauptstadt des Département Cher, Erzbischofssitz und einstige Herzogsresidenz, liegt in der fruchtbaren Landschaft Berry, rund 50 km abseits der Loire, westlich von Nevers und La Charité. Durch das Stadtgebiet fließt die Yèvre, ein Nebenfluß des Cher.

Geschichte

In gallo-römischer Zeit hieß der 52 v. Chr. von Caesar eroberte Ort Avaricum. Im Frühmittelalter Zentrum einer Grafschaft, wurde Bourges um 1360 Residenz der Herzöge von Berry und entwickelte sich zu einer bedeutenden Kunststadt. Im Jahre 1463 wurde die Universität gegründet, an der um 1530 der spätere Reformator Jean Calvin studierte. Durch Kommilitonen aus dem deutschen Raum lernte er hier die Ideen Luthers kennen, die ihn tief beeindruckten und Bourges zum Ausgangsort der Reformationsbewegung im Berry machten. In den Religionskriegen wurde die Stadt schon 1562 von den Protestanten eingenommen. In den Jahren 1753 bis 1754 war Bourges Exilort des Pariser Parlamentes.

Die Industrialisierung setzte in der Mitte des 19. Jh.s ein; heute spielen Chemiewerke und Luftfahrtindustrie eine bedeutende Rolle. Das Stadtzentrum wurde in den vergangenen Jahren verkehrsberuhigt und zu einer Fußgängerzone umgestaltet.

Bourges

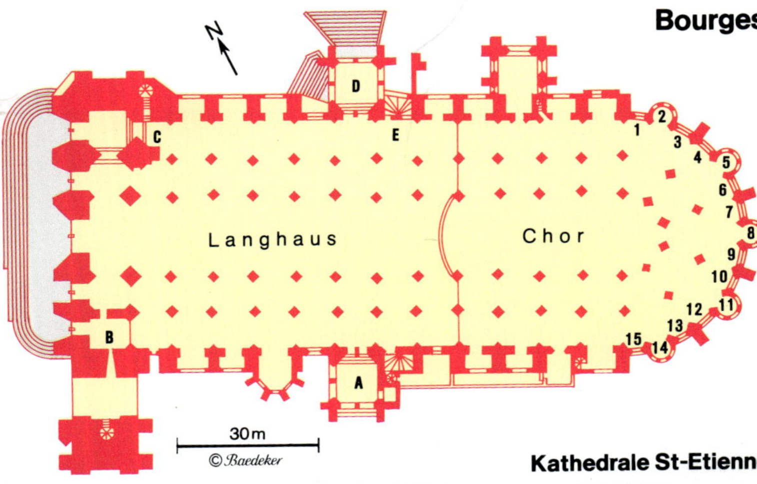

Kathedrale St-Etienne

A Südportal
B Sakristei
C Kartenverkauf Turmaufgang
D Nordportal
E Eingang zur Krypta

GLASGEMÄLDE

1 Der Reiche und der arme Lazarus
2 Maria Magdalena, hl. Nikolaus und Maria von Ägypten
3 Stephanuslegende
4 Der barmherzige Samariter
5 Die Heiligen Dionysius von Paris (St-Denis), Petrus, Paulus und Martinus
6 Gleichnis vom verlorenen Sohn
7 Alter und Neuer Bund: Abraham, Isaak, Moses, David und Jonas
8 Marienleben
9 Jüngstes Gericht
10 Leidensgeschichte Jesu
11 Die Heiligen Laurentius, Stephanus und Vincentius
12 Offenbarung des Johannes
13 Der Apostel Thomas
14 Die Heiligen Jakobus d.Ä., Johannes der Täufer und Johannes der Evangelist
15 Joseph in Ägypten

Die Kathedrale von Bourges ist vor allem für ihre Glasgemälde berühmt

**Kathedrale St-Etienne

Lage
Place Etienne Dolet

Auf dem Hügel, der aus der Ebene aufragt und den alten Stadtkern trägt, erhebt sich weithin sichtbar die großartige Kathedrale St-Etienne, die etwa zwischen 1200 und 1260 erbaut wurde und zu den bedeutendsten Bischofskirchen Frankreichs zählt.

Äußeres

Die von zwei mächtigen Türmen flankierte Westfassade, in der letzten Bauphase zwischen 1230 und 1260 entstanden, öffnet sich in fünf reich mit Figuren geschmückten Portalen, die den fünf dahinterliegenden Schiffen entsprechen.
Das Portal ganz links (nördlich), Portail de Saint Guillaume, ist dem Hl. Wilhelm, Erzbischof von Bourges, gewidmet. Im Tympanon sind Szenen aus dem Leben des Heiligen (Wunderheilungen, Teufelsaustreibungen u.a.) dargestellt.
Rechts anschließend folgt das Portail de la Vierge, das Portal der Heiligen Jungfrau. Beim Einsturz des Nordturmes im Jahre 1506 wurde es erheblich beschädigt und mußte erneuert werden. Im Tympanon des Portals sind Tod, Himmelfahrt und Krönung Marias dargestellt.
Das beherrschende mittlere Portal zeigt in reicher plastischer Gestaltung das Jüngste Gericht. Darüber sitzt die im 14. Jh. entstandene Fensterrose.
Am Portail de Saint Etienne, dem Portal des hl. Stephan, sind Details aus dem Leben und der Leidensgeschichte des Heiligen zu sehen, dem die Kathedrale geweiht ist.
Ganz rechts öffnet sich in der Fassade das Portail de Saint Ursin (Portal des hl. Ursinus), in dessen Bogenfeld die Legende des ersten Bischofs von Bourges dargestellt ist.

Türme

Der Nordturm, 65 m hoch, wurde nach dem Einsturz von 1506 neu errichtet und zeigt den Flamboyantstil der späten Gotik. Von seiner Aussichtsplattform überblickt man die Stadt (Zugang und Kasse im Kircheninneren).

Glasgemälde in der Kathedrale

Türme (Fortsetzung)

Der Südturm, durch einen kurzen Zwischenbau mit der Kathedrale verbunden, ist insgesamt von strengerer Gestalt. Der Bau blieb unvollendet, so daß der Turm nicht die ursprünglich vorgesehene Höhe erreicht.

Inneres

Man betritt den Innenraum durch das romanische Portal im südlichen Seitenschiff. Über dem Portal, an der Außenwand, ist das Relief einer Maiestas Domini, d. h. der thronende, von den vier Evangelistensymbolen umgebene Christus, zu sehen. Die Christusfigur am Mittelpfeiler (13. Jh.) begrüßt den Eintretenden mit dem Segnungsgestus. Das 124 m lange Innere ist in ein 37 m hohes Hauptschiff und je zwei unterschiedlich hohe Seitenschiffe gegliedert. Die Kathedrale besitzt kein Querhaus; die Seitenschiffe setzen sich in einem doppelten Chorumgang mit Kapellenkranz fort.

**Glasgemälde

Die Hauptsehenswürdigkeit im Inneren der Kathedrale sind die im Kapellenkranz befindlichen bunten Glasfenster, die zwischen dem 13. und 17. Jh. in die Kirche kamen. Die Fenster im Chorumgang datieren aus dem Jahrzehnt zwischen 1215 und 1225. Wer sie in Ruhe betrachten möchte, sollte sich unbedingt ein Fernglas mitbringen, da die Details von unten nicht mit bloßem Auge zu erkennen sind. Über die Motive infomiert die Karte auf S. 56.

**Krypta

Die aus dem 13. Jh. stammende Krypta ist eine der interessantesten ihrer Art aus der Epoche der Romanik in Frankreich. Der Zugang zur Krypta befindet sich direkt neben dem normalerweise verschlossenen Nordportal (Führung; Eintrittskarten für Krypta und Turm im Westteil des linken Seitenschiffes). Der kreuzrippengewölbte Raum wurde als Unterbau des Chores errichtet, um das nach Osten abfallende Gelände auszugleichen. Daher liegt diese Krypta auch oberirdisch; durch zwölf große Fenster erhält sie reichlich Tageslicht. Die dortigen Glasfenster stammen aus dem 14. Jahrhundert.

Besonders sehenswert ist hier das Marmorgrabmal des Herzogs von Berry (zu seinen Füßen ein Bär) aus dem frühen 15. Jh., der Rest eines großen

Kathedrale, Krypta (Fortsetzung)

Mausoleums. Ferner sind einige Bruchstücke des zerstörten Lettners zu sehen. Auf dem Fußboden bemerkt man die eingeritzte Bauzeichnung im Maßstab 1:1 für die Fensterrose, die sich heute ganz oben in der Hauptfassade befindet und hier unten fertiggestellt wurde. Beachtenswert ist die asymmetrische Ausführung der Kreuzrippen, die sich dem halbkreisförmigen Grundriß anpassen. Das Halbrund der gotischen Krypta umfängt einen überwölbten Raum, in dem sich die Gräber der Bischöfe bzw. Erzbischöfe von Bourges befinden (zwei Begräbnisstätten sind noch frei). Neben der polychromen Grablegung (16. Jh.) öffnet sich der Zugang zu der kleinen romanischen Krypta, die innerhalb der einstigen gallo-römischen Ummauerung liegt und erst in jüngerer Zeit wieder zugänglich gemacht wurde.

Weitere Sehenswürdigkeiten in Bourges

Ehemaliger Bischofspalast

Südlich der Kathedrale, an der Place Etienne Dolet, steht der 1680 erbaute Bischofspalast, früher Hôtel de Ville (Rathaus), heute u. a. Sitz des Musée des Meilleurs Ouvriers de France, das die Spitzenherstellung und Klöppelkunst in der Region beleuchtet (geöffnet tgl. außer Mo. 14.00 – 18.00 Uhr). Der anschließende hübsche Park (Jardin de l'Archevêché) wurde im 17. Jh. vermutlich von dem bedeutenden Gartengestalter Le Nôtre angelegt; von hier hat man einen herrlichen Blick auf die Südseite der Kathedrale.

Naturgeschichtliches Museum

Von der Place Etienne Dolet gelangt man zur Place A. Malraux mit dem Kulturhaus (Maison de la Culture) und abwärts über die Rampe Marceau zum Ausstellungsgelände Parc des Expositions. Hier lohnt das 1989 in einem modernen Gebäude wiedereröffnete Muséum d'Histoire Naturelle Gabriel Foucher (Naturgeschichtliches Museum) einen Besuch, dessen Ziel es ist, den aktuellen Stand der Naturwissenschaften einem breiten Publikum zu vermitteln (geöffnet täglich 14.00 – 18.00 Uhr).

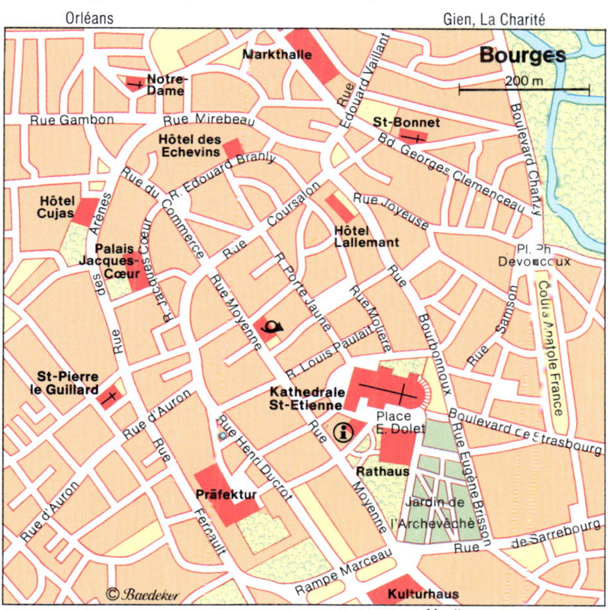

Musée de l'Ecole

Auf dem Weg zum Hôtel Lallemant (s. u.) liegt in der Rue de la Thaumassière, einer rechten Seitenstraße der Rue Bourbonnoux, das Musée de l'Ecole (Schulmuseum; geöffnet Mittwoch 14.00 – 17.00 Uhr).

Hôtel Lallemant

Die meisten Sehenswürdigkeiten in Bourges liegen im Nordwesten der Kathedrale, so auch das Hôtel Lallemant. Vom Parc des Expositions kehrt man zurück zum schönen Jardin de l'Archevêché, der an die Rue Bourbonnoux grenzt. Dieser hübschen Altstadtgasse folgt man in nördliche Richtung, bis nach etwa 250 m links, etwas zurückversetzt, das Hôtel Lallemant auftaucht. Es handelt sich dabei um ein schönes Kaufmannshaus aus dem 16. Jh., das über den Resten der einstigen gallo-römischen Ummauerung erbaut wurde.

Die Straßenfront des Stadtpalastes mit ihren spätgotischen Fenstern zeigt im mittleren Teil bereits den Einfluß der Renaissance; in der Gestaltung der Innenhöfe ist der "moderne" Baustil bereits voll ausgeprägt.

Musée des Arts Décoratifs

In den Räumen des Hôtels ist heute das Musée des Arts Décoratifs (Kunstgewerbemuseum) beheimatet. Die Sammlung umfaßt Möbel, Gobelins und Gemälde vor allem aus dem 17. Jahrhundert. Beachtenswert sind die Kassettendecken in den einstigen Wohnräumen und in der Kapelle. Die an den Kaminen sichtbaren Darstellungen von Stachelschwein und Hermelin sind die Embleme von Ludwig XII. bzw. Anne de Bretagne.

Place Gordaine

Nur wenige Meter vom Hôtel Lallemant entfernt liegt die Place Gordaine, in die einige hübsche Alstadtgassen einmünden.

St-Bonnet

Nördlich der Place Gordaine erreicht man die breite Ringstraße (Boulevard G. Clémenceau bzw. de la République) und die Place St-Bonnet. Die Kirche, die dem Platz den Namen gab, besitzt einen Chor aus dem 16. Jh. sowie schöne Fenster aus dem 15. und 16. Jahrhundert.

Musée de la Résistance et de la Déportation

In der Rue Parmentier, einer Parallelstraße zum Boulevard de la République, informiert in der Halle Saint-Bonnet das Museum über die Résistance und die Déportation in Bourges und im Département Cher (geöffnet Mo. – Sa. 14.30 – 18.00 Uhr.)

Einer der schönsten Profanbauten in Bourges: Palais Jacques-Cœur

Hôtel des Echevins

Der kürzeste Weg von der Kirche Notre-Dame zum Hôtel des Echevins führt durch die Rue Mirabeau und durch die Passage Casse-Cou in die Rue Branly, wo das Hôtel im späten 15. Jh. als Zusammenkunftsstätte für den Bürgermeister und seine Beigeordneten errichtet wurde. Bemerkenswert an dem Gebäude ist der Treppenturm auf achteckigem Grundriß, der die Formen des spätgotischen Flamboyantstils zeigt, sowie die nur etwa zwanzig Jahre später entstandene Renaissancegalerie. Im Inneren des Stadtpalais ist das Musée Estève untergebracht, das Gemälde und Graphik des 20. Jh.s präsentiert (geöffnet tgl. außer Di. und So. vorm. 10.00–12.00 und 14.00–18.00 Uhr).

Route Jacques-Cœur

Bourges ist Mittelpunkt der Route Jacques-Cœur, einer Touristikstraße, die nördlich über ⟶ Gien nach La Bussière und südlich bis Culan führt und die wichtigsten Sehenswürdigkeiten in diesem Gebiet berührt.

Nördlicher Abschnitt

Die nördliche Route dieser Touristikstraße berührt Menetou-Salon (Schloß, 15./19. Jh.), Maupas (Schloß), Boucard (Schloß, 17. Jh.), Verrerie (Schloß, 16. Jh.), La Chapelle d'Angillon (Schloß, 11.–16. Jh.), Aubigny-sur-Nère (Fachwerkstädtchen), Blancafort (Schloß, 15. Jh.), Argent-sur-Sauldre (Schloß, 16. Jh.; Museum), ⟶ Gien und La Bussière.

Südlicher Abschnitt

Der südliche Zweig führt über Jussy-Champagne (Schloß, 17. Jh.), Dun-sur-Auron (Stadtmauer, 12.–15. Jh.), Meillant (Renaissanceschloß; Fahrzeugsammlung), Noirlac (Zisterzienserabtei, 12.–14. Jh.) und Ainay-le-Vieil (Renaissanceschloß) nach Culan (Burg, 13.–15. Jh.).

Bourgueil **D 6**

Région: Pays de la Loire
Département: Indre-et-Loire
Höhe: 50 m ü.d.M.
Einwohnerzahl: 4000

Lage und Allgemeines

Das Städtchen Bougueil liegt in einer fruchtbaren Gegend, die ebenso wie das südlich benachbarte ⟶ Chinon vor allem vom Weinanbau geprägt ist. Mit dem "Breton" kann sich Bourgueil sogar einer speziellen Rebsorte rühmen, die schon Rabelais der Erwähnung wert fand. Nicht nur Rabelais, auch der große französische Renaissance-Dichter Pierre de Ronsard (1524–1584) wird gern in Zusammenhang mit Bourgueil genannt – Marie hieß die Angebetete, die ihn veranlaßte, das Weinstädtchen des öfteren aufzusuchen.

Sehenswertes in Bourgueil

Saint-Germain, Markthalle

Die Kirche Saint-Germain stammt aus dem 11. Jh., wurde aber später stark verändert. An das schlichte romanische Kirchenschiff schließt sich ein gotischer Chor mit hohen, schmalen Fenstern an. Unter den Arkaden der alten Markthalle gegenüber wurde früher getauscht und gehandelt.

Abtei

Am östlichen Ortsende kann man heute noch die Reste einer im 10. Jh. gegründeten Benediktinerabtei besichtigen. Erhalten blieben u.a. das Hauptgebäude mit Speisesaal und Refektorium sowie das schöne Speicherhaus aus dem 13./14. Jahrhundert. In den ehemaligen Mönchszellen wurde ein kleines Museum eingerichtet (Musée d'arts et traditions populaires; geöffnet April–Juni und Sept./Okt. So. und Fei. 14.00–18.00, Juli/August Do.–Mo.14.00–18.00 Uhr).

Schloß (Fortsetzung)

nimmt das Schloß von Chambord in Größe und Ausgestaltung bereits Prinzipien des absolutistischen Machtanspruches vorweg, die später z. B. in Versailles zu voller Ausprägung gelangen. Geplant war zunächst sogar eine Umleitung der 5 km entfernten Loire, welche die nur noch dekorativen Zwecken dienenden Wassergräben füllen sollte; doch beschränkte man sich schließlich auf eine Kanalisierung des Cosson.

Äußeres

Der Anfahrtsweg zum Schloß führt durch den weitläufigen Park zu einem großen Parkplatz, der im Nordwesten des Schlosses liegt. Der Eingang ins Schloß befindet sich an der anderen, nach Südosten weisenden Fassade. Auf dem Weg dorthin passiert man zunächst den Kassenbereich mit Informationszentrum, Andenkengeschäften, Cafés und einem Restaurant. Rechts etwas erhöht steht eine unter Napoleon I. errichtete Kapelle. Der Eingangsflügel mit der Königspforte (Porte Royale) ist niedriger als der gesamte Rest der Anlage, da er nicht vollendet wurde. Es stehen nur das flachgedeckte Erdgeschoß und die Basen der beiden Ecktürme. Die Räume dienen z. T. als Stallungen und Hufschmiede. Durch die Königspforte betritt man die Cour d'Honneur, den Ehrenhof. In seiner Mitte erhebt sich beherrschend der Donjon (Wehrturm). Seine Fassaden werden durch großzügig bemessene Fenster, Galerien und Balustraden gegliedert. Das steile Dach schmücken nicht weniger als 365 Zierkamine, Laternen und Türmchen.

Inneres

Nicht nur die äußere und innere Prachtentfaltung, auch das mammuthafte Platzangebot des Schlosses mit rund 400 Räumen zielt in erster Linie auf Repräsentation und nicht auf Bewohnbarkeit. Die Gemächer und Säle

▼ *Die prunkvolle Nordwestfassade von Schloß Chambord*

Inneres (Fortsetzung)

beeindrucken vor allem durch ihre Dimensionen; die zahlreichen Gemälde im Schloß sind zumeist Kopien von Museumsstücken. Im Erdgeschoß des Donjon ist nur die Salle des Gardes (Wachlokal) möbliert und zugänglich. Im Schnittpunkt der einander rechtwinklig kreuzenden großen Flure führt die berühmte Wendeltreppe nach oben. Sie besteht aus zwei in der Art eines Doppelgewindes ineinandergefügten Läufen, die es ermöglichen, daß gleichzeitig Hinauf- und Hinabschreitende einander nicht begegnen müssen. Vermutlich war eher barockes Raffinement als diplomatische Notwendigkeit der Grund für dieses Bauprinzip.

Im ersten Obergeschoß sind an den Wänden des Treppenhauses die auf Stoff gemalten Stammbäume der Häuser Valois und Bourbon-Parma sowie eine Darstellung von Schloß und Umgebung aus der Vogelperspektive aufgehängt.
Zu besichtigen sind hier mehrere Räume. Durch ein kleines, düsteres holzgetäfeltes Zimmer betritt man die Chambre du Roi (Königsgemach). Der Raum wurde durch den Maréchal de Saxe, dessen Porträtbüste auf dem Kaminsims steht, barock ausgestattet. Im anschließenden Raum findet man eine Sammlung von Bildnissen sowie als einziges originales Möbelstück des Schlosses die an der inneren Stirnwand stehende Konsole. Die weiteren Zimmer enthalten Gobelins und Gemälde, die Chambre au Laurier Rose eine Textiltapete, die blühenden Rosenlorbeer auf weißem Grund zeigt. Im Zimmer des Dauphin steht eine große Vitrine mit vielen Waffenmodellen (Kanonen, Belagerungsmaschinen u. a.).
Im Gegensatz zu den unteren Stockwerken trägt das zweite Obergeschoß keine Balkendecke, sondern ein kassettiertes Steingewölbe. Allenthalben

Zierkamine auf dem Dach ...

... und Wendeltreppe in Chambord

Chambord, Inneres (Fortsetzung)

an der Decke erscheinen der Salamander und die Initiale "F" (für Franz I.). In den Räumen wird eine umfangreiche Sammlung von Waffen und Jagdtrophäen gezeigt, ebenso Werke flämischer Tiermaler aus dem 17. Jh. sowie Gobelins, auf denen die Meleager-Sage dargestellt ist.
Die Wendeltreppe führt hinauf auf die Dachterrasse. Oben ist das Treppenhaus von einer Laterne bekrönt. Ein Rundgang zeigt die geradezu verwirrende Fülle und Formenvielfalt des von jedem der Baumeister erweiterten Dachschmuckes. Man hat den Eindruck, sich in einer phantastischen kleinen Stadt zu bewegen; angeblich sind hier einige der Dramen von Molière uraufgeführt worden. Am Rande des Daches zieht sich ringsum eine Balustrade hin; es bietet sich nach allen Seiten ein herrlicher Blick über das Schloß und den Park.

*Park

Rund um das Schloß erstreckt sich der Parc de Chambord, ein größtenteils bewaldetes Gelände von 5407 ha Fläche, das von einer 32 km langen Mauer mit sechs Toren umzogen wird. Der Park dient heute als Gehege für Rot- und Schwarzwild und ist daher nur teilweise für Besucher zugänglich.

La Charité-sur-Loire E 12

Région: Bourgogne
Département: Nièvre
Höhe: 199 m ü.d.M.
Einwohnerzahl: 6500

Lage

Die kleine Stadt liegt 24 km nördlich von Nevers. Ihre hübsche Altstadt gruppiert sich um die romanische Kirche Notre-Dame auf dem leicht ansteigenden rechten Ufer der Loire. Der schönste Blick auf die Stadt bietet sich von der Brücke Pont de Pierre, die aus dem 16. Jh. stammt.

Geschichte

Am Beginn der Stadtgeschichte steht ein um das Jahr 700 gegründetes Kloster, das nach zweimaliger Zerstörung 1059 als eines der ersten Cluniazenser-Priorate neu errichtet wurde. Die seit 1081 befestigte Stadt wurde im 15. Jh. in den Hundertjährigen Krieg hineingezogen. Während der Religionskriege erklärte man sie 1570 zu einem der vier festen Schutzplätze der Hugenotten. Aufgrund ihrer günstigen Lage hatte sich die Stadt schon früh zu einem Handelsplatz entwickelt, dessen Stern allerdings mit dem Bau des Loire-Seitenkanals zu sinken begann.

*Ste-Croix-Notre-Dame

Lage
Place des Pêcheurs

Die ehemalige Prioratskirche gehörte einst zu einer Benediktinerabtei. Obschon auch von der Kirche nur ein Teil erhalten geblieben ist, zählt sie zu den großen Zeugnissen der Romanik in Burgund; das Langhaus war mit 120 m das längste nach Cluny. Im Jahr 1840 sollte die Straße Paris–Nevers durch das Kirchenschiff geführt werden, und nur den Bemühungen des Schriftstellers Prosper Mérimée, dem damals die Inspektion der historischen Denkmäler Frankreichs oblag, ist es zuzuschreiben, daß dieser Plan nicht realisiert wurde.

Besichtigung

An der Place des Pêcheurs sind die Reste der Doppelturmfassade der ehemaligen Abteikirche zu sehen. Die isoliert stehende Tour Ste-Croix war ursprünglich der Nordturm dieser Fassade. Von den einst fünf Westportalen sind die beiden nördlichen erhalten. Das linke Tympanon ist noch an seinem ursprünglichen Platz, das rechte wird im linken Seitenschiff im Inneren der Kirche aufbewahrt. Durch ein erneuertes Portal aus dem 16. Jh. betritt man die Place Ste-Croix oder auch Cour Ste-Croix genannt, die die Stelle der sechs westlichen Joche des Kirchenschiffs einnimmt. Das heutige Gotteshaus umfaßt nur noch den östlichen Teil der Anlage, sprich vier Joche des im 17. Jh. erneuerten Schiffs, Querhaus und Chor. Im Chorbereich fällt der Reichtum an plastischem Schmuck auf; die Kapitelle zeigen Blattwerk und Fabelwesen, wie sie typisch sind für die späte Romanik. Im rechten Seitenschiff wurden Fundamente eines älteren Baus freigelegt.

Square des Bénédictins

Verläßt man die Kirche durch den rechten Querhausarm, dann kommt man durch die Grande Rue zum Ausgrabungsgelände des Square des Bénédictins, dem ehemaligen Standort des Benediktinerklosters, zu dem die Kirche gehörte. Auf dem benachbarten Areal wurden die Reste von St-Laurent, einer 1056 erbauten und nach einem Brand 1559 verfallenen Kirche, ausgegraben.

La Charité-sur-Loire **Ste-Croix-Notre-Dame**

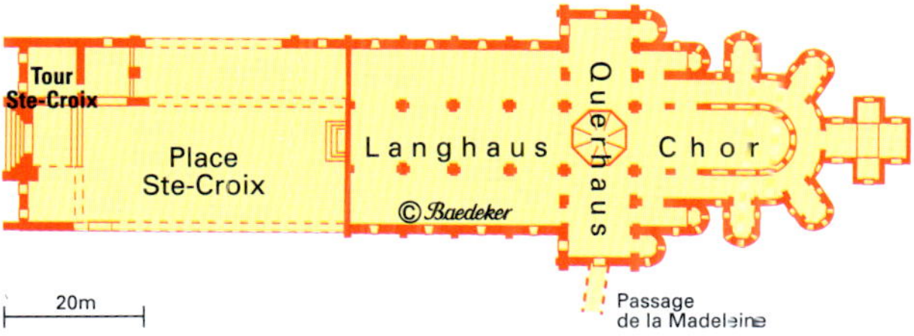

Befestigungsanlagen

Von den Befestigungsanlagen, die seit dem 12. Jh. von den Mönchen errichtet worden waren, existieren noch stattliche Reste. Bei einem Spaziergang auf den Remparts kann man das Städtchen von oben betrachten. Der Rundweg ist ausgeschildert ("promenade des remparts").

Musée Municipal

In der von der Place des Pêcheurs in westlicher Richtung abzweigenden Rue des Chapelains liegt das historische Palais mit den Sammlungen des Stadtmuseums (Juli–September Mittwoch bis Montag 10.00–12.00 und

Tours Ste-Croix und ...

... Chor der Ste-Croix-Notre-Dame

La Charité, Musée Municipal (Fortsetzung)

15.00–19.00 Uhr). Gezeigt werden u. a. Schmuck, Porzellan und Gläser aus der Zeit zwischen 1880 und 1930, Gebrauchsgegenstände, aber auch Grabungsfunde sowie Skulpturen des Künstlers A. Pina, einem Schüler des berühmten französischen Bildhauers August Rodins.
Weiterhin besitzt das Städtische Museum eine natur- und volkskundliche Sammlung.

Chartres — A 9

Région: Centre
Département: Eure-et-Loir
Höhe: 142 m ü.d.M.
Einwohnerzahl: 41 000

Lage und Allgemeines

Die etwa 75 km nordwestlich von Orléans auf einem Hügel an der Eure gelegene Stadt, Mittelpunkt des reichen Landwirtschaftsgebiets Beauce und Hauptstadt des Département Eure-et-Loir, ist wegen ihrer weltberühmten Kathedrale eines der meistbesuchten Ziele in Frankreich.
Das antike Autricum, Hauptort der gallischen Karnuten, war seit dem 4. Jh. Sitz eines Bischofs. Die Grafschaft Chartrain kam im 10. Jh. an das Haus Blois und Ende des 13. Jh.s durch Kauf an die Krone. 1528 wurde sie zum Herzogtum.

**Kathedrale Notre-Dame

Im erhöht gelegenen Stadtzentrum erhebt sich die dreischiffige Kathedrale Notre-Dame – mit Querhaus, fünfschiffigem Chor und Kapellenkranz eines der schönsten und besterhaltenen gotischen Baudenkmäler Frankreichs.

Kathedrale (Fortsetzung)

Nachdem eine ältere Kirche, die vermutlich an der Stelle eines gallo-römischen Heiligtums stand, durch verheerende Brände schwer beschädigt worden war, wurde das heutige Gotteshaus zwischen 1195 und 1220 zum größten Teil neu erbaut und konnte 1260 geweiht werden. Zu beiden Seiten der um 1140–1160 in den strengen Formen der Frühgotik erbauten Fassade, die beim Brand von 1194 gerettet werden konnte, stehen zwei mächtige Türme: rechts der 1170 vollendete Clocher Vieux (Südturm; 105 m), links der 117 m hohe Clocher Neuf (Nordturm mit einer 1507–1513 hinzugefügten Bekrönung). Von außerordentlicher Bedeutung ist der Figurenschmuck am mittleren der drei Westportale, dem sogenannten Königsportal (Portal Royal). Die dortigen Gewändefiguren aus der Mitte des 12. Jh.s markieren den Beginn einer Entwicklung, bei der sich die Figur, hier noch sehr starr und geradezu aus der Säule herauswachsend, mehr und mehr aus dem architektonischen Zusammenhang löst und schließlich freistehend wird. Zweiter Blickfang an der Fassade ist die im 13. Jh. eingefügte Fensterrose mit einem Durchmesser von 14 m. Den Abschluß der Fassade bildet die sog. Königsgalerie mit 16 großen Statuen. Auch die Portale der Querschiffe zeigen einen reichen plastischen Schmuck. Das nördliche Annenportal entstand zwischen 1205 und 1225; etwas früher, um 1210, wird das südliche Weltgerichtsportal entstanden sein.

Innenraum, **Glasfenster

Das im Halbdunkel liegende Innere der Kirche ist in vielfacher Hinsicht höchst beeindruckend. Allein schon die Ausmaße sind gewaltig: 130 m lang, 32–46 m breit und 36,5 m hoch. Das Halbdunkel des Raumes bildet einen wunderbaren Gegensatz zu den strahlenden Farben der großartigen Glasfenster, die zwischen 1210 und 1260 entstanden und fast vollständig erhalten sind. Sie bedecken eine Fläche von rund 2700 m. Aus der romanischen Kirche stammen noch die drei hohen, schmalen Fenster an der Westseite (um 1150); die großen Fensterrosen datieren aus dem 13. Jahrhundert. Auf die Renaissance weisen bereits die Chorschranken (1514–1529) mit Szenen aus dem Marienleben und den Evangelien hin. Dasselbe gilt auch für die 41 Statuengruppen (16.–18. Jh.). Bei der Madonna (1510; "Vierge du Pilier") auf der linken Seite des Chores handelt es sich um die als Gnadenbild hochverehrte Notre-Dame de Chartres. Unter dem Chor und den beiden Seitenschiffen liegen die ausgedehnten Krypten aus karolingischer Zeit und aus dem Jahr 1024 (Besichtigung nach Anmeldung).
Der Kirchenschatz von Notre-Dame wird in der Chapelle St-Piat aufbewahrt (Meßgewänder, Monstranzen, Skulpturen u. a.).

Türme

Im linken Querhausarm, direkt bei der Tür, beginnt die Treppe, die zu den Türmen hinaufführt (von oben eindrucksvolle Rundsicht).

Ausgrabungen

Vor dem Hauptportal der Kathedrale wurden die Reste des ehem. Klosters Notre-Dame freigelegt, das seinerzeit das Herz der Stadt war und wo sich möglicherweise auch das Zentrum der gallo-römischen Siedlung befand.

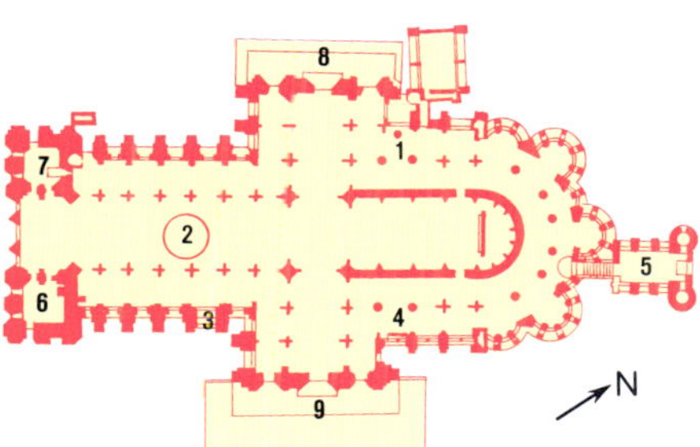

Chartres Kathedrale

1 Vierge du Pilier
2 Labyrinthe
3 Chapelle Vendôme
4 Notre Dame de la Belle Verrière
5 Chapelle St-Piat
6 Clocher Vieux
7 Clocher-Neuf
8 Nordportal
9 Südportal

©Baedeker

Weitere Sehenswürdigkeiten in Chartres

Musée des Beaux-Arts

Im ehemaligen Bischofspalais, einem stattlichen Bau aus dem 17./18. Jh., ist das Musée des Beaux-Arts (Kunstmuseum; geöffnet tgl. 10.00 – 18.00, Nov. – März 10.00 – 12.00 und 14.00 – 17.00 Uhr) untergebracht. Im linken Gebäudeteil befinden sich die Hauskapelle und die Räume für Wechselausstellungen; rechts im Erdgeschoß eine schöne Flucht von Räumen mit altem Mobiliar, Gobelins (16./18. Jh.), Gemälden und Fayencen sowie einige Klaviere, Klavichorde, Spinette und Cembali aus dem 16. – 18. Jahrhundert. Im ersten Obergeschoß werden Gemälde aus dem 16. – 19. Jh. (Flamen, Franzosen, Spanier und Italiener) und eine anspruchsvolle Sammlung gotischer Holzplastiken gezeigt. Außerdem besitzt das Museum eine Sammlung zeitgenössischer Kunst und eine ethnographische Abteilung.

Internationales Glaskunstzentrum

Nordwestlich der Kathedrale, in der Rue Cardinal Pie, steht der dreigiebelige Enclos de Loëns. Dieses ehemalige Nebengebäude des Domkapitels besitzt eine schöne Fachwerkfassade und ein herrliches Kellergewölbe aus dem 13. Jahrhundert. Im Mittelalter wurde das Gebäude als Kellerei und Scheune genutzt und ist heute Sitz des Centre International du Vitrail. Besucher haben Zutritt zu der Sammlung überwiegend moderner Glasgemälde.

Altstadt

Die reizvolle historische Altstadt von Chartres erstreckt sich südöstlich der Kathedrale bis zum Fluß. Ein besonders schönes Beispiel für den mittelalterlichen Profanbau ist die Maison du Saumon, ein Fachwerkhaus mit reichem Schnitzwerk an den vertikalen Fachwerkpfosten. Etwas tiefer kommt man zum sog. Escalier de la Reine Berthe, einem Treppentürmchen aus dem frühen 16. Jahrhundert. Malerisch sind auch die Gassen unten am Fluß, wo Häuser, Brücken, ja sogar alte Mühlbäche wiederhergestellt wurden.

*St-Pierre

Im südöstlichen Teil der Unterstadt, an der Place St-Pierre, erhebt sich die romanisch-gotische Kirche St-Pierre (11. – 13. Jh.). Sehenswert ist das zweischiffige Gotteshaus vor allem wegen der prächtigen, großenteils sehr gut erhaltenen Glasfenster aus dem 14. Jahrhundert.

COMPA

Die Abkürzung COMPA steht für Conservatoire du Machinisme et des Pratiques Agricoles, die größte Sammlung landwirtschaftlicher Geräte und Maschinen in Frankreich. Sie wurde in einem alten Lokomotivschuppen in der Nähe des Bahnhofs eingerichtet (Rue de la République 1; geöffnet Di. – So. 10.00 – 12.00 und 13.30 – 18.00 Uhr). Die hier versammelten Landmaschinen sind nach dem Jahreslauf geordnet; eine Film- und Tonbildschau sowie Funktionsmodelle von Maschinen kommen hinzu.

Châteaubriant B 3

Région: Pays de la Loire
Département: Loire-Atlantique
Höhe: 56 m ü.d.M.
Einwohnerzahl: 13 000

Lage

Das Städtchen Châteaubriant, das von seinem stattlichen Schloß überragt wird, liegt ungefähr 70 km nordwestlich von Angers am Chère.

Schloß

Der ausgedehnte Gebäudekomplex, zu dem auch ein Park gehört, stammt aus dem 12. – 16. Jahrhundert. Die Räume des Schlosses werden heute überwiegend von der Stadtverwaltung genutzt. Von der Place Charles

◀ *Inkunabel der Gotik: Kathedrale von Chartres*

Arkaden aus der Renaissance: Schloßpark Châteaubriant

Châteaubriant, Schloß (Fortsetzung)

de Gaulle betritt man durch einen Torbau den Ehrenhof (Cour d'Honneur), der im Süden und Osten von dem aus der Renaissance stammenden Gebäudeteil umgrenzt wird. Beachtung verdienen die offene Galerie und das Treppenhaus. Westlich liegen die Reste der mittelalterlichen Burg mit dem Bergfried (12.–14. Jh.).

Mahnmal

Etwa 2 km östlich außerhalb befindet sich der Steinbruch von La Sablière, wo – als Vergeltung für das Attentat auf den Feldkommandanten von Nantes – am 22. Oktober 1941 siebenundzwanzig Geiseln von den Deutschen erschossen wurden. Heute steht hier ein Mahnmal.

Châteaudun B 9

Région: Centre
Département: Eure-et-Loire
Höhe: 140 m ü.d.M.
Einwohnerzahl: 16000

Lage

Das Städtchen Châteaudun liegt knapp 50 km nordwestlich von Orléans erhöht über dem Loir, einem Nebenfluß der Sarthe. Die regelmäßig-geometrische Anlage der Neustadt von Châteaudun ist das Resultat einer Neuplanung nach dem Brand von 1723.

Geschichte

Der Ort war zunächst eine keltische Siedlung, wurde später dann von den Römern eingenommen und gehörte seit dem 10. Jh. den Grafen von Blois, im 15. Jh. dem "Bastard von Orléans", dem Grafen Dunois, der als Waffengefährte der Jeanne d'Arc wie als Feldherr im Hundertjährigen Krieg in die Geschichte eingegangen ist. Er veranlaßte den grundlegenden Umbau der alten Burg von Châteaudun und zog sich 1457 hierher zurück.

Geschichte (Fortsetzung)

Im Deutsch-Französischen Krieg von 1870/1871 wurde die Stadt von preußischen Truppen in Brand geschossen. Die Bewohner von Châteaudun leisteten den übermächtigen Truppen zwar erbitterten Widerstand, konnten aber nicht verhindern, daß die Stadt eingenommen wurde.

*Schloß

Öffnungszeiten
Juli – Sept.
10.00 – 19.00
April – Juni
10.00 – 18.00
Okt. – März
10.00 – 11.30
14.00 – 17.00

Das im Nordwesten der Altstadt errichtete, prächtige Schloß erhebt sich auf einem Felsen, der steil zum Loir abfällt. Die in mehreren Phasen zwischen dem 12. und 16. Jh. gewachsene Anlage ist um einen Ehrenhof gruppiert und besteht aus einem runden, 31 m hohen Wehrturm (Donjon; links), an den sich die Schloßkapelle sowie der Flügel Dunois und im rechten Winkel zu diesem der Flügel Longueville anschließen. Ganz rechts liegt der schmale Zugang zur Terrasse, von der sich ein reizvoller Ausblick auf den Loir bietet.

Sainte-Chapelle

Die von einem Glockenturm flankierte Schloßkapelle, Sainte-Chapelle genannt, wurde im Jahre 1464 zwischen dem Westflügel und dem Donjon eingefügt. Sie besteht aus zwei übereinanderliegenden Räumen, wobei der obere von der Dienerschaft genutzt wurde. Der untere, kreuzrippengewölbte Kirchenraum (Zugang vom Hof aus) wird auf beiden Seiten von einem kleinen Oratorium begleitet. Sehenswert im Inneren sind die 15 lebensgroßen Heiligenstatuen, die ein Künstler aus der Region im 15. Jh. geschaffen hat. Im südlichen Oratorium blieb ein Wandbild mit der Darstellung des Jüngsten Gerichtes erhalten (15. Jh.).

Dunois-Flügel (Abb. S. 74)

Die nach dem Bauherrn benannte Aile du Dunois wurde ab 1460 über hohen Substruktionen errichtet. Die Räume dieses dreistöckigen Flügels, dessen Fenster im Stil der Spätgotik gestaltet sind, haben schwere Balkendecken aus Edelkastanienholz. An den Wänden hängen Gobelins aus Aubusson und aus flämischen Werkstätten. Ein Saal in diesem Flügel wurde 1793 für das Revolutionsgericht ausgestattet; zu erkennen ist er an den hölzernen Gerichtsschranken und dem gemalten Symbol der Revolution. Direkt unter dem Dach verläuft hoch über dem Tal der Wehrgang mit Pechnasen.
Auch die beiden Kellergeschosse in den Substruktionen des Gebäudes, in denen Wirtschaftsräume, Kammern für Wachen und Zellen für Gefangene untergebracht sind, können besichtigt werden.

Flügel Longueville

Die den Ehrenhof nach Norden abschließende Aile Longueville, in den Jahren 1511 – 1532 von François de Longueville erbaut, verrät bereits den Einfluß der italienischen Renaissance. Die Höhe der im rechten Teil der Fassade befindlichen Treppe läßt darauf schließen, daß ursprünglich noch weitere Stockwerke geplant waren. Auch der unregelmäßige Abschluß des Mauerwerkes rechts deutet auf nicht ausgeführte Pläne hin. Das Innere dieses Flügels, der über das gemeinsame Treppenhaus mit dem Westflügel verbunden ist, zeigt großzügigere Proportionen. Hier sind bemerkenswerte Gobelins, reichverzierte Kamine u.a. zu sehen. Das Renaissance-Treppenhaus, dem Loggien mit Kassettendecken vorgesetzt sind, ist reich dekoriert; in den Treppenstufen finden sich zahlreiche Versteinerungen.

Sehenswertes in der Altstadt

Im Bereich der Altstadt, die sich südlich des Schlosses erstreckt, kann man noch einige Häuser entdecken, die die Brände von 1723 und 1870 überstanden haben, so in der Rue St-Lubin und Rue des Huileries.

Eglise de la Madeleine

Die Magdalenenkirche steht am Südrand der Altstadt, unmittelbar an der Stadtmauer. Teile der Kirche stammen noch aus romanischer Zeit, u. a. die Krypta sowie das Figurenportal an der Südseite.

Wehrturm, Kapelle und zwei Wohnflügel: Die Gebäude von Châteaudun wuchsen erst im Lauf der Zeit zu einer Schloßanlage zusammen.

Sehenswertes in der Neustadt

Östlich des Schlosses wurde nach dem Brand von 1723 die Neustadt hochgezogen. Das rechtwinklige, auf einen zentralen Platz ausgerichtete Straßennetz ist typisch für barocke Stadtgründungen. Jules Hardouin, ein Neffe des berühmten Hardouin-Mansart (Baumeister Ludwigs XIV.), zeichnete für die Planung verantwortlich.

Promenade du Mail

Die baumbestandene Promenade du Mail, der nördliche Abschluß der Neustadt, zieht sich in erhöhter Lage über dem Loir hin und bietet einen hübschen Blick auf den Fluß.

Museum

An der Südseite der Promenade du Mail (Rue Toufaire 3) befindet sich das Musée des Beaux-Arts et d'Histoire Naturelle mit einer überraschend vielseitigen Sammlung, die von altägyptischen Grabungsfunden über asiatische Kunst bis zur Stadtgeschichte von Châteaudun reicht.
Bekannt ist auch die Sammlung exotischer Vogelarten in der ornithologischen Abteilung.

Kapelle Notre-Dame-du-Champdé

Südöstlich vom Zentrum, am Ende der Rue Gambetta, erreicht man den Friedhof, an dessen Eingang das Portal von Champdé, der Rest der gegen Ende des 19. Jh.s zerstörten Kapelle Notre-Dame-du-Champdé, steht. Das Portal zeigt einen reichen plastischen Schmuck im spätgotischen Stil.

Grottes du Foulon

In der Rue des Fouleries kann man die Höhlen besichtigen, die im Mittelalter hier ins Gestein gegraben wurden. Sie sind auf einer Länge von 800 m begehbar; es herrscht eine konstante Temperatur von 12 °C. Das Deckengestein besteht aus Kalk mit reichlich eingesprengten Flintknollen und Quarzit-Gebilden. Das strudelnde Wasser eines unterirdischen Flußlaufs hat eine große, runde Halle ausgewaschen.

Umgebung von Châteaudun

Bonneval

Etwa 15 km nördlich von Châteaudun erreicht man auf der RN 10 den Ort Bonneval, der im Mittelalter um eine Benediktinerabtei entstanden ist. Die einstigen Konventsgebäude dienen heute als Krankenhaus. Beachtung verdienen das Hauptportal sowie die aus dem 13. Jh. stammende Kirche Notre-Dame.

Châteauroux F 9

Région: Centre
Département: Indre
Höhe: 154 m ü.d.M.
Einwohnerzahl: 51 000

Lage

Die Département-Hauptstadt Châteauroux liegt am Indre, einem linken Nebenfluß der Loire, rund 65 km südwestlich von Bourges.

Sehenswertes

Das hoch über dem Fluß aufragende Château Raoul, im 14./15. Jh. erbaut, ist heute u. a. Sitz der Präfektur. Östlich vom Schloß steht in der kleinen Altstadt das Hôtel Bertrand aus dem 18. Jahrhundert. Das Palais war Wohnsitz des Generals Bertrand, der Napoleon in die Verbannung nach St. Helena folgte und 1840 die Überführung seiner sterblichen Überreste nach Frankreich veranlaßte. Das jetzt hier untergebrachte Museum umfaßt eine Napoleon-Sammlung, Gemälde französischer, italienischer, flämischer und niederländischer Meister des 15.–20. Jh.s, Skulpturen sowie eine heimatkundliche Sammlung. Schräg gegenüber vom Museum steht die Kirche St-Martial (11.–16. Jh.); unweit nördlich von dieser wurde im einstigen Franziskanerkloster ein Kulturzentrum eingerichtet.

Belle-Ile

Nördlich der Altstadt verzweigt sich die Indre in ein Netz von Nebenarmen und Altwässern, zwischen denen die Belle-Ile liegt. Die weite, gepflegte Parklandschaft ist das wichtigste Naherholungsgebiet der Stadt.

Déols

Unmittelbar jenseits der Belle-Ile folgt der Ort Déols, eine der ältesten Christenstätten in der Landschaft Berry. Von der im 11. Jh. erbauten Abtei sind noch spärliche Reste vorhanden; der übriggebliebene Turm diente einst als Stadttor.

Chaumont-sur-Loire D 8

Région: Centre
Département: Loir-et-Cher
Höhe: 65 m ü.d.M.
Einwohnerzahl: 1000

Lage und Allgemeines

Chaumont liegt etwa auf halber Strecke zwischen Blois und Amboise am linken Ufer der Loire. Das 1000-Seelen-Dorf ist in erster Linie wegen seines Schlosses, aber auch wegen der alljährlich im Park stattfindenden Gartenausstellung ein beliebtes Reiseziel an der Loire.

*Schloß

*Park

Das Schloß von Chaumont-sur-Loire liegt oberhalb des Ortes am Ufer der Loire, das hier steil zum Flußbett abfällt. Ein angenehm schattiger Fußweg führt durch den herrlichen Park mit alten Zedern und Mammutbäumen hinauf vor den Eingang des Schlosses.

Schloß des "brennenden Berges": Chaumont-sur-Loire

Schloß-besichtigung

Die Innenräume können von 15. März bis 30. Oktober täglich zwischen 9.30 und 18.00 besichtigt werden (sonst 10.00–16.30 Uhr), der Park ist von 9.00 bis Sonnenuntergang geöffnet. Auffälligster Schmuck der wehrhaften Eingangsfassade ist der Fries mit der stilisierten Darstellung eines brennenden Berges ("chaud mont"), eine Anspielung auf den Namen des Schlosses. Am Gesims der Türme sind außerdem die Initialen von Diane de Poitiers zu sehen, die sich angeblich hier niederließ, nachdem sie durch Katharina von Medici aus Chenonceaux vertrieben worden war. Eine Zugbrücke führt zu der von zwei Rundtürmen flankierten Eingangspforte. Links oben sieht man den Kardinalshut, das Attribut des Georges d'Amboise, sowie rechts das von zwei wilden Männern gehaltene Wappen von Charles II. von Amboise, dem auch das doppelte "C" des Frieses zuzuordnen ist. Durch die Pforte betritt man den an der Flußseite offenen Innenhof, der einen imposanten Blick über die Loire freigibt.

Inneres

Der geführte Rundgang beginnt im westlichen Flügel, links von der Eingangspforte. Hier, wo häufig die Familienwappen und der brennende Berg als Schmuckmotive wiederkehren, sind u.a. eine Sammlung von Porträtmedaillons aus Terrakotta, mehrere Gobelins und Renaissancemöbel zu sehen. Im ersten Obergeschoß liegt über dem Eingangsportal ein kleiner Waffensaal. Im anschließenden rechten Schloßflügel befindet sich ein Raum mit schönem vielfarbigem Keramikfußboden und mehreren Gobelins. Durch den nächsten Raum erreicht man die Empore der spätgotischen Schloßkapelle.

Stallungen

Südwestlich vom Schloß liegt das Gebäudeviereck der Stallungen, die im Jahre 1877 erbaut wurden. Sehenswert sind hier die Pferdeboxen, die Schirrkammer (mit Zuggeschirren für Wagenpferde) sowie die Wagenremise mit vier Kutschen. Der kegelförmige Eckbau ist wesentlich älter und war zunächst ein Keramikbrennofen. Seit dem Ende des 19. Jh.s diente er als Reithalle.

Chaumont (Forts.)
Festival international des jardins

In den Sommermonaten kann man die Besichtigung von Schloß Chaumont mit einem Besuch in der internationalen Gartenausstellung verbinden, die seit 1991 von Juni bis Oktober im Park des Schlosses ausgerichtet wird. Veranstalter ist das Conservatoire international des Parcs et Jardins et du Paysage, das in einem Gehöft beim Schloß untergebracht ist. Jedes Jahr stehen die Gartenkreationen der Landschaftsarchitekten unter einem anderen Motto.

Chenonceaux — D 8

Région: Centre
Département: Indre-et-Loir
Höhe: 65 m ü.d.M.
Einwohnerzahl: 500

Lage

Das Dörfchen Chenonceaux (die Schreibweise "Chenonceau" wird nur für das Schloß verwendet) liegt am Nordufer des Cher, eines linken Nebenflusses der Loire, rund 30 km östlich von Tours.

**Schloß Chenonceau

Geschichte

Das Schloß Chenonceau wurde ab 1513 von Thomas Bohier, einem Finanzmann Karls VIII., an der Stelle älterer Vorgängerbauten errichtet. Da Bohier bei seinem Tode erhebliche Schulden gegenüber der Staatskasse hinterließ, mußten seine Erben das Schloß an die Krone abtreten. König Heinrich II. überließ 1547 Chenonceau seiner Mätresse Diane de Poitiers. Nach dem Ableben Heinrichs ging das Schloß in das Eigentum der Katharina von Medici über, die ihre Rivalin Diane gezwungen hatte, es gegen das Schloß von Chaumont einzutauschen. Katharina plante zunächst eine großzügige Erweiterung des Schlosses, doch gebaut wurde schließlich nur der Flügel, der das Flußbett überspannt. Fortan war Chenonceau Schauplatz glänzender höfischer Feste, in die auch die umliegenden Gärten und Parkanlagen einbezogen wurden.

Öffnungszeiten

Mitte März – Mitte September 9.00 – 19.00 Uhr; in den Monaten davor und danach wird die Schließzeit stufenweise bis auf 16.30 Uhr in den Wintermonaten herabgesetzt.

Chenonceaux

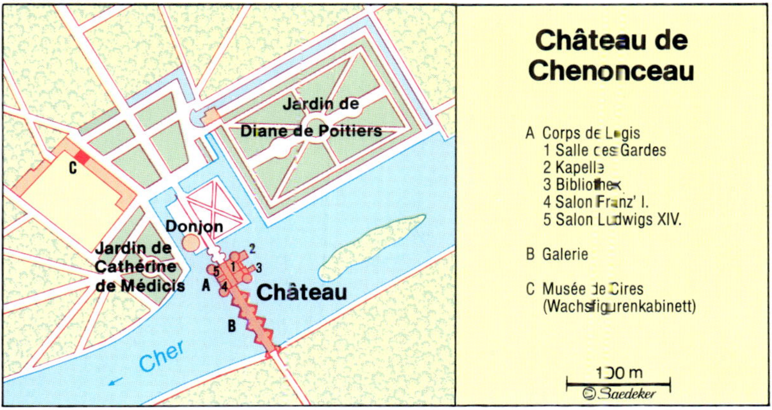

Zankapfel zwischen Diane de Poitiers und Katharina von Medici: Chenonceau

Schloß, Besichtigung

Chenonceau gehört zwar nicht zu den größten, wohl aber zu den schönsten Schloßbauten im Gebiet der Loire. An die einstigen militärischen Zwecke erinnert nur noch der einzeln stehende Donjon (Wehrturm); der übrige Bau ist, vor allem wegen des Flügels, der sich über den Cher spannt, von großer Leichtigkeit und Eleganz.
Vom Parkplatz führt eine schnurgerade Platanenallee durch dichtes Gehölz auf das Schloß zu. Rechts liegt der Zugang zu den Gärten der Katharina von Medici, links der zu denen von Diane de Poitiers. Über eine Brücke betritt man den von einem Wassergraben umzogenen quadratischen Vorplatz, in dessen südlicher Ecke der Donjon steht. Eine weitere Brücke führt zum Schloßeingang.
Der ältere Teil des Schlosses mit den Wohnräumen, Corps de Logis genannt, erhebt sich auf nahezu quadratischem Grundriß. Er wird von vier Ecktürmen flankiert; an der Nordostseite ist diesem Trakt die Schloßkapelle angefügt. Auf fünf Gewölbebögen, die bis nahe an das jenseitige Flußufer reichen, steht der 60 m lange, zweigeschossige Galerieflügel im Cher. Die Fensterrahmungen und Lukarnen (Dachfenster) dieses Flügels verraten italienischen Einfluß.

Inneres

Durch die Eingangshalle des Corps de Logis betritt man den Korridor, der von einem gotischen Gewölbe überspannt wird und genau halb so breit ist wie die Räume, die links und rechts von ihm abgehen. Links öffnet sich die Salle des Gardes mit flämischen Gobelins an den Wänden, Majolikafliesen als Bodenbelag und einer bemalten Balkendecke. Auf der Empore der angrenzenden spätgotischenKapelle (1521) wohnten die herrschaftlichen Schloßbewohner der Messe bei. Von der Salle des Gardes geht man weiter in das Gemach der Diane de Poitiers mit dem originalen Kamin. Rechts über dem Kamin hängt ein Bildnis von Katharina aus dem Jahr 1901. Die "Madonna" links neben dem Fenster wird dem spanischen Maler Murillo zugeschrieben. Hinter dem Schlafzimmer Dianas liegt das sog. Cabinet vert (Grünes Zimmer), einst das Arbeitszimmer der Katharina von Medici,

Schloß (Fortsetzung)

mit der originalen, farbig gefaßten Balkendecke und einigen bemerkenswerten Gemälden. Das dahinterliegende Erkerzimmer diente als Bibliothek. Der erste Raum auf der rechten Seite des Korridors war der Salon Ludwigs XIV. mit einem Portät des Sonnenkönigs von Hyacinthe Rigaud (1659–1743). Jenseits des kleinen Vorzimmers betritt man den Salon Franz' I. Beachtenswerte Ausstattungsstücke dort sind außer dem prächtigen italienischen Intarsienschrank das Porträt von Diane de Poitiers als römische Jagdgöttin Diana von Primaticcio und "Drei Grazien" von Charles-Amédée van Loo. Über die schöne Renaissancetreppe erreicht man das Obergeschoß, wo sich weitere, zumeist mit Gobelins ausgestattete Gemächer befinden. Eine schmale Treppe führt vom Korridor abwärts zu den Wirtschaftsräumen, die in die Pfeiler des Galerieflügels eingebaut sind. Besonders eindrucksvoll ist die riesige Küche mit dem alten Herd.
Der Korridor des Wohntraktes mündet in den 60 m langen Galerieflügel, der im Ersten Weltkrieg als Lazarett diente (an der rechten Wand eine Erinnerungstafel) und in dessen Mitte 1940 und 1942 die Grenze zwischen dem besetzten und dem nichtbesetzten Frankreich verlief. Vom Ende der Galerie kann man auf einer kurzen Brücke den Cher überschreiten. An ihm führt rechts ein Spazierweg entlang, von dem man einen guten Blick auf das Schloß hat. Ein beschilderter Weg führt hier auch zum Grab der Madame Dupin, in deren Salon im 18. Jh. die Geistesgrößen der Zeit – darunter Jean-Jacques Rousseau – ein- und ausgingen.
Erst seit kurzer Zeit zugänglich sind die Räume im zweiten Stock. Hier findet man u. a. das rekonstruierte, mit Grisaille-Malerei geschmückte Schlafgemach der Louise von Lothringen, die nach der Ermordung ihres Gatten Heinrich III. (1589) Teile des Schlosses in Trauerfarben ausstatten ließ.

Wachsfiguren-Kabinett

In den ehemaligen Stallungen nordwestlich des Schlosses ist ein Wachsfigurenkabinett (Musée de Cires) eingerichtet (Öffnungszeiten wie Schloß). Mit lebensgroßen Wachsfiguren sind hier 15 Begebenheiten aus der Geschichte des Schlosses und seiner Umgebung darstellt.

Gärten

Die Gartenanlagen zu beiden Seiten des Schlosses wurden im 19. Jh. neu gestaltet. Besonders schön ist der Blick auf das Schloß vom Garten Katharinas von Medici. Die Gartenanlagen liegen eingebettet in einen waldartigen Park.

Umgebung von Chenonceaux

* Montrichard Allgemeines

Das hübsche Städtchen liegt flußaufwärts am rechten Ufer des Cher, 8 km östlich von Chenonceaux. Montrichard ist bekannt für seine vielen Wein- und Sektkellereien (u. a. Sektkellerei Monmousseau) und für die Champignonzucht, die in den Höhlen der Umgebung betrieben wird. Mit ein paar hübschen Einkaufsstraßen, einem überschaubaren Angebot an Restaurants und Geschäften bringt Montrichard gute Voraussetzungen zum Bummeln und Einkaufen mit.

Sehenswertes

Im alten Zentrum von Montrichard stößt man noch auf einige schöne alte Wohnhäuser. Besonders kunstvolles Fachwerk findet sich am jüngst renovierten Maison de l'Ave Maria, wegen seiner eigenwilligen Dachkonstruktion auch Dreigiebelhaus genannt (16. Jh.). Das schmale Gebäude, das heute von der Tourist-Information genutzt wird, steht an der ruhigen Place Barthélmy-Gilbert. Eines der ältesten Häuser aus Stein in Montrichard ist das Maison du Prêche an der Ecke Rue Nationale / Rue du Prêche aus dem 11. Jahrhundert.
Von der Rue National führen steile Treppen hinauf zu den Ruinen des mächtigen Donjon aus dem 11. Jh., der Teil der städtischen Befestigung war. In seinen Mauern befindet sich eine Greifenwarte, in der es in den Sommermonaten nachmittags Vorführungen gibt und ein Museum mit stadtgeschichtlichen Funden (geöffnet Mitte Juni–Mitte Sept. tg. 9.30–12.00 und 14.30–18.00, sonst nur So. und Fei.).

Montrichard, Sehenswertes (Fortsetzung)

Nur wenige Schritte entfernt steht die Schloßkapelle, in der 1476 der Herzog von Orléans die Tochter Ludwigs XI., Johanna, heiratete. Die Ehe wurde später für ungültig erklärt, damit der Herzog, der als Ludwig XII. den französischen Thron bestieg, Anna von Bretagne ehelichen konnte.

Umgebung, Bourré

Knapp 4 km östlich von Montrichard, in Bourré, gibt es interessante Höhlenwohnungen zu besichtigen, die in den Kalktuffstein hineingegraben wurden. Das Besondere an den Felswohnungen in Bourré ist die Seidenraupenzucht, die man besichtigen kann.

Chinon D 6

Région: Centre
Département: Indre-et-Cher
Höhe: 35 m ü.d.M.
Einwohnerzahl: 8500

Allgemeines und Geschichte

Chinon liegt knapp 50 km südwestlich von Tours am rechten Ufer der Vienne, einem linken Nebenfluß der Loire. “Kleine Stadt, großer Ruhm” – so schrieb Rabelais über das bezaubernde Städtchen, von dessen stolzer Vergangenheit nicht nur die mächtige Festung, sondern auch die vielen stattlichen Wohnhäuser in den mittelalterlichen Gassen erzählen. Mit unzähligen Weinkellern, Restaurants und Cafés ist Chinon auf Besucher eingestellt, die nicht nur besichtigen, sondern auch genießen wollen. Wer Chinon in Feststimmung erleben will, muß es am ersten Augustwochenende besuchen, wenn der Marché médiéval abgehalten wird.
Der die Altstadt überragende Bergsporn, auf dem sich heute die Ruine des Schlosses erhebt, war bereits Standort eines gallo-römischen Oppidums. Auch später wurde die strategisch vorteilhafte Lage genutzt: Die Grafen von Blois erbauten hier im 10./11. Jh., die Grafen von Anjou im 12. Jh. weitere Befestigungswerke. Durch Henri von Anjou (später Heinrich II.), den

Die Perle an der Vienne: Chinon mit dem hochgelegenen Schloß

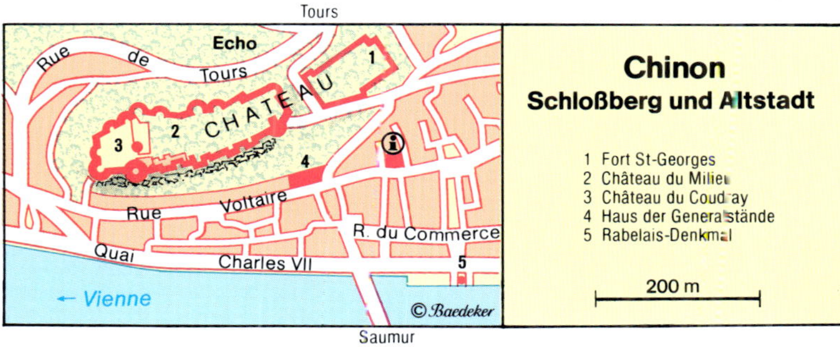

Geschichte (Fortsetzung)

ersten Plantagenêt, ging Chinon 1154 in englischen Besitz über. Im Jahre 1205 belagerte der französische König Philipp II. August die Burg, eroberte sie und verstärkte die Wehranlagen weiter. Das wichtigste Ereignis in der Geschichte von Chinon war das Zusammentreffen von Jeanne d'Arc, der "Jungfrau von Orléans", und König Karl VII. am 9. März 1429, mit dem die Rückeroberung der in englischem Besitz befindlichen Festlandsgebiete begann. Nachdem Chinon in die Hände Richelieus gefallen war, verfiel die Burganlage.

Burg

Öffnungszeiten
April – Sept.
tgl. 9.00 – 19.00
Jan. – März
Okt. – Dez.
tgl. 9.30 – 12.30
14.00 – 17.00

Die beherrschend auf dem Bergsporn gelegene Befestigungsanlage besteht aus drei Teilkomplexen, dem Fort St-Georges, dem Château du Milieu und dem Château du Coudray, die durch zwei Gräben voneinander getrennt sind. Um die gesamte, 400 m lange und 80 m breite Anlage zieht sich ein Mauerring mit zahlreichen Türmen. Vom Parkplatz an der Nordflanke des Felsplateaus kommend, erreicht man zunächst das Gelände des fast ganz verschwundenen Fort St-Georges, das unter Heinrich II. Plantagenêt errichtet wurde. Heinrich starb hier im Jahre 1189; bestattet wurde er in ⟶ Fontevraud-l'Abbaye. Man wendet sich nach rechts und überquert auf einer Brücke den Graben, in dem die Rekonstruktionen einiger mittelalterlicher Belagerungsmaschinen stehen.
Die Tour de l'Horloge, der Uhrturm aus dem 12. Jh., bildet den Zugang zum Château du Milieu, dem mittleren Teil der Burganlage. Im Inneren des 35 m hohen, 12 m breiten, aber nur 5 m dicken Turms ist das Musée Jeanne d'Arc eingerichtet, das u. a. auch das kleine Modell des Reiterdenkmals von Jeanne d'Arc auf der Place St-Augustin in Paris zeigt. Von der Südmauer mit Resten des Wehrganges bietet sich ein herrlicher Blick über die Unterstadt von Chinon und den Fluß. An der Südmauer des Château du Milieu lagen auch die Logis Royaux, die Königlichen Gemächer, von denen ein Teil als Rekonstruktion wiederstanden ist. Ein Modell und eine Grundrißdarstellung im Wachsaal (Erdgeschoß) vermitteln einen Eindruck vom Aussehen der Burganlage im 15. Jahrhundert. Von der Grande Salle im ersten Obergeschoß, in der das Treffen zwischen Jeanne d'Arc und Karl VII. stattgefunden haben soll, ist nur die Stirnwand mit dem Kamin erhalten. Die legendäre historische Szene ist auf einem Gobelin aus Aubusson (17. Jh.) wiedergegeben. Jenseits des zweiten Grabens liegt das Château du Coudray, der westlichste Teil des Schlosses. Hier steht rechts der Donjon, der im Jahre 1308 als Gefängnis für die Templer diente, deren Orden der Ketzerei bezichtigt und 1312 aufgelöst wurde. Ihnen werden die Inschriften an den Wänden zugeschrieben. Im ersten Stock wohnte Jeanne d'Arc bei ihrem Aufenthalt im Jahre 1429. Von der Südseite des Turmes bietet sich ein schöner Blick flußabwärts. Nördlich vom Schloß führt die Rue de l'Echo zu einer Stelle, wo es ein bemerkenswertes Echo gibt, da der Schall von den Burgmauern zurückgeworfen wird.

**Altstadt

Zwischen dem Fuß des Schloßberges (steile Gasse) und der Vienne liegt die malerische Altstadt von Chinon.
Besonders hübsch ist der Blick auf das Panorama der Stadt vom gegenüberliegenden Ufer der Vienne, über die sich eine alte, in Teilen noch aus dem 12. Jh. stammende Brücke spannt. Über die Brücke wieder ans Altstadt-Ufer zurückgekehrt, wende man sich nach rechts, wo man direkt am Quai Jeanne d'Arc das Denkmal für den Dichter François Rabelais sieht. Das Denkmal steht genau in der Achse der vielbefahrenen Straße, die vom Quai stadteinwärts führt, zunächst in einen länglichen Platz mündet und dann auf die Rue Voltaire stößt. Diese Gasse ist eine der schönsten und vermutlich auch die meistbesuchte in Chinon, denn hier haben sich besonders viele, zumeist gut restaurierte Häuser aus dem 15. und 16. Jh. mit Fachwerk- oder Kalksteinfassade erhalten.

Wein- und Küfermuseum

Beim östlichen Ende der Rue Voltaire, in der Nähe der Tourist-Information, wurde in einem Keller das Musée Animé du Vin et de la Tonnellerie eingerichtet. Mit Hilfe mechanisch bewegter Puppen werden hier der Weinanbau und die Fertigung der Fässer vorgeführt.

Haus der Generalstände

An der Place du Grand Carroi, dem einstigen Mittelpunkt der Stadt, sind einige besonders prächtige alte Häuser versammelt, so z. B. das Maison Rouge (Rotes Haus, Nr. 38) und die Maison des Etats-Généraux – das Haus, in dem sich 1427/1428 die Generalstände versammelten. Heute ist in diesem Gebäude das "Musée du Vieux Chinon et de la Batellerie" untergebracht, das neben regionalgeschichtlichen Exponaten (Trachten, Keramik, Volkskunst) auch einige Schiffsmodelle zeigt. Wenige Schritte östlich des Hauses, an der Abzweigung der steilen Gasse zum Schloß, steht ein Brunnen, auf den die Jungfrau von Orléans beim Absteigen vom Pferd ihren Fuß gesetzt haben soll.

Altstadtgasse ...

... und Denkmal für François Rabelais

Folgt man der Rue Haute St-Maurice nach Westen, so sieht man weitere interessante Häuser, u.a. das Hôtel du Gouvernement (17. Jh.; malerischer Innenhof), das Palais du Baillage (15. Jh.; heute mit Hostellerie Gargantua) und das Hôtel Poirier de Beauvais (16. Jh.; mit kleinem Rundturm).

Chinon (Forts.) Hôtel du Gouvernement

Östlich außerhalb des alten Stadtzentrums gibt es einige in den Fels gehauene Höhlen. In einer dieser Höhlen lebte im 6. Jh. ein Eremit, den Radegunde, die Gemahlin von König Clothar I., aufsuchte. Bei der Zelle des Eremiten wurde später eine Kapelle eingerichtet, die man in den Sommermonaten (Anmeldung im Verkehrsbüro) besichtigen kann. In der Kapelle befindet sich u. a. ein interessantes Wandbild aus dem 13. Jh., auf dem eine Jagd dargestellt ist.

Ste-Radegonde

Vom Bahnhof Chinon verkehrt im Sommer am Wochenende ein Dampfzug aus den 20er Jahren zu dem reizvollen Ort ⟶ Richelieu (Fahrzeit 1 Std.).

Chinon, Oldtimer-Eisenbahn

Ungefähr 5 km südöstlich vom Stadtkern steht in Seuilly die Maison de la Devinière (Besichtigung), wo um 1494 François Rabelais geboren wurde.

Maison de la Devinière

Umgebung von Chinon

Bei Avoine, 12 km nördlich von Chinon, wurde 1969 am linken Loire-Ufer das erste französische Atomkraftwerk in Betrieb genommen. Der älteste Block der Anlage wurde 1986 stillgelegt und in ein Museum umgewandelt.

Avoine

Cour-Cheverny D 9

Région: Centre
Département: Loir-et-Cher
Höhe: 90 m ü.d.M.
Einwohnerzahl: 2000

Das Dorf Cour-Cheverny liegt rund 10 km südöstlich von Blois an dem Flüßchen Conon, das später in den Beuvron, einen linken Nebenfluß der Loire, mündet. Südöstlich vom Ort beginnt das große, von vielen Seen durchsetzte Waldgebiet der Forêt de Cheverny.

Lage

*Schloß Cheverny

Das Château wurde von Graf Henri Hurault an der Stelle eines älteren Baues errichtet, von dem in den heutigen Wirtschaftsgebäuden noch Teile erhalten sind, und 1634 vollendet. Die Pläne lieferte der aus Blois stammende Architekt Jacques Bougier. Das Schloß blieb ohne Unterbrechung Besitz der Familie Hurault, deren Nachfahren heute noch einen Teil der Räumlichkeiten bewohnen.

Öffnungszeiten
Nov.–März
9.30–12.00
14.15–17.30
April–Sept.
9.15–18.15
Juli/Aug.
bis 18.45

Bemerkenswert ist die stilistische Einheitlichkeit des Schlosses. Zu beiden Seiten des außergewöhnlich schmalen Mittelrisaliten stehen die zweistökkigen Seitenflügel, die durch große dreistöckige Eckpavillons abgeschlossen sind. Jedes Bauglied besitzt ein eigenes, anders geformtes Dach. An der reichverzierten Südfassade sind in Medaillons die Büsten von zwölf Caesaren angebracht; die rückwärtige Fassade ist nüchterner gehalten.

Im Obergeschoß des Schlosses, über ein prunkvolles Treppenhaus zu erreichen, liegen die herrschaftlichen Gemächer, die bis auf einige Stücke ihre originale Ausstattung behalten haben. Die Raumfolge beginnt mit der Salle des Gardes, dem größten Raum im Schloß mit einer umfangreichen Sammlung von Waffen und Rüstungen. Dahinter liegt die Chambre du Roi,

Innenräume

Noch immer in Familienbesitz: Schloß Cheverny

Schloß (Fortsetzung)

das Zimmer des Königs, das mit seiner überbordenden, in den Farben rot und gold schwelgenden Dekoration beeindruckt. Die italienische Kassettendecke schmücken Gemälde mit Szenen aus der Perseussage. Ebenso wie das Gemälde über dem Kamin sind sie das Werk des in Blois tätigen Malers Jean Mosnier (1600–1656). Die fünf Gobelins aus der Pariser Manufaktur zeigen Taten des Odysseus.

Im Erdgeschoß des Schlosses können Grand und Petit Salon, Galerie und Bibliothek besichtigt werden. Grand Salon und Galerie wurden im 19. Jh. neu gestaltet. An den Wänden von Salon und Korridor verläuft in Augenhöhe ein Fries mit Szenen aus dem Roman "Don Quixote" des Spaniers Cervantes de Saavedra. In der reich ausgestatteten Bibliothek sind das Parkett und die Wandvertäfelung bemerkenswert.

Nebengebäude

Die ursprüngliche Terrassenanlage von Schloß Cheverny ist nicht erhalten. Im Südosten des Geländes liegen die Wirtschaftsgebäude mit einem Zwinger für die Hunde, die zur Parforcejagd abgerichtet sind. Nahe beim Zwinger befindet sich auch der Trophäensaal mit rund 2000 Geweihen. Die im Norden des Schlosses gelegene Orangerie wird seit ihrer Restaurierung für festliche Anläße und Ausstellungen genutzt.

Umgebung von Cour-Cheverny

Villesavin

Auf der Straße D 102 erreicht man nach 8 km Fahrt in nordöstlicher Richtung die Häusergruppe Ponts d'Arian am Flüßchen Beuvron. Auf dem gegenüberliegenden Ufer steht das 1537 vollendete Renaissance-Schloß Villesavin, das sich Jean Le Breton, Finanzminister Franz' I. und Leiter der Bauarbeiten am nahen Schloß ⟶ Chambord, errichtet hatte. Die hufeisenförmige Anlage öffnet sich auf der Rückseite zu einem Park. Seitliche Pavillons rahmen den Hauptflügel mit dem Eingang und den Seitenflügel. In einem Pavillon ist die Kapelle des Schlosses untergebracht. Den Hof schmückt ein von italienischen Künstlern geschaffener Brunnen aus Carrara-Marmor. Einige Innenräume sind zur Besichtigung geöffnet; ebenso die Kutschensammlung in den ehemaligen Wirtschaftsgebäuden (geöffnet 10.00–12.00 und 14.00–19.00, Juli/Aug. 10.00–19.00 Uhr). Erhalten blieb auch das großzügige Taubenhaus aus dem 16. Jh., in dem rund 1500 Tauben Platz fanden.

Troussay

Knapp 5 km südwestlich von Cour-Cheverny, an der Strecke nach Fougères-sur-Bièvre (D 52; erste Straße rechts abbiegen; dann ausgeschildert) liegt etwas versteckt in einem weitläufigen Park das herrschaftliche Gutshaus Troussay (geöffnet Juni–August täglich 10.00–19.00 Uhr, sonst 10.00–12.30 und 14.00–19.00 Uhr). Im 19. Jh. gehörte das Anwesen dem französischen Historiker Louis Saussage, der das Hauptgebäude restaurieren ließ und in Troussay sammelte, was er aus anderen Gutshäusern und Schlössern der Umgebung bergen konnte – so auch das Relief eines Stachelschweins (Wappentier König Ludwigs XII.), das an der Rückseite des Gebäudes angebracht ist. Sowohl der Park als auch die Räume im Erdgeschoß des Hauptgebäudes mit Möbeln und Ausstattungsstücken vom 16. bis 18. Jh. sind zugänglich. In den ehemaligen Wirtschaftsflügeln informiert ein kleines Landwirtschaftsmuseum über die bäuerliche Lebensweise und die Landwirtschaft in der Sologne. Die persönliche Atmosphäre und die liebevolle Präsentation des gepflegten Anwesens machen den Reiz von Troussay aus.

Fougères-sur-Bièvre (Abb. S. 33)

12 km südwestlich von Cour-Cheverny durchquert die D 52 das Dorf Fougères-sur-Bièvre. Nicht zu verfehlen, da mitten im Ort, steht das Schloß von Fougères, das an eine mittelalterliche Burg erinnert. Von einer früheren Befestigung aus dem 11. Jh. blieb der viereckige Wehrturm erhalten. Als der damalige Schatzmeister Ludwigs XI., Pierrre de Refuge, ab 1470 hier eine neue Burg erbauen ließ, bezog er den Turm in das Gebäudeensemble mit ein. Die späteren Veränderungen, die die Nachfahren von Pierre de Refuge vornahmen, haben der Burg zwar wohnlichere Züge verliehen, das wehrhafte Gesamtbild aber nicht beseitigt.
Die Hauptsehenswürdigkeit im Innern des Schlosses sind die wuchtigen Kamine sowie der bemerkenswerte Dachstuhl des Wohntraktes, der dem Kiel eines Schiffs nachempfunden ist (geöffnet täglich April–Sept. 9.30–12.00 und 14.00–18.00, sonst 10.00–12.00 und 14.–16.30 Uhr; im Winter Di. geschlossen).

Klein, aber fein: Das Herrenhaus von Troussay

La Flèche C 6

Région: Pays de la Loire
Département: Sarthe
Höhe: 30 m ü.d.M.
Einwohnerzahl: 15 000

Lage und Allgemeines

La Flèche liegt knapp 35 km nördlich von Saumur am Loir, dem hier mehrere kleine Seitenarme zufließen. Die Kleinstadt ist vor allem als Sitz einer berühmten Militärakademie bekannt, aus der zahlreiche berühmte Männer Frankreichs hervorgingen.

Sehenswertes

Prytanée

Das Prytanée National Militaire (Militärakademie) wurde 1604 durch Heinrich IV. gegründet. Der mehrere Häuserblöcke große Gebäudekomplex im Stil des französischen Barock liegt am Nordrand der Innenstadt. Die einzelnen Trakte des Bauwerks sind um drei Innenhöfe gruppiert. In der prächtig ausgestatteten Chapelle St-Louis (1607 – 1637) befindet sich ein Mausoleum mit den Herzen Heinrichs IV. und seiner Gemahlin Maria von Medici.

Altstadt

Weiter südlich liegt die Altstadt, deren Zentrum die Place Henri IV mit einem Denkmal des Königs bildet. Die Eglise St-Thomas (Thomaskirche) entstand im 12./13. Jahrhundert.

Rathaus

Direkt am Loir, der sich hier zu einem von schönen Parkanlagen gesäumten Sporthafen ausbuchtet, steht das einstige Château des Carmes, das im 16. Jh. erbaut und im 19. Jh. erheblich umgestaltet worden ist. Heute dient es als Rathaus.

Zoo

2 km südöstlich außerhalb der Stadt erreicht man den Zoo (Parc Zoologique du Tertre Rouge) mit rund 800 Tieren.

Fontainebleau A 12

Région: Ile-de-France
Département: Seine-et-Marne
Höhe: 77 m ü.d.M.
Einwohnerzahl: 16 000

Lage und Allgemeines

Die Kleinstadt Fontainebleau liegt in dem gleichnamigen herrlichen Waldgebiet südöstlich von Paris. Berühmt wurde sie durch das von Gärten umgebene Schloß.

**Schloß

Geschichte

An der Stelle einer Burg König Ludwigs VII. ließ Franz I. nach Plänen von Gilles le Breton, Pierre Chambiges und Philibert Delorme das Schloß errichten, dem Heinrich IV. und Ludwig XIII. weitere Bauglieder anfügten. Dann ruhte der Bau, bis Napoleon I. das Schloß zu seinem bevorzugten Aufenthalt machte. Im späten 19. Jh. erfolgte eine grundlegende Wiederherstellung.

Äußeres

Das weitläufige Schloß, das bis auf wenige Pavillons nur ein Stockwerk über dem Erdgeschoß hat, umfaßt fünf Höfe. Hinter einem Gitter der äußere Vorhof, Cour du Cheval Blanc oder Cour des Adieux genannt, wo

Prachtstück der Renaissance: Schloß Fontainebleau

Äußeres (Forts.)

Napoleon nach seiner Abdankung von der Garde Abschied nahm. Eine hufeisenförmige Doppelfreitreppe (1634) führt zum ersten Stockwerk des Hauptgebäudes. Zur Rechten liegt die Cour de la Fontaine, die sich zum Park mit dem Karpfenteich öffnet; an der Nordseite befindet sich die Galerie de François I.
Durch den Ostflügel und einen Eckpavillon mit der Porte Dorée (1528) erreicht man die Cour Ovale, mit ihren Säulengängen ein hervorragendes Beispiel französischer Renaissancearchitektur. Die Porte du Baptistère ist der zweite Zugang zu diesem Hof; ihr gegenüber trennt ein Barockgitter die Cour des Officiers ab.

Inneres

Das Innere des Schlosses zeigt prächtige Dekorationen italienischer und französischer Künstler. Links vom Haupteingang liegt die Chapelle de la Ste-Trinité (17. Jh.). Im ersten Stock befinden sich die Räume Napoleons I. mit Empire-Möbeln. An diese schließen sich die Salle du Conseil aus der Zeit Ludwigs XV. und die Salle du Trône an. Die Gemächer der Königinnen besitzen schöne Ausstattungen (v. a. Porzellan aus Sèvres). In der Galerie de Diane ist die Bibliothek untergebracht.
Gegenüber den Zimmern der Marie Antoinette, mit Blick auf die Cour Ovale, folgen die Gemächer des Königs (Deckengemälde und Stukkaturen von Primaticcio; Gobelins). Im Escalier du Roi (Treppenhaus) sind Szenen aus dem Leben Alexanders des Großen zu sehen. An der Südseite der Cour Ovale befindet sich die Salle de Bal, der von Franz I. erbaute und von Heinrich II. für Diane de Poitiers, seine Geliebte, prächtig mit Dekorationen von Primaticcio ausgestattete Festsaal. In der Galerie de François I, die sich über eine Terrasse auf die Cour de la Fontaine öffnet, hängen u. a. 14 große Bilder von Rosso de' Rossi. Im südlich anstoßenden Flügel befinden sich die Gemächer der Königinmutter und diejenigen von Papst Pius VII.; ferner ein Pavillon, in dem das Musée Chinois (reiche Sammlung chinesischer Porzellane) untergebracht ist. Im restaurierten Westflügel dokumentiert das Musée Napoleon die Zeit von 1804 bis 1815.

Fontevraud-l'Abbaye D 6

Région: Pays de la Loire
Département: Maine-et-Loire
Höhe: 80 m ü.d.M.
Einwohnerzahl: 2000

Lage

Die berühmte Abtei, eine der größten in Frankreich, gehört zu den meistbesuchten Sehenswürdigkeiten im Anjou. Sie liegt in dem Dorf Fontevraud, etwas abseits vom linken Ufer der Loire, auf halber Strecke zwischen Chinon und Saumur.

** Abtei

Öffnungszeiten

1. Juni – 30. September täglich 9.00 – 18.30 Uhr, 1. Oktober – 31. Mai 9.30 bis 12.30 und 14.00 – 17.30 Uhr. Auskunft: Tel. 0241517141.

Geschichte

Die einst bedeutende Abtei wurde im Jahre 1101 von Robert d'Arbrissel gegründet, der sich in die Einsamkeit zurückgezogen und dabei zahlreiche Anhänger gefunden hatte. Die Plantagenêts machten dem Orden von Fontevraud beachtliche Zuwendungen und wählten die Abtei zu ihrer Grablege. Der Orden, der 1106 offiziell bestätigt wurde, bestand bis zum Ausbruch der Französischen Revolution. Zwischen 1804 und 1963 dienten die Klostergebäude als Gefängnis. Heute werden in den restaurierten Konventsgebäuden Musikveranstaltungen, Ausstellungen und Kongresse abgehalten.

Eingangsbereich

Der Eingang zu dem großen Klosterareal liegt in der Ortsmitte, an der Place des Plantagenêts. Man durchquert einen weitläufigen Hof. Linkerhand befinden sich die ehemaligen Stallungen, rechts das ehemalige Wohnhaus des Abtes aus dem 17. und 18. Jahrhundert. Dem Eingang gegenüber, in einer ehemaligen Kaserne, ist heute die Kasse untergebracht. Dahinter senkt sich das Gelände, auf dem die überwiegend mittelalterliche Klosteranlage sich ausbreitet.

Fontevraud-l'Abbaye

Klosteranlage

1 Eingang
2 Grabmäler der Plantagenêts
3 Cloître St-Marie (Marienkreuzgang)
4 Kapitelsaal
5 Cloître St-Benoît (St.-Benedikt-Kreuzgang)
6 Chapelle St-Benoît (Benediktkapelle)
7 Küche
8 Refektorium
9 Chapelle St-Lazare (Lazaruskapelle)

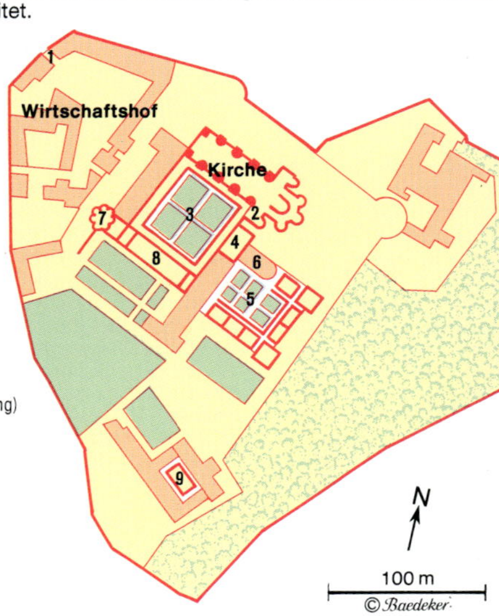

Kircheninneres ...

... und Küchenhaus

Kirche

Die Fassade der großen, 1119 geweihten Kirche ist, ihrer Bestimmung als Gotteshaus des Klosters entsprechend, verhältnismäßig schlicht. Das Innere bezieht seine eindrucksvolle Raumwirkung von den klaren, beinahe ohne jeden Schmuck auskommenden Formen und den großzügigen Abmessungen. Die Langhausjoche sind von einzelnen Kuppeln überwölbt. Ihr Licht erhält die Kirche nur durch kleine, unter den Gewölbebogen gelegene Fenster. Querhaus und Chor sind wesentlich höher als die Bögen der Langhausjoche; der für den romanischen Baustil überraschend schmale und hohe Chor ist von einer zehnfachen Säulenstellung und einem Chorumgang mit drei Kapellen (die mittlere etwas nach rechts aus der Gebäudeachse versetzt) umgeben. Im rechten Querhaus sind die berühmten farbig gefaßten Grabmäler der Plantagenêts zu sehen; von links nach rechts Isabella von Agoulême, Richard (I.) Löwenherz, Eleonore von Aquitanien, Heinrich II. Plantagenêt (König von England).

Marien-Kreuzgang

Vom rechten Querhaus tritt man hinaus in den großen Cloître Ste-Marie, an dem zwischen dem 12. und 16. Jh. gebaut worden war. Mit Ausnahme des südlichen gotischen Flügels zeigt er die Formen der Renaissance. Im Ostflügel stößt der Kapitelsaal an den Kreuzgang, über dessen Portal reicher Figurenschmuck zu sehen ist. Die Gewölbe sind mit Fresken aus dem 16. Jh. ausgemalt.

St.-Benedikt-Kreuzgang

Der nur auf drei Seiten geschlossene Cloître St-Benoît, der im Norden von der Benediktkapelle begrenzt wird, ist ein Bauwerk aus dem 17. und 18. Jahrhundert. Wenn man an der Nordseite aus dem Kreuzgang hinaustritt, überblickt man die Apsis der großen Klosterkirche.

*Küche

Das wohl bekannteste Gebäude der alten Klosteranlage ist die an der westlichen Ecke stehende Küche mit ihren schuppenförmigen Dachziegeln und den vielen kleinen Schornsteinen. Die markante Dachkonstruktion ist nicht original, sondern eine Erneuerung aus der Zeit um 1900.

Fontevraud (Fortsetzung) Küche

Insgesamt fünf Absiden gehen von dem achteckigen Zentralraum aus. Jede besitzt einen eigenen Rauchfang; der Hauptabzug ist in der Dachmitte. Eine niedere, normalerweise verschlossene Tür führt zum anschließenden Refektorium. Dieses ist rippenüberwölbt und 45 m lang.

Kapelle St-Lazare

Ganz im Süden des ummauerten Bezirkes steht die Chapelle St-Lazare mit dem zugehörigen kleinen Kreuzgang. Sie dient heute u.a. als Exerzitienhaus.

Umgebung von Fontevraud-l'Abbaye

Montsoreau

Das direkt an der Loire, 4 km nördlich von Fontevraud gelegene Dorf Montsoreau besitzt ein teils noch gotisches, hauptsächlich aber aus der Renaissance stammendes Schloß. In den Räumen des Schlosses, das von außen sehr wehrhaft wirkt, wurde 1956 das Musée des Goums eingerichtet. Thema der kleinen Ausstellung ist die Eroberung Marokkos, daher auch der Name des Museums: die "Goums" sind eine marokkanische Reitertruppe.

Candes-St-Martin

Das Dorf Candes-St-Martin liegt 5 km nördlich von Fontevraud an der Mündung der Vienne in die Loire. Seinen Namen verdankt der Ort dem hl. Martin von Tours (⟶ Berühmte Persönlichkeiten).
Sehenswert in Candes-St-Martin ist die Kirche, die im 12./13. Jh. an der Stelle erbaut wurde, wo der Heilige 397 verstorben war. Architektonisch interessant ist die Vorhalle an der Nordseite der Kirche mit einem reichen Figurenschmuck an der Fassade und am Portal. Schlanke Bündelpfeiler teilen den lichten Innenraum in ein Haupt- und zwei gleichhohe Seitenschiffe. Überspannt wird das Langhaus von einem kuppelartig überhöhten Gewölbe im sog. Anjou-Stil, wie er für viele Kirchen im Loire-Gebiet am Übergang von der Romanik zur Gotik üblich war.

Am Gerbier de Jonc ist die Loire noch jung.

Gerbier de Jonc M 14

Région: Rhône – Alpes
Départment: Ardèche
Höhe: 1551 m ü.d.M.

Lage

Der Gerbier de Jonc ist einer der Berge des Vivarais, das zum östlichen Teil des Zentralmassivs gehört. Die natürliche Grenze dieses Landschaftsraumes bildet das Tal der Rhône, die in einer Entfernung von etwa 50 km Luftlinie östlich des Gerbier de Jonc verläuft. Am Fuße dieses Berges liegt das Quellgebiet der Loire; nur wenig östlich befindet sich, hier in etwa 1330 m Höhe, die Wasserscheide zwischen Mittelmeer und Atlantik.

Der nur von spärlicher Vegetation bedeckte Bergkegel erhebt sich über kuppigen Hochweiden, auf denen im späten Frühling überall wilde Narzissen, Erdorchideen und Stiefmütterchen blühen. Am Fuße des Berges liegt ein kleiner Parkplatz mit Restaurant. Direkt neben der Straße entspringt eine der Loirequellen; eine zweite befindet sich etwas talwärts in der “Ferme de la Loire”. Auf dem gleichen Grundwasserhorizont gibt es noch eine Reihe weiterer Quellen.

Aufstieg zum Gipfel

Vom Parkplatz aus kann man in ungefähr 30 Minuten zum Gipfel gelangen. Es gibt jedoch keinen befestigten Weg, sondern nur steile Fußpfade, die bei Nässe beschwerlich sind. Von dem etwa 10 × 20 m großen Gipfelplateau bietet sich ein herrlicher Rundblick, der bei klarem Wetter bis zu den Alpen reicht.

*Aussicht

Gien C 11

Région: Centre
Départment: Loiret
Höhe: 160 m ü.d.M.
Einwohnerzahl: 15000

Lage

Die kleine freundliche Stadt liegt am rechten Ufer der hier bereits eingedeichten Loire, rund 65 km südöstlich von Orléans bzw. 75 km nördlich von Bourges. Vor allem Freunde der Fayence-Kunst finden den Weg nach Gien, das nach Nevers Frankreichs zweitgrößte Fayencen-Manufaktur besitzt.

Schloß

Lage
Place du Château

Das die Altstadt überragende Schloß, ein schmuckloser Ziegelbau, wurde 1494–1500 auf Anordnung von Anne de Beaujeu, Tochter Ludwigs XI., an der Stelle einer älteren Burg errichtet. Im 19. Jh. und nach den schweren Zerstörungen des Zweiten Weltkriegs wurde es in weiten Teilen restauriert. Vom Südostturm hat man einen reizvollen Ausblick.

*Musée international de la Chasse

Gien liegt am Rande der Sologne, einem waldreichen Gebiet, das seit jeher als Jagdrevier geschätzt wurde. Wer sich für das Thema Jagd interessiert, wird im Internationalen Jagdmuseum, das im Schloß von Gien untergebracht ist, so manche Entdeckung machen können. Gezeigt werden Kunstwerke und Gebrauchsgegenstände, die auf die Jagd Bezug nehmen (u. a. Gobelins, Gemälde und Keramik mit Jagdmotiven), historisches Jagdgerät, Waffen und Trophäen sowie eine beeindruckende Falkenabteilung (geöffnet täglich 9.00 – 12.00 und 14.00 – 17.00 Uhr). Ein Kuriosum ist die Sammlung von rund 4000 Knöpfen, deren Dekoration ebenfalls um das Thema Jagd kreist.

Kunstwerke für den Hausgebrauch

Das "Blaue" von Gien

Die Einwohner von Gien wissen meistens gleich Bescheid, wenn Fremde sie radebrechend oder mit dem Hinweis auf einen Prospekt nach dem Weg fragen – in neun von zehn Fällen ist es die Fayence-Fabrik, die sie suchen. An der Place de la Victoire, wo sich das Fabrikgelände mit angeschlossenem Museum befindet, wird nämlich nicht nur produziert und ausgestellt, sondern auch verkauft, unter anderem Ware mit kleinen Mängeln. So mancher hat schon ein schönes Tischservice, das in den Geschäften verhältnismäßig teuer angeboten wird, in Gien mit kleinen und winzigen Fehlern zu einem günstigen Preis erstehen können.

Gien ist neben dem burgundischen Nevers das zweite bedeutende Zentrum der Fayencekunst in Frankreich. Verglichen mit Nevers, wo die italienische Familie Gonzaga bereits im 16. Jh. dieses Kunsthandwerk einführte und Künstler aus ihrer Heimat herbeiholte, hat die Keramikherstellung in Gien eine vergleichsweise kurze Tradition, denn sie reicht nicht einmal 200 Jahre zurück. Ein gewisser Thomas-Antoine-Edmé Hulm, der sich bereits an verschiedenen anderen Orten mit der Gründung einer Manufaktur versucht hatte, erwarb am 9. Februar 1822 ein von Mauern umgebenes Klostergelände am Stadtrand von Gien, auf dem er seine Fayence-Fabrik einrichtete. Der Standort war in vielerlei Hinsicht günstig für ein solches Unternehmen: Das Städtchen liegt direkt an der Loire und in der Nähe der schiffbaren Kanäle, so daß die Rohmaterialien leicht herangeschafft und die Ware ebenso leicht verladen werden konnten.

In den folgenden Jahrzehnten wuchs allmählich der Kundenstamm der Manufaktur. Das Geheimnis ihres Erfolgs lag u. a. darin, daß sie Waren herstellte, die auf die Bedürfnisse der Kunden zugeschnitten waren, so z. B. ein Eßservice, auf dem das Wappen – oder bei Mitgliedern des Bürgertums – der Namenszug der Familie auf den Tellern prangte. Bei den Formen und Mustern orientierte man sich, wie in anderen Fayencerien auch, vor allem an den italienischen Renaissance-Keramiken oder an der chinesischen Fayencekunst, die bereits im 18. Jh., als Porzellan nach Europa eingeführt wurde, in großem Stil imitiert worden war.

Rund 50 Jahre nach der Gründung des Unternehmens, 1867, nahm die Manufaktur aus Gien bereits an der Pariser Weltausstellung teil und wurde mit einer Silbermedaille ausgezeichnet. Nicht nur die Qualität des Scherbens, auch die der Formen und des Dekors lag den Besitzern der Manufaktur am Herzen. Für das Design der Produkte engagierten sie deshalb Künstler – Maler oder Bildhauer – und führten neue Dekorationsverfahren ein – so zum

Beispiel das unter dem Namen "nacré" (Perlmuttart) bekannt gewordene Dekor, das aus einem metallischen Glanzüberzug besteht. Ihre hohe technische Leistungsfähigkeit stellte die Manufaktur bei den beiden großen Weltausstellungen 1889 und 1900 unter Beweis, wo sie mit einer 3 m hohen, reich verzierten Vase und einer annähernd so großen Uhr mit Tierkreiszeichen die Aufmerksamkeit des Publikums und des Preisgerichts auf sich zog. Stolz kehrte man mit ein paar Medaillen in der Tasche wieder nach Hause und verdoppelte in den folgenden 10 Jahren – dank der stark gestiegenen Nachfrage – die Produktion.

Nach dem Ersten Weltkrieg begann für Gien – wie für viele andere Keramikbetriebe auch – die vielleicht schwierigste Phase des Unternehmens. Die Konkurrenz der Industrieware, die im 20. Jh. die handwerklichen Produkte weitgehend verdrängte – sowohl mit niedrigerem Kaufpreis als auch mit einem modernen Design –, zwang auch die Fayencerie in Gien in die Knie. Doch das Ende der alten Manufaktur im Juni 1984 bedeutete zugleich auch den Neubeginn des Unternehmens unter zeitgemäßen Rahmenbedingungen.
Die "Société Nouvelle des Faïenceries de Gien", so der neue Name des Unternehmens, mußte zuerst einmal umstrukturiert werden: Neue Herstellungstechniken und Dekorationsverfahren wurden eingeführt, eine großzügige Verkaufsboutique eröffnet und ein Museum mit den schönsten Stücken aus der Geschichte der Produktion eingerichtet. Letztgenanntes befindet sich in einem Felskeller auf dem Fabrikgelände, dort, wo man früher die Keramikmasse gelagert hatte. In dem kleinen Ausstellungsraum kann sich der heutige Besucher ein Bild davon machen, wie sich die Fayencekunst in Gien in den 100 Jahren von 1821 bis etwa 1920 entwickelt hat.

Die künstlerische Ausrichtung der heutigen Produktion ist zweigleisig angelegt. In beschränkter Auflage wird die Kollektion "Gien Tradition" wieder hergestellt, die, wie der Name schon sagt, auf die frühen Gefäßformen und Dekore zurückgreift. Einen besonderen Stellenwert hat das berühmte, Ende des vorigen Jahrhunderts entstandene Gien-Blau, ein vor allem im Tafelservice angewandtes Dekor mit goldgelben Mustern auf dunkelblauem Grund. Auch heute werden die Stücke mit diesem Dekor handbemalt.
Bei den modernen Produktlinien setzt die Manufaktur auf namhafte Designer und entwickelte so einen ganz eigenen, unverwechselbaren Stil. Frisch und sommerlich, wie für einen Tisch unter schattigen Bäumen gemacht, wirken die Teller und Tassen mit ihren Mustern aus Früchten. Das Dekorationsverfahren, das hier angewandt wird, ist bei der Porzellanherstellung weit verbreitet. Das Muster befindet sich vorgefertigt auf einem Blatt, das von einer Gelatineschicht überzogen ist. Das angefeuchtete Blatt wird auf das weiße, gebrannte Geschirr aufgelegt. Durch den Brand bei 1060° C oder 780° C löst sich die Gelatineschicht auf, und die Farbe verbindet sich mit der Keramik. Die Nachfrage nach den Tafelservicen aus Gien ist nicht nur in Frankreich groß: Rund 40 % der Fayencen werden exportiert – vor allem in die Vereinigten Staaten und nach Deutschland.

Modernes Geschirr aus Gien

Gien, das Fayencenstädtchen an der Loire

Ste-Jeanne d'Arc

Nordwestlich neben dem Schloß steht die Kirche Ste-Jeanne-d'Arc, ein nach dem Zweiten Weltkrieg wiederaufgebautes Gotteshaus aus dem 19. Jh. (Glockenturm 15. Jh.).

*Keramik-manufaktur

Im Nordwesten der Stadt, nahe am Fluß (Place de la Victoire), befindet sich die seit 1821 bestehende Faïencerie. Die Werksanlagen des bekannten Unternehmens können besichtigt werden; angegliedert ist ein kleines Keramikmuseum mit Verkaufsraum (→ Baedeker Special S. 92/93).

Umgebung von Gien

Briare

Das Städtchen Briare, 10 km südöstlich am rechten Loire-Ufer gelegen, besitzt ein interessantes technisches Denkmal: Eine Kanalbrücke, die Ende des 19. Jh.s vom Unternehmen Gustave Eiffels konstruiert wurde, überquert hier die Loire und verbindet den 56 km langen Canal de Briare mit dem 196 km langen Loire-Seitenkanal. Im Zentrum des ansonsten mäßig attraktiven Ortes liegt ein sehr gepflegter Sportboothafen. Rund 7 km nördlich von Briare, im Ortsteil Pont-Chevron, wurden im Park des dortigen Schlosses aus dem 19. Jh. gallo-römische Mosaiken (2. Jh. n. Chr.) freigelegt.

La Bussière

La Bussière liegt 12 km nordöstlich von Gien in einer erholsamen, von Wäldern und kleinen Seen geprägten Landschaft. Im Schloß von La Bussière (15. und 16. Jh.) gibt es ein kleines Fischereimuseum zu besichtigen. Der Park wurde von Jean Le Nôtre gestaltet, dem Vater des Gartenarchitekten von Versailles.

Dampierre

Etwas stromabwärts bei Dampierre, 13 km nordwestlich von Gien, ragen die riesigen Kühltürme des Centre nucléaire de production d'électricité in den Himmel. Ein Informationszentrum unterrichet über die Kernkrafttechnologie. Es trägt den Namen des Physikers Henri Becquerel, dessen Familie in Châtillon-Coligny (30 km östlich) lebte.

St-Fargeau

Das kleine Städtchen St-Fargeau am Loing, 42 km östlich von Gien, wird beherrscht von dem mächtigen fünfeckigen Schloß (12. – 18. Jh.). Beachtenswert ist auch die Kirche aus dem 13. – 15. Jahrhundert.

Langeais D 7

Région: Centre
Département: Indre-et-Loire
Höhe: 55 m ü.d.M.
Einwohnerzahl: 4000

Lage und Geschichte

Das Städtchen Langeais liegt knapp 25 km westlich von Tours am rechten Ufer der Loire. Hier befand sich zunächst ein römisches Heerlager, und auch später war der Platz militärisch von Bedeutung. Fulco Nerra, Graf von Anjou, ließ hier im 10. Jh. eine Festung bauen, von der im Schloßpark noch geringe Reste zu sehen sind. Es ist das älteste Bauteil einer steinernen Burg in Frankreich.

*Schloß

Öffnungszeiten
April bis September
tgl. 9.00 – 18.30
Juli – Aug.
9.00 – 21.00

Das Schloß von Langeais liegt auf einem Bergsporn mitten in der Stadt, unmittelbar an der großen Durchgangsstraße. Es wurde unter Ludwig XI. in der äußerst kurzen Zeit von nur vier Jahren (1465 – 1469) erbaut und auch später fast nicht verändert. So erklärt sich seine ungewöhnliche stilistische Einheitlichkeit. Im Jahre 1491 war das Schloß Schauplatz eines großen Ereignisses, denn hier wurde mit viel Prunk die Vermählung von Karl VIII. und Anne de Bretagne gefeiert. Durch diese Heirat war der Anschluß der Bretagne an Frankreich besiegelt.
Im Jahre 1886 erwarb der Privatmann Jacques Siegfried das Schloß. Er kaufte Möbel und Nachbildungen von Einrichtungen des 15. und 16. Jh.s und sorgte so dafür, daß das Schloß heute ein lebendiges Bild vermittelt von der Zeit, in der es erbaut wurde. Der engagierte Besitzer vermachte das Schloß 1904 dem Institut de France.

Langeais – ein äußerlich trutziges Schloß mit einer lieblichen Gartenanlage

Langeais, Schloß (Fortsetzung)

Von außen wirkt das Schloß wehrhaft und abweisend; die glattflächigen Fassaden, die Zugbrücke und die massigen Ecktürme unterstreichen diesen Eindruck. Über die Zugbrücke und durch einen Tordurchgang betritt man den geräumigen Innenhof. Er wird von den zwei Flügeln des Schlosses begrenzt und setzt sich, in Terrassengärten ansteigend, bis zur Ruine des Donjons fort, dem einzigen Relikt der Vorgängerburg aus dem 10. Jahrhundert. Hier befindet sich auch das Grab von Jacques Siegfried und seiner Frau.

**Inneres

Unbedingt zu empfehlen ist die Besichtigung der Innenräume. Säle und Gemächer sind nahezu komplett eingerichtet, ohne daß eine Atmosphäre musealer Sterilität entsteht. Mit ihren Holzdecken und Wandvertäfelungen, den flandrischen Gobelins und den reich dekorierten Kaminen sowie den stilechten Möbelstücken vermitteln sie den Eindruck, daß hier tatsächlich gewohnt wurde. Nicht nur für Kostümfans interessant ist die Szenerie im großen Saal im Obergeschoß, wo mit lebensgroßen Wachspuppen die Hochzeit zwischen Karl VIII. und Anne de Bretagne nachgestellt wurde. Vom Wehrgang bietet sich ein guter Blick auf den Schloßgarten und das Städtchen.

Maison de Rabelais

Direkt gegenüber vom Schloß steht die Maison de Rabelais, ein Renaissancebau, in dem der Dichter einige Zeit gewohnt haben soll.

Handwerksmuseum

In der nahen romanischen Eglise St-Laurent (Laurentiuskirche) ist heute das Musée de l'Artisanat (Handwerksmuseum) eingerichtet.

Umgebung
St-Michel-sur Loire

Die Hauptattraktion des Orts St-Michel-sur-Loire, 5 km südwestlich von Langeais, ist ein Automuseum der besonderen Art: Rund 50 Cadillacs aus dem Besitz des niederländischen Sammlers Robert Keyaerts kann man hier im Château Planchoury besichtigen. Ihren Namen verdankt die amerikanische Luxus-Automarke, die ab den 20er Jahren von General Motors hergestellt wurde, dem Franzosen Antoine de la Mothe Cadillac (Musée de la Cadillac; geöffnet Juni – Aug. 10.00 – 19.00, sonst bis 18.00 Uhr).

Loches — E 8

Région: Centre
Départment: Indre-et-Loire
Höhe: 70 m ü.d.M.
Einwohnerzahl: 7000

Lage

Das Städtchen Loches liegt rund 40 km südöstlich von Tours und steigt malerisch über dem Indre an, einem linken Nebenfluß der Loire. Einzigartig ist die stark befestigte Altstadt, die mit ihrem Mauerring den Eindruck einer uneinnehmbaren Festung erweckt.

*Mittelalterliche Stadt

Porte Royale

Der sich beherrschend über der Stadt erhebende Schloßberg mit der Cité médiévale ist von einer 2 km langen Mauer umgeben. Man betritt die "Stadt in der Stadt" durch die Porte Royale, das im 13. und 15. Jh. erbaute, einst durch eine Zugbrücke gesicherte Tor an der nordwestlichen Ummauerung. Heute sind dort der Kerker und Waffen zu besichtigen.

Maison Lansyer

Wenige Schritte neben dem Königstor befindet sich im Wohnhaus des Landschaftsmalers Emanuel Lansyer, einem Schüler von Gustave Courbet, das Musée Lansyer mit einer Gemäldesammlung des Künstlers.

Porte Picoys und Rathaus in Loches ▶

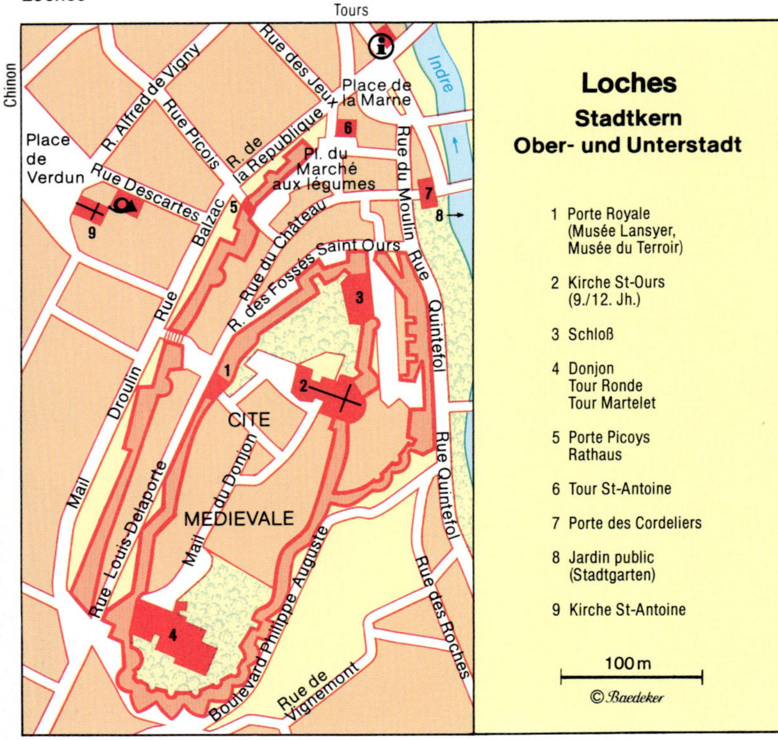

St-Ours

Am oberen Ende der Gasse steht die 962 gegründete, jedoch großenteils aus dem 12. Jh. stammende Kirche St-Ours, die dem Patron von Loches geweiht ist. Das mittlere der drei Kirchenschiffe ist von spitzen, pyramidenförmigen Helmen überdeckt, die der Kirche ihre unverwechselbare Silhouette verleihen. Das romanische Portal besitzt einen reichen, allerdings stark beschädigten Figurenschmuck. Für das Weihwasserbecken neben dem Portal wurde eine römische Säule verwendet.

Schloß

Wenige Schritte links von der Kirchenfassade befindet sich der Eingang zum Areal des ehemaligen königlichen Schlosses, das Karl VII. und einigen seiner Nachfolger als Wohnsitz diente. Mit dem Bau dieses gegenüber dem Donjon weitaus komfortableren Gebäudes wurde um die Mitte des 14. Jh.s begonnen; unter Karl VIII. und Ludwig XII. kam der Renaissanceflügel hinzu. Im alten Teil des Schlosses betritt man zuerst das Gemach Karls VII. und dann den Saal, in dem Jeanne d'Arc ihn 1429 aufgesucht und eindringlich gebeten hatte, sich in Reims zum König krönen zu lassen. Es folgt der Saal Karls VIII. mit dem herrlichen Alabastergrabmal der Agnes Sorel (1422–1450), der Mätresse des Königs. Den vierten Saal schmückt das berühmte Triptychon von 1485 aus der Schule von Jean Fouquet, das aus der Kirche St-Antoine stammt. Die Hauskapelle und der zugehörige Vorraum beschließen die Zimmerflucht. Rechts vom Schloßeingang führen einige Stufen abwärts, unter der Tour d'Agnes Sorel hindurch zur aussichtsreichen Terrasse. Von hier aus überblickt man die nördliche Unterstadt mit der Tour St-Antoine und der Porte des Cordeliers.

Donjon

Am anderen Ende der mittelalterlichen Stadt erhebt sich der gewaltige Donjon, der mit seinen Nebengebäuden den südlichen Abschluß des Schloßberges bildet (geöffnet täglich 1. Februar – 14. März sowie Oktober/November 9.30 – 12.30 und 14.30 – 17.30, 15. März – 30. Juni bis 18.30, Juli – Sept. 9.00 – 19.00 Uhr). Im 11. Jh. errichtet, diente der Bau ab 1249 jahrhundertelang als Staatsgefängnis. Die Zwischendecken sind heute verschwunden; am und im Mauerwerk verläuft eine steile und z.T. sehr schmale Treppe bis auf den obersten Teil der Außenmauern. Der Standplatz ist mit nur etwa 3 m² sehr beengt, bietet aber eine gute Rundsicht. Am ersten Absatz der genannten Treppe öffnet sich links der Zugang zur Folterkammer, in deren Wände Bilder und Inschriften eingeritzt wurden.

Im 15. Jh. wurden an den Donjon weitere Wehrbauten angefügt, so die Tour Ronde (Runder Turm; westlich; von der Dachplattform prachtvoller Rundblick) mit mehreren Gefängniszellen und dem Burgverlies sowie die Tour du Martelet, in der sich gleichfalls Verliese befinden, u.a. das von Lodovico Sforza, dem Herzog von Mailand, der im Jahre 1500 in Novara gefangen worden und bis zu seinem Tode hier eingekerkert war. In den Zellen sind noch Inschriften von Häftlingen sowie ein in das Mauerwerk gehauener Kreuzweg mit Altar zu sehen.

Sehenswertes in der Unterstadt

Stadtbild

Die besonders malerischen Gassen in der Unterstadt liegen vor allem nördlich und westlich des Schloßberges. Loches zeigt hier noch das typische Bild einer französischen Kleinstadt.

Rathaus

Das Hôtel de Ville (Rathaus; 1535–1543) ist ein reizvoller Renaissancebau direkt neben der Porte Picoys, einem alten Stadttor im Übergangsstil von der Gotik zur Renaissance.

Donjon ...

... und Porte des Cordeliers

Die romanische Kirche St-Ours in der Oberstadt von Loches

Tour St-Antoine

Wendet man sich beim Rathaus innerhalb der Altstadt nach rechts, so erblickt man die Tour St-Antoine (1529), den Rest einer Kirche.

Porte des Cordeliers

Die Porte des Cordeliers ist ein weiteres der vier Stadttore, die sich in der einstigen Ummauerung der Unterstadt befanden. Dahinter führt eine Brücke über das Flüßchen und zum Jardin public (Stadtgarten). Von hier bietet sich ein überraschend geschlossenes Stadtpanorama (bestes Licht am Vormittag).

Umgebung von Loches

Beaulieu

In Beaulieu, einem Vorort im Osten von Loches, stehen noch Teile einer im Jahre 1004 von Fulco Nerra gegründeten Abtei. Das Querhaus und der hochaufragende Glockenturm der Klosterkirche sind romanisch, Langhaus und Chor wurden im 15. Jh. erneuert. Ein zweiter romanischer Turm überragt die Kirche St-Laurent.

Châtillon-sur-Indre

Auf einem Hügel über dem Indre, 22 km südöstlich von Loches, liegt das altertümliche Städtchen Châtillon. In der Mitte des Orts thront die Ruine des Schlosses, von dessen Wehrturm sich ein herrlicher Ausblick bietet. Kunsthistorisch interessant ist die etwas nördlich davon gelegene Kirche Notre-Dame aus dem 12. Jahrhundert wegen ihres reichen Skulpturenschmucks am Portal.

Le Liget

In dem Waldgebiet der Forêt de Loches, 10 km östlich von Loches, liegt einsam die Chartreuse (Kartause) de Liget. Der Überlieferung nach soll sie von Heinrich II., König von England, gegründet worden sein, der damit den Mord an Thomas Becket (1118–1170), dem Erzbischof von Canterbury, sühnen wollte. Innerhalb des großen, von einer Mauer umfriedeten Geländes sind eine Kapelle aus dem 12. Jh. und ein Kreuzgang aus dem 18. Jh

Le Liget (Fortsetzung)

erhalten. Die Kapelle, ein überkuppelter Zentralbau, lohnt wegen ihrer romanischen Wandmalereien eine Besichtigung.
Rund 1 km weiter östlich steht die Kapelle von La Corroirie, ein Bau aus dem 12. Jh., der gleichfalls zur Kartause gehörte.

*Montrésor

Ein hoher Felssporn mit einem Schloß auf der Spitze, zu seinen Füßen ein kleiner Ort, durch den sich ein Flüßchen schlängelt, umgeben von hügeligen Wiesen und Weiden – das ist Montrésor, eines der nettesten Dörfer im Gebiet der unteren Loire. Es liegt im Tal des Indrois, einem Nebenfluß des Indre, 17 km östlich von Loches. Das Renaissanceschloß, an dessen Stelle früher eine von Fulco Nerra erbaute Burg stand, wurde zu Beginn des 16. Jh.s für Imbert de Bastarnay erbaut. Im 19. Jh. erwarb der polnische Graf Xavier Branicki das Schloß und ließ es neu einrichten. Die Möbel und die Gemälde-Sammlung des Grafen sind noch an Ort und Stelle zu besichtigen. Einen Besuch verdient auch die von Imbert de Bastarnay gestiftete Renaissancekirche (1519–1541) mit dem Marmorgrab seiner Familie. Die hier Beigesetzten sind als lebensgroße Liegefiguren wiedergegeben. Unter den Häusern im Dorf nimmt die hölzerne Markthalle aus dem 17. Jh. eine besondere Stellung ein.

Loire-Schluchten (Gorges de la Loire) J–M 14

Région: Rhône-Alpes
Départements: Ardèche, Haute-Loire und Loire

Allgemeines

Der Oberlauf der Loire durchströmt zwei besonders reizvolle Gegenden. Zum einen ist dies die Mittelgebirgslandschaft zwischen der Quelle am Gerbier de Jonc und der Stadt Le Puy; zum anderen das Hügelland zwischen St-Etienne und Roanne.

Ruhiges Erholungsgebiet: Lac d'Issarlès südlich von Le Puy

Vom Gerbier de Jonc nach Le Puy (ca. 100 km)

Landschaft

In ihrem obersten Abschnitt, zwischen der Quelle am → Gerbier de Jonc und der Stadt Le → Puy en Velay, durchströmt die Loire eine abwechslungsreiche, sehr malerische Berglandschaft mit dichten Wäldern und großen Weideflächen, die im Frühsommer mit unzähligen Narzissen und Orchideen bedeckt sind.

Zeitbedarf
ca. 6 Stunden

Vom Gerbier de Jonc folgt man in südlicher Richtung auf der Straße D 116 der jungen Loire abwärts, teils mit herrlichem Rückblick auf den Berg. Dann führt die Straße über kuppiges Mittelgebirge, teilweise hoch über dem tief eingeschnittenen Flußbett hin.

Lac d'Issarlès
(Abb. S. 101)

Der Lac d'Issarlès, an dem die D 116 vorbeiführt, ist ein nahezu kreisrunder, von Wäldern umgebener See, auf den sich vor dem gleichnamigen Ort ein schöner Blick bietet. In dem kleinen Ferienort wird der See von einem feinsandigen, kiefernbeschatteten Badestrand begrenzt.

Arlempdes

Weiter flußabwärts gelangt man auf der D 116, D 37 und D 54 nach Arlempdes, wo auf einem Bergstock vulkanischen Ursprungs die Ruine einer Burg (12.–15. Jh.) steht. Der Blick in das Flußtal ist eindrucksvoll. Am Fuße des Schloßberges liegt der kleine Ort, in welchem die Kirche und das aus dem 11. Jh. stammende Tor in der Mauer Beachtung verdienen.

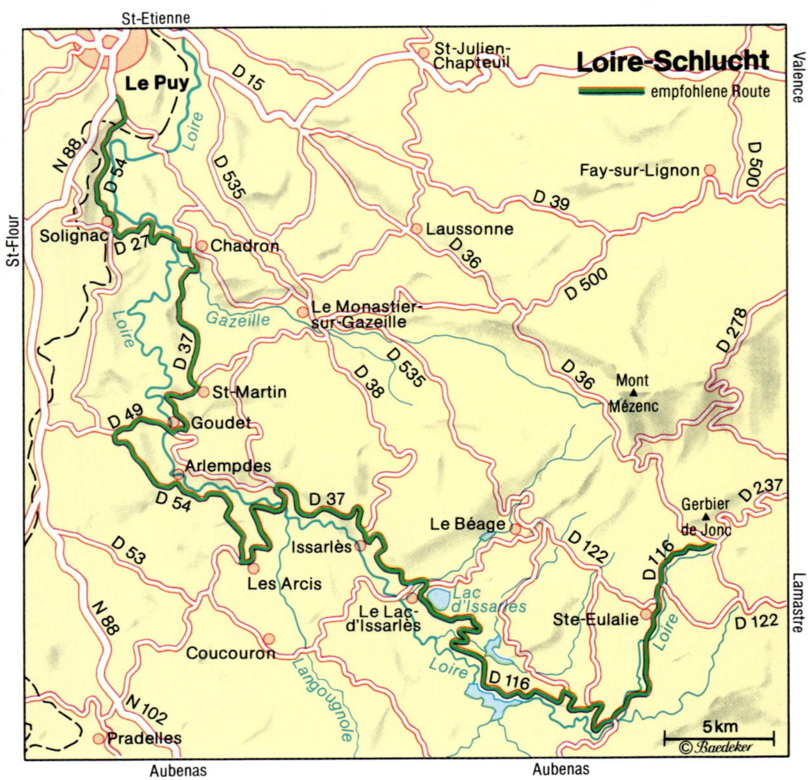

Die Ruine der Burg Beaufort steht auf dem teils mauerumgebenen Hügel, der das Dorf Goudet, knapp 10 km nördlich von Arlempdes, überragt. Goudet ist ein im Sommer überwiegend von Einheimischen besuchter Ferienort in schöner Lage an der Einmündung zweier schmaler Seitentäler.

Beaufort

St-Martin liegt über dem rechten Ufer der Loire. Von dem hochgelegenen Dorf überblickt man die Berge des Velay und die Talweitung von Le Puy. Über Chadron und Solignac erreicht man die große Fernstraße (N 88), auf der man von Süden nach Le ⟶ Puy einfährt.

St-Martin-de-Fugères

Von St-Etienne nach Roanne (ca. 90 km)

Die breite Loire zieht nördlich von St-Etienne durch fruchtbares Hügelland. Die dem Flußverlauf folgende Straße ist gut ausgebaut.

Landschaftsbild

Man verläßt ⟶ St-Etienne in nordwestlicher Richtung auf der RN 82, die zunächst parallel zur Autobahn verläuft. Nach etwa 40 km erreicht man den Ort Balbigny, an dessen nördlichem Rand man links von der Hauptstraße abzweigt und auf der D 56 zur Loire hinabfährt. Zunächst geht es an deren rechtem Ufer zwischen Flußauen und Weideflächen hin, dann unter der Autobahn hindurch, die hier auch den Fluß überquert. Allmählich werden die Talflanken steiler und waldiger; die Straße entfernt sich nun auch streckenweise von der Loire.

Zeitbedarf
ca. 3 Stunden

Elektrizitätswerk und Naherholungsgebiet: Barrage de Villerest bei Roanne

Unterhalb der Straße steht mitten im Fluß das Château de la Roche ein trutziges Bauwerk mit Wehrgang und Türmen. Im Innern des Schlosses, das im Rahmen einer Führung besichtigt werden kann, wird eine Sammlung von Gemälden aufbewahrt, die thematisch zur Loire in Bezug stehen. Für eine Rast empfiehlt sich das oberhalb des Schlosses gelegene Relais de la Roche (Restaurant).

Château de la Roche

Barrage de Villerest (Abb. S. 103)

Die Straße führt weiter zum Stausee von Villerest. Oberhalb der Staumauer befinden sich eine Aussichtsplattform sowie der Ausgangspunkt einer Kleineisenbahn.

Rings um den See hat sich eine umfangreiche touristische Infrastruktur entwickelt. Es gibt hier einige Campingplätze, Strandbäder sowie einen Bootsverleih. Der Staudamm und die in ihn integrierte Kraftwerksanlage können nach Voranmeldung besichtigt werden.

Bei ⟶ Roanne erreicht man wieder die Hauptstraße.

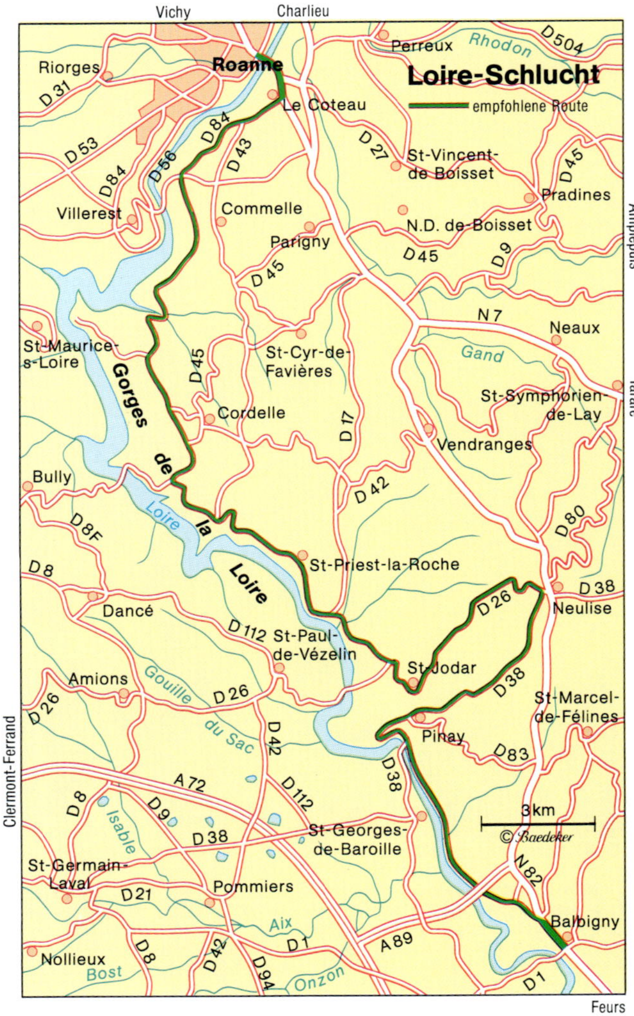

Le Lude C 6

Région: Pays de la Loire
Département: Sarthe
Höhe: 48 m ü.d.M.
Einwohnerzahl: 4500

Lage

Die Kleinstadt Le Lude liegt etwa 35 km südwestlich von Le Mans am Loir, einem Nebenfluß der Sarthe.

*Schloß

Öffnungszeiten
Außenanlagen
1. April – 30. Sept.
tgl. 10.00 – 12.00
14.00 – 18.00
Innenräume
14.30 – 18.00 Uhr

Schloß und Park von Le Lude, direkt am Loir gelegen, bilden eine ausgedehnte, überwiegend von der Renaissance geprägte Anlage, die in mehreren Bauphasen zwischen dem 14. und 18. Jh. entstand. Das Gebäudekarree des Schlosses wird von massigen Rundtürmen flankiert und von einem tiefen Burggraben umzogen. An den Fassaden prangen zahlreiche Porträtmedaillons sowie mehrfach das Stachelschwein, das Emblem König Ludwigs XII. Im Innern von Le Lude sind die gut bestückte Bibliothek, der Festsaal, der im Renaissancestil wiederhergestellt wurde, sowie einige andere Salons und Kabinette mit altem Mobiliar und Gobelins zu besichtigen.
Ein runder Treppenturm führt in den Burggraben hinab, wo ein langer, überwölbter Stollen zur Salle des Gardes (13. Jh.) führt, die tief unter den Fundamenten von Schloß und Terrasse liegt. Die beiden Gartenterrassen gehen in einen weitläufigen, allerdings für das Publikum unzugänglichen Park mit uralten Bäumen über. In den Nebengebäuden des Schlosses sind die Stallungen und eine Sammlung von Kutschen untergebracht.
Das 'Spectacle Son et Lumière' (Mitte Juni bis Mitte August) von Le Lude ist wohl das prächtigste seiner Art in dieser Region.

Schloß von Le Lude – wehrhaft und repräsentativ zugleich

Le Mans

B 7

Région: Pays de la Loire
Département: Sarthe
Höhe: 71 m ü.d.M.
Einwohnerzahl: 145 000

Lage und Allgemeines

Die zu beiden Seiten der Sarthe, rund 80 km nordwestlich von Tours gelegene Stadt ist vor allem durch ihre Automobilrennstrecke über Frankreich hinaus zum Begriff geworden. Bereits zur Römerzeit war Le Mans eine bedeutende Stadt; ab dem 4. Jh. wurde sie Bischofssitz und im Mittelalter Hauptstadt der Grafschaft Maine. Heute ist Le Mans die Hauptstadt des Départements Sarthe.

Sehenswertes

Place de la République

Den Mittelpunkt von Le Mans bildet die Place de la République; an ihrer Westseite stehen als Rest eines Klosters der Justizpalast und die Eglise de la Visitation aus dem Jahr 1730.

Notre-Dame-de-la-Couture

Südöstlich des Hauptplatzes erhebt sich die einstige Abteikirche Notre-Dame-de-la-Couture, ursprünglich aus dem 10. Jh., jedoch im 13./14. Jh. erheblich umgestaltet. Das Hauptportal glänzt mit reichem Figurenschmuck; im Innern sind Gobelins und Gemälde sowie eine schöne marmorne Madonnenplastik (1571) von Germain Pilon zu sehen. Die Krypta stammt noch aus dem 10. Jahrhundert.

Altstadt

Nordwestlich der Place de la République erstreckt sich auf einem Hügel über der Sarthe die Altstadt mit zahlreichen alten Häusern. An der Grande Rue, der Hauptstraße, fällt die Maison d'Adam et d'Eve auf, ein schönes Renaissancegebäude von 1525 (Nr. 71). Von hier gelangt man nordöstlich in die altertümliche Rue de la Reine Bérengère. Im Haus Nr. 13, der Maison de la Reine Bérengère (1440–1515), wurde ein völkerkundliches und ein regionalgeschichtliches Museum eingerichtet.

*St-Julien

Am Nordende der Rue de la Reine Bérengère steht die Kathedrale St-Julien. Das romanische Schiff stammt aus dem 11./12. Jh., der Chor aus dem 13. und das Querhaus aus dem 14./15. Jahrhundert. An der Südseite befindet sich das figurenreiche Königsportal. Das eindrucksvolle Innere enthält im Chor prächtige Fenster (13./14. Jh.), schöne Gobelins (15./16. Jh.) und das Grabmal der Königin Bérengère (13. Jh.), der Gemahlin von Richard Löwenherz. Die Apsiskapelle schmücken gotische Fresken aus dem 14. Jahrhundert.

*Musée de Tessé

In einem nordöstlich anschließenden Park ist im ehem. bischöflichen Palais das Musée de Tessé beheimatet, das eine reichhaltige Gemäldesammlung sowie eine 1145–1150 in Verdun gefertigte Emailplatte vom Grabmal des Geoffroy Plantagenêt besitzt.

Automobilrennstrecke

Unweit südlich der Innenstadt verläuft die 13,459 km lange Rennstrecke für das berühmte 24-Stunden-Rennen (alljährlich im Juni) sowie der Circuit Bugatti, eine 4,24 km lange Trainingsstrecke.

*Musée de l'Automobile

Direkt an der Rennstrecke steht das moderne Gebäude des 1991 eröffneten Automobilmuseums. Es zeigt eine große Zahl von Oldtimern (Autos und Motorräder) aus der Zeit um 1900, Schau- und Funktionsmodelle zur Kfz-Technik, eine Restaurationswerkstatt sowie eine Vielzahl von Renn- und Sportfahrzeugen; auch verfügt es über eine Computer-Datenbank zur Kfz-Technik, die von den Besuchern über mehrere Terminals in Anspruch genommen werden kann.

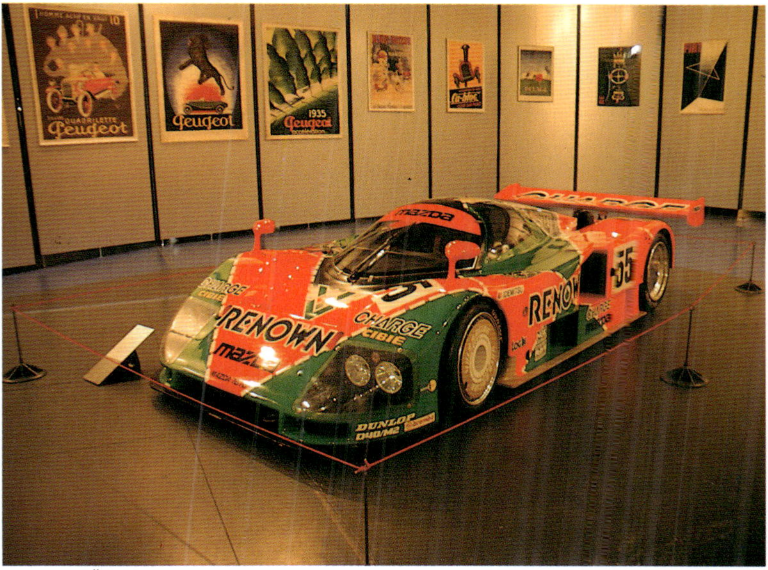

Power im Überfluß: Rennwagen im Museum von Le Mans

Montreuil-Bellay D 5/6

Région: Pays del la Loire
Département: Maine-et-Loire
Höhe: 50 m ü.d.M.
Einwohnerzahl: 4000

Montreuil-Bellay liegt 17 km südwestlich von Saumur am Ufer des Thouet. Besucher kommen hauptsächlich wegen des Schlosses hierher, und außerhalb der Saison ist Montreuil-Bellay ein ruhiger, hübsch gelegener Ort mit ländlichem Charme.

Lage und Allgemeines

*Schloß

Von hohen Mauern geschützt und von alten Bäumen umgeben, bietet die über dem Fluß thronende Burganlage einen malerischen Anblick. Auf leicht zu verteidigendem Plateau errichtete schon im 11. Jh. ein Lehnsmann des Grafen Fulco Nerra eine Burg, die um die Mitte des 12. Jh.s zerstört wurde. In den folgenden Jahrhunderten entstanden nach und nach der mit Rundtürmen besetzte Mauerring (13. Jh.), der ältere Teil des Schlosses, die Kirche (1470/1480), das Wohnhaus der Domherren und das Neue Schloß (1485–1505) mit seinem zierlichen Treppentürmchen. Daß die einstigen Bewohner sich hier repräsentativ eingerichtetet hatten, zeigen noch die möblierten Wohnräume des Neuen Schlosses mit z. T. bemalten Balkendecken und prächtigen Kaminen. Die Küche ist ähnlich wie in → Fontevraud in einem separaten Gebäude untergebracht. In der schlichten spätgotischen Schloßkirche fällt das gemalte schwarze "Begräbnisband" auf, das die Wappen der hier bestatteten Familien trägt.

Öffnungszeiten
April – Okt.
tgl. außer Di.
10.00 – 12.00
14.00 – 17.30

Doué-la-Fontaine

Allgemeines

Auf der Strecke nach ⟶ Angers, 12 km nordwestlich von Montreuil-Bellay, kommt man durch Doué-la-Fontaine. Die vielen Höhlenwohnungen, die es hier und in der Nähe des Ortes noch gibt (s. u. bei Rochemenier), sind auf den ersten Blick nicht zu entdecken, da sie nicht in einen Abhang, sondern in den flachen Boden gegraben sind.

*Musée des Commerces anciennes

Die Hauptattraktion von Doué-la-Fontaine liegt etwa 2 km außerhalb des Ortes (ausgeschildert), in den Stallungen eines ehemaligen Schlosses. Hier wurde 1983 ein Museum eröffnet, das für das untere Loire-Tal einzigartig ist und nicht nur an Regentagen eine erfreuliche Alternative bietet zur Besichtigung von Gärten und Schlössern. Der Gründer des Museums hatte in jahrelanger Arbeit alte Ladengeschäfte samt ihrer kompletten Einrichtung in ganz Frankreich aufgekauft und hier originalgetreu wiederaufbauen lassen. Seit 1992 sind diese Geschäfte aus dem Zeitraum zwischen 1850 und 1950 in einer nachgebauten, mit historischen Versatzstücken ausgestatteten Ladenstraße vereint – u. a. eine Apotheke, eine Schuhmacher- und eine Hutmacherwerkstatt, ein Barbier, eine Drogerie sowie ein Lebensmittel- und ein Spielwarenladen. Im Eingangsbereich steht u. a. ein Planwagen, mit dem die fliegenden Händler von Dorf zu Dorf zogen, um ihre Spezialitäten unters Volk zu bringen. Für die Teilnahme an einer Führung (in französisch oder englisch) muß man zwar etwas Zeit mitbringen, doch man wird dafür mit vielen kleinen Geschichten, die sich um Waren, Verpackungsarten oder Werbeschilder ranken, belohnt (geöffnet Mai–Okt. täglich 9.30–12.00 und 14.00–19.00, sonst Mo. geschlossen).

Zoo

In einem ehemaligen Steinbruch an der Straße nach Cholet wurde der Zoo von Doué-la-Fontaine eingerichtet. Die Höhlen und Tunnels auf diesem Gelände dienen als Tiergehege.

Rochemenier

Allgemeines

6 km hinter Doué-la-Fontaine erreicht man den Ort Louresse, wo man rechts nach Rochemenier abbiegt (ca. 1 km). In diesem Dorf existieren noch rund 40 Bauernhöfe, die als Höhlenwohnungen angelegt waren und heute von Häusern weitgehend überbaut sind. Zwei dieser einzigartigen Höfe sind heute ein Freilichtmuseum und können besichtigt werden.

*Höhlenwohnungen

Die beiden "unterirdischen" Bauernhöfe von Rochemenier waren vom Ende des 17. Jh.s bis etwa 1930 bewohnt. Die einzelnen Höhlen des "Village Troglodytique" sind um zwei Höfe gruppiert, die unterhalb des Bodenniveaus liegen und deshalb auch leicht gegen Angriffe zu verteidigen waren. In die Felswände aus Muschelkalk wurden die Wohnungen und die Wirtschaftsräume gegraben, so beispielsweise der Weinkeller des ersten Bauernhofs, der besonders tief lag, weil er kühl sein mußte und einen engen Eingang hatte, damit möglichst wenig Licht hineinkam. Durch einen Trichter in der Erde konnte man die Weintrauben direkt in die dortige Weinpresse befördern. Auch die Stallungen und die Wohnräume wurden in den Fels geschlagen, wobei bei letzteren die Fassade vermauert und mit einem Fenster versehen wurde. Wie an den Möbeln und den ausgestellten Kleidern zu erkennen ist, waren die Wohnungen zwar ziemlich dunkel, aber sie blieben das ganze Jahr über trocken. In einem Gehege werden heute wieder seltene Tierarten gezüchtet, die die Höhlenbewohner damals als Haustiere hielten. Besonders eindrucksvoll ist die unterirdische Kapelle. Sie wurde vermutlich während der Religionskriege, als die obere Kirche niedergebrannt war, in dem darunterliegenden Steinbruch angelegt – und zwar in der Form eines Kreuzes. Interessant ist auch die kleine Fotografie-Ausstellung, die eine Vorstellung vom Leben der Höhlenbewohner vermittelt (geöffnet April – Okt. tgl. 9.30 – 19.00, sonst Sa. und So. 14.00 – 18.00 Uhr, Dez. und Jan. geschlossen).

Rochemenier (Fortsetzung)

Etwa 4 km nordöstlich von Rochemenier (D 177, dann auf der D 69 Richtung Gennes), in Denezé-sous-Doué, entdeckte man ein Höhle, deren Wände mit Hunderten von geschnitzten Figuren geschmückt sind. Es wird vermutet, daß die zum Teil karikaturenhaften Köpfe im 16. Jh. entstanden. Die Caverne sculptée ist geöffnet Juli/Aug. 10.00 – 19.00, Palmsonntag – Juni und Sept. – Allerheiligen 14.00 – 18.00 Uhr.

Denezé-sous-Doué

Moulins

G 13

Région: Auvergne
Départment: Allier
Höhe: 220 m ü.d.M.
Einwohnerzahl: 27 000

Moulins, die Hauptstadt des Département Allier, liegt am Nordrand des Massiv Central, am Oberlauf des Allier, eines Nebenflusses der Loire, der bei Nevers in diese einmündet. Die im 10. Jh. um eine Burg entstandene Stadt verdankt ihren Namen den Mühlen, die es am Allier in großer Zahl gab. Im Jahre 1327 wurde Moulins die Hauptstadt der von Ludwig I. zum Herzogtum erhobenen Landschaft Bourbonnais.

Lage und Allgemeines

Nicht komfortabel, aber dennoch bewohnbar: Unterirdischer Bauernhof in Rochemenier

Sehenswertes in Moulins

Rathausplatz

Die Place de l'Hôtel de Ville (Rathausplatz) ist das Herz der malerischen Altstadt. An der Nordseite des Platzes liegt das Rathaus.
Der 'Jacquemart' genannte Uhrturm von 1455 steht an der westlichen Ecke des Rathausplatzes. Der massige, vierkantige Bau wird von einem Säulenumgang mit Balustrade bekrönt, über dem sich eine Laterne mit dem figurengeschmückten Schlagwerk der Uhr erhebt.

Folkloremuseum

Das Musée du Folklore et du Vieux Moulins (Folklore- und Müllereimuseum) ist in einem Palais aus dem 15. Jh. an der Place de l'Ancien Palais eingerichtet. In fünfzehn Räumen sind alte Handwerksgeräte (u.a. große Bügeleisensammlung), ein Bauerhausmodell, Trachten und Möbel ausgestellt, dazu Puppen und eine Dokumentation zum örtlichen Müllergewerbe.

Kathedrale Notre-Dame

Nördlich vom Rathausplatz erreicht man die Cathédrale Notre-Dame am Square Laussedat, ursprünglich eine Stiftskirche, die erst 1823 zum Bischofssitz wurde. Von dieser im späten 15. Jh. erbauten Kirche stammt der gotische Chor, während das Langhaus mit den 95 m hohen Zwillingstürmen ein historisierendes Werk vom Ende des 19. Jh.s ist. Im Chorumgang befinden sich bemerkenswerte Glasgemälde (15. und 16. Jh.). Der in der Sakristei aufbewahrte Kirchenschatz umfaßt sakrale Kunstwerke, darunter das berühmte Triptychon des "Meisters von Moulins" aus dem späten 15. Jahrhundert.

Pavillon d'Anne de Beaujeu

Nordwestlich gegenüber der Kathedrale steht der arkadengeschmückte Pavillon der Anne de Beaujeu (um 1500), der ebenso wie der Wehrturm noch vom einstigen Herzogsschloß stammt. In ihm ist das Musée d'Art et d'Archéologie (Kunst- und Archäologiemuseum) mit lokalen Ausgrabungsfunden, Plastiken, Gemälden, Fayencen und Waffen untergebracht.

Mausoleum

Das Mausoleum des Herzogs Heinrich II. von Montmorency ist in der Kapelle des Lycée Banville, nördlich der Kathedrale, zu finden. Heinrich wurde 1632 zur Strafe für seinen Verrat in Toulouse enthauptet; das Grabmal wurde auf Veranlassung seiner nach Moulins verbannten Witwe um 1650 von F. Angier geschaffen.

Nantes D 3

Région: Pays de la Loire
Département: Loire-Atlantique
Höhe: 10 m ü.d.M.
Einwohnerzahl: 265 000

Lage

Die alte bretonische Hafenstadt Nantes, heute Hauptstadt des Département Loire-Atlantique sowie Universitäts- und Bischofssitz, liegt zu beiden Seiten der Loire, die von hier bis zur 55 km entfernten Mündung schiffbar ist. Zusammen mit St-Nazaire bildet Nantes eines der Wirtschaftszentren Frankreichs; der gemeinsame Hafen steht, gemessen an seinem Warenumschlag, an vierter Stelle des Landes. Wegen seiner Baudenkmäler und einiger sehenswerter Museen ist Nantes aber auch eine interessante Stadt, die Besuchern etwas zu bieten hat.

Geschichte

In gallo-römischer Zeit hieß der Ort Condevincum oder Civitas Namnetum. Um 850 eroberten ihn die Bretonen, und in der Folgezeit war er Sitz der Herzöge der Bretagne. Im Jahre 1532 fiel das Herzogtum an die französische Krone. Am 13. April 1598 wurde das Edikt von Nantes erlassen, mit dem Heinrich IV. den Hugenottenkriegen ein Ende setzte. In ihm wurde zwar der Katholizismus als Staatsreligion bestätigt, doch erhielten die Reformierten Gewissens- und in engen Grenzen auch Kultfreiheit. Dank

Das ehemalige Herzogsschloß ist heute Standort einiger Museen.

Geschichte (Fortsetzung)

seines Hafens entwickelte sich Nantes im 16. Jh. zu einer reichen Handelsstadt, deren Wohlstand sich seit der Mitte des 17. Jh.s auf den lebhaften Sklavenhandel für die karibischen Besitzungen gründete. Berüchtigt wurde Nantes in der Zeit der Französischen Revolution: Jean-Baptiste Carrier, Abgeordneter des Nationalkonvents, ließ zahlreiche politische Gegner in der Loire ertränken. Für diese Eigenmächtigkeit wurde er zum Tode verurteilt und guillotiniert. Im 19. Jh. ging die Bedeutung des Hafens stark zurück, da die immer größer werdenden Seeschiffe den Unterlauf der Loire nicht mehr passieren konnten. Bombenangriffe der Alliierten legten ab September 1943 das Stadtzentrum und den Hafen in Schutt und Asche; der Wiederaufbau hat das Stadtbild stark verändert. Im Süden von Nantes liegen zahlreiche neue Viertel, darunter die 1953 – 1955 nach Plänen von Le Corbusier erbaute Cité Radieuse.

Stadtbesichtigung

Die an beiden Uferseiten der Loire gelegene Stadt besitzt zwei Zentren. Im Osten liegt die kleine, mittelalterliche Stadt mit dem Herzogsschloß und der Kathedrale, im Westen die vor allem im 18. Jh. entstandene Stadt um die Plätze Royale, Graslin und du Commerce.

*Herzogsschloß

Das Château des Ducs de Bretagne erhebt sich fast mitten in der Stadt. An der Stelle waren bereits in gallo-römischer Zeit eine Befestigungsanlage und im 12. und 13. Jh. eine Burg errichtet worden. Zeitweise diente sie auch als Gefängnis, und Mitte des 15. Jh.s saß hier der einstige Waffengefährte von Jeanne d'Arc, Gilles des Rais (1404 – 1440), ein. Unter Franz II., Herzog der Bretagne, war 1466 mit dem Bau des im Innern gelegenen Schlosses begonnen worden, das im Laufe der nächsten Jahrhunderte immer wieder vergrößert wurde. Im Jahre 1532 wurde hier das Edikt über

Herzogsschloß (Fortsetzung

die "ewige Union von Ländern und Herzogtum der Bretagne mit dem Königreich Frankreich" verlesen; 1598 unterschrieb Heinrich IV. hier das Edikt von Nantes; im 17. Jh. diente das Schloß als Staatsgefängnis, später beherbergte es eine Kaserne. 1800 explodierten in der Tour des Espagnols (Spanischer Turm) Pulvervorräte, dabei wurden große Teile der Mauer und u. a. die Kapelle zerstört. 1915 ging das Schloß in den Besitz der Stadt Nantes über und ist seit 1924 städtisches Museum.

Nantes **Ehemalige Burg der Herzöge**

1 Zugang
2 Tour du Pied de Biche
3 Tour de la Boulangerie
4 Grand Gouvernement (Musée d'Art populaire régional / Musée de ferronnerie et céramique)
5 Tour de la Couronne d'Or
6 Tour des Jacobins
7 Puits (Ziehbrunnen)
8 Grand Logis
9 Tour du Port
10 Petit Gouvernement
11 Tour de la Rivière
12 Harnachement (Musée des Salorges)
13 Tour du Fer à Cheval
14 Reste der ursprünglichen Burg
15 Loge du Concierge
16 Vieux Donjon
17 Bastion Mercœur
18 Tour au Duc
19 Vieux Logis
20 Chapelle
21 Tour des Espagnols

© Baedeker

Öffnungszeiten
Juli, Aug.
tgl. 10.00–12.00
14.00–18.00
Sept.–Juni
tgl. außer Di.

Von der Place Marc-Elder aus führt eine im 18. Jh. angelegte Brücke zur ehemaligen Zugbrücke, die links von der Tour du Pied-de-Biche und rechts von der Tour de la Boulangerie, dem Bäckereiturm, flankiert wird. Durch den Saal der drei Kamine (Salle des trois cheminées) gelangt man in den Innenhof, wo früher Turniere veranstaltet wurden. Eine Pflastersteinreihe auf dem Boden zeigt den ehem. Verlauf der gallo-römischen und mittelalterlichen Mauern.

Grand Gouvernement

Eine elegante Doppelfreitreppe aus dem 17. Jh. führt hinauf zum Eingang des nach einem Brand 1684 wieder aufgebauten Grand Gouvernement. Zu Zeiten der Herzöge befanden sich hier die Gefängnisse (im Untergeschoß), darüber die Räume der Wachen und die Küchen; im ersten und zweiten Stock folgten die fürstlichen Wohnräume und im Dachgeschoß die Zimmer der Bediensteten. Heute berherbergen sie das regionale Volkskunstmuseum (Musée d'Art Populaire Régional); auf zwei Stockwerken sind Trachten und Hauben aus verschiedenen Landesteilen der Bretagne und der Vendée vom 17. bis 19. Jh., Gebrauchsgegenstände, eine schöne Möbelsammlung sowie Erzeugnisse aus Nantaiser Gießereien, Kunstschmieden, Fayencerien und Töpfereien ausgestellt. Der zierliche Treppenturm (Tour de la Couronne d'Or) mit seinen italienisch anmutenden Loggien schließt sich südlich an. Davor steht ein Steinbrunnen mit einem schmiedeeisernen Baldachin, der die bretonische Herzogskrone darstellt.

Grand Logis

Es folgt der eindrucksvolle Grand Logis (Großer Wohnbau) mit seinen reich verzierten fünf Lukarnen auf dem Dach. Seine beiden unteren Geschosse entstanden für Franz II. Die oberen Stockwerke ließ seine Tochter Anne hinzufügen. Der Petit Gouvernement (Kleiner Gouverneursbau) im Renaissancestil wurde für Franz I. erbaut. Im großen Zeughaus (Le Harnachement), 1784 für Pferdegeschirr und Rüstungen errichtet, befindet sich das Schiffahrtsmuseum Musée des Salorges. Es wurde 1928 von zwei Konservenfabrikanten gegründet und erinnert an die abenteuerliche Nantaiser Schiffahrts-, Handels- und Kolonialgeschichte. In der Tour du Fer à Cheval (Hufeisenturm) aus dem 16. Jh. ist das sehenswerte Kunstgewerbemuseum (Musée d'Art décoratif) untergebracht, das u. a. zeitgenössische Textilkunst zeigt.

Vor dem Harnachement erhebt sich der alte Bergfried (Donjon) aus dem 14. Jh.; von der Bastian St-Pierre (16. Jh.) hat man einen schönen Blick auf den begrünten ehem. Burggraben.

Von der begehbaren Ringmauer sieht man auf die ehem. Insel Feydeau mit ihren prunkvollen Reederhäusern; am Fuße der Mauer tost heute der Verkehr auf dem Cours J. Kennedy. Einst floß hier ein Seitenarm der Loire, die auch die Burggräben speiste.

**Cathédrale St-Pierre-et-St-Paul

Über die Rue Mathelin Rodier gelangt man zur nördlich des Schlosses gelegenen Place St-Pierre. Gegenüber einheitlichen Häuserfronten aus dem späten 19. Jh. erhebt sich die St.-Petrus-und-St.-Paulus-Kathedrale an der Stelle mehrerer Vorgängerbauten. Mit dem Bau der heutigen (vierten) Kirche war 1434 begonnen worden, ihre Weihe fand im Jahr 1891 statt.
1972 zerstörte ein Brand den Innenraum der Kathedrale, die vollständig restauriert und 1985 abermals geweiht wurde.
Trotz der langen Bauzeit wirkt die Kathedrale sehr einheitlich. Die von zwei 63 m hohen Türmen flankierte Westfassade besitzt ein schönes spätgotisches Fenster über dem Hauptportal, in dessen Zentrum sich die Statue des hl. Petrus erhebt. Die Reliefs am nördlichen Seitenportal erzählen die Leidensgeschichte der Märtyrer Rogatianus und Donatianus (304); am Fuße des Südturms befindet sich eine (beschädigte) Außenkanzel. Die Wahl des viel leichteren Kalksteins für den Ausbau (anstelle des üblicherweise verwendeten Granits) läßt die Kathedrale im Innern hell und eher nüchtern wirken; ihm verdankt sie auch die ungewöhnliche Höhe: Das Gewölbe des fünfjochigen, 102 m langen Hauptschiffs ist 37,7 m hoch. Im rechten Querschiff steht das bedeutendste Kunstwerk der Kathedrale, laut Châteaubriand "das Meisterwerk der katholischen Kunst in Frankreich", das Grabmal Franz II. († 1488). Seine Tochte Anne de Bretagne hatte den bretonischen Künstler Michel Colombe mit seiner Fertigstellung beauftragt. Das aus italienischem und belgischem Marmor von 1502 bis 1507 gearbeitete Monument, ein Meisterwerk der französischen Renaissance, zeigt die Liegefiguren des Herzogs und seiner zweiten Frau Marguerite de Foix. Vier große Statuen an den Ecken des Grabmals stellen die Kardinaltugenden dar: Gerechtigkeit (mit Schwert), Kraft (Helm und Harnisch), Vorsicht (die doppelgesichtige Figur ist vorausschauend und rückschauend) und Mäßigung (mit Zügel). Insgesamt gibt es drei Krypten; in der ersten wird der Kathedralschatz ausgestellt; hinter ihr befindet sich die Bischofsgruft, und unterhalb des Chors gibt es eine dritte Krypta.
Auf der Nordseite der Kathedrale erhebt sich der im 15. Jh. auf Überresten der mittelalterlichen Stadtmauer erbaute Turm St-Pierre.

Weitere Sehenswürdigkeiten in der Stadt

*Musée des Beaux-Arts

Das zu den wichtigsten Provinzmuseen Frankreichs gehörende Museum der Schönen Künste ist in einem stattlichen Gebäude aus dem späten 19. Jh. untergebracht. Seine umfangreichen Sammlungen (über 2000 Arbeiten) umfassen Werke vom 13. bis zum 20. Jh.; diese sind auf zwei Stockwerken in den großen, um den Innenhof herum angelegten Galerien in chronologischer Reihenfolge ausgestellt. Darunter befinden sich Meisterwerke aus Italien, Flandern, Holland und Frankreich (geöffnet tgl. außer Di. 10.00 – 18.00, So. 11.00 – 18.00, Fr. 10.00 – 21.00 Uhr).

Jardin des Plantes

Etwas östlich, gegenüber dem Hauptbahnhof, liegt der schöne Botanische Garten. Er ging aus einem 1688 gegründeten Apothekergarten hervor, der aus Platzgründen 1805 in das Gelände eines Ursulinenkonvents verlegt wurde. In den fünfziger Jahren des 19. Jh.s entstand hier ein Landschaftspark im englischen Stil.

*Ile Feydeau

Südlich des Herzogsschlosses liegt die 1926–1938 an die Stadt und die südwestlich davon gelegene Insel Gloriette angeschlossene ehem. Insel Feydeau. Wegen ihrer Nähe zum Hafen und zur Stadt ließen sich auf der Insel dann vor allem reiche Reeder nieder. Zwischen dem Cours Olivier de Clisson und der Place de la Petite Hollande stehen prächtige Häuser im klassizistischen Stil; schöne schmiedeeiserne Gitter und Balkone schmükken die Fassaden der Häuser. Am Cours Olivier-de-Clisson Nr. 4 liegt das Geburtshaus von Jules Verne.

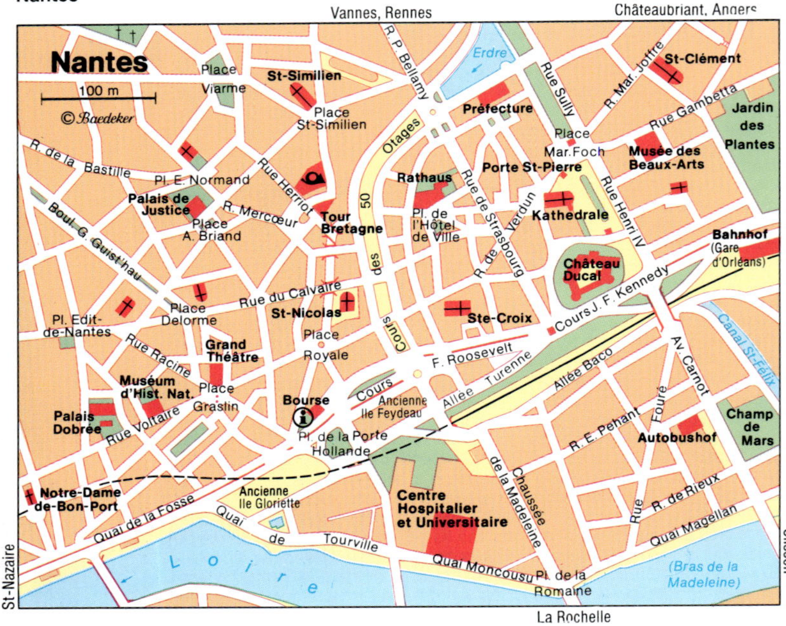

Viertel um Ste-Croix

In dem teils für den Autoverkehr gesperrten Viertel um Ste-Croix stehen noch schöne alte Häuser, u. a. an der Place Ste-Croix. Die gleichnamige Kirche aus dem 17. Jh. erhebt sich an der Stelle der ehem. Burgkapelle; sie wird vom alten Stadtglockenturm (1848) überragt. Das Eckhaus mit zwei Giebeln an der Place du Change ist aus dem 15./16. Jh.; auf der Place du Bouffay stand im 10. Jh. die Burg der Grafen der Bretagne. Seit dem 15. Jh. findet hier ein bunter Gemüsemarkt statt.

Hôtel de Ville

Westlich der Rue de Strasbourg steht das eigentlich aus drei Gebäuden bestehende Rathaus von Nantes: das Hôtel de Derval ist ursprünglich von 1578, 1606 wurde es umgebaut; das Hôtel de Rosmadec entstand 1653, das Hôtel de Monti de Rezé im 17. Jahrhundert.

Tour de Bretagne

Der Orientierung im Stadtzentrum dient – neben den beiden Türmen der Kathedrale – auch der 24stöckige, 1975 erbaute Bretagne-Turm (zwischen der Place de Bretagne und dem Cours des 50 Otages; tgl. zwischen 12.15 und 13.45 Uhr geöffnet).

St-Nicolas

Über die Rue St-Nicolas erreicht man die gleichnamige 1854 in neugotischem Stil erbaute Kirche (wegen der Neigung des Geländes erhielt sie ihre Nord-Südausrichtung). Von ihrem 85 m hohen Glockenturm bietet sich ein guter Blick über die Stadt.

Place Royale

Einer der zentralen Plätze dieses Viertels ist die südwestlich der Kirche gelegene Place Royale, die mitsamt der sie umgebenden Gebäude 1790 nach Plänen von Crucy an der Stelle der mittelalterlichen Porte St-Nicolas erbaut wurde. In der Mitte des Platzes steht ein großer Brunnen aus bläulichem Granit (1865, Henri Diollet). Seine Marmorfigur auf der Spitze symbolisiert die Stadt Nantes, seine vier, an den Ecken sitzenden Figuren stellen die Nebenflüsse der Loire dar: Cher, Erdre, Loiret und Sèvre.

Die beliebte Geschäftsstraße Rue Crébillon mit ihren noblen Läden verbindet die Place Royale mit der Place Graslin. Auf der Höhe der Rue Santeuil liegt der Eingang zur berühmten Passage Pommeraye aus dem Jahr 1843. Mit ihrem Stilgemisch aus Stuckwerk, Büsten, Säulen, Kandelabern und schmiedeeisernen Gittern gehört sie sicher zu den schönsten Beispielen ihrer Art. Die verglaste Galerie liegt eigentlich im Innenhof eines Wohnblocks; über eine Treppe in drei Absätzen gelangt man zur 9,40 m tiefer gelegenen Rue de la Fosse.

*Passage Pommeraye

Der dem Pariser Odéon nachempfundene Platz trägt den Namen des reichen Finanzmanns Jean-Joseph-Louis Graslin. Der oberste Steuereinnehmer für die königlichen Landgüter hatte der Stadt den Grund und Boden abgekauft und M. Crucy mit der Bebauung des Platzes beauftragt. Das Theater war 1788 eingeweiht worden; acht Jahre später brannte es vollständig ab und 1810 wurde es nach Originalplänen wieder aufgebaut.

*Place Graslin

Jenseits der Rue de la Fosse erstreckt sich die belebte Place du Commerce, der ehem. Weinhafen. In der alten Börse (Bourse; 1790) mit ihrer Kolonnade ist heute das Verkehrsamt untergebracht.

Place du Commerce

Vor der Zuschüttung der Loire-Arme befand sich hier die Hauptanlegestelle der großen Handelsschiffe. Heute erinnern daran noch einige vornehme Reeder- und Lagerhäuser aus dem 18. Jh. sowie im umliegenden Viertel Seemannskneipen und ein paar Straßennamen. In der Mitte des Quais (Nr. 24) steht die 1985 erbaute Mediathek, in der die Bibliothek und das Buchdruckmuseum untergebracht sind (Musée de l'Imprimerie).

Quai de la Fosse

Museen

Westlich von der Place Graslin liegen an der Place Jean V die drei Gebäude Manoir de la Touche (15. Jh.), Palais Thomas Dobrée (1895) und Musée Archéologique, die unter der Bezeichnung Musées départementaux de Loire-Atlantique zusammengefaßt sind. Thomas Dobrée (1810–1895) war ein wohlhabender Reeder aus Nantes und ein leidenschaftlicher Sammler. Das von ihm erbaute und nach ihm benannte Museum wurde in seinem Todesjahr eröffnet (geöffnet Di.–So. 10.00–12.00 und 13.30–17.30 Uhr).

*Palais Thomas Dobrée

Die außergewöhnliche, im Palais Dobrée untergebrachte Sammlung (der Eingang liegt an der Place Jean V) umfaßt Exponate aus vielen Jahrhunderten und Erdteilen. Wertvollstes Stück ist vielleicht eine herzförmige Reliquie von 1514, in der einst das Herz der Anne de Bretagne aufbewahrt war. Zu sehen sind außerdem Teile von Nantaiser Kirchenbauten, Elfenbein- und Alabasterarbeiten aus dem Mittelalter, Manuskripte (11.–16. Jh.) und wertvolle Bücher in Dobrées ehemaliger Bibliothek, Mobiliar, Tapisserien, Porzellan, Gemälde und Graphiken.

Musée Archéologique

Im Archäologischen Museum (Eingang Rue Voltaire) sind im ersten Stock griechische und etruskische Keramik sowie eine kleine ägyptische Sammlung zu sehen; der zweite Stock ist der lokalen Geschichte gewidmet.

Manoir de la Touche

Im Manoir de la Touche (zwischen beiden Gebäuden) sind heute Sammlungen zur Französischen Revolution und zum Aufstand in der Vendée (1793–1796) zu sehen. Der Anführer der Revolutionsgegner, François-Athanase Charette (1763–1796), war 1796 in Nantes erschossen worden.

Musée d'Histoire Naturelle

Zwischen Place Graslin und Palais Dobrée liegt in der Rue Voltaire Nr. 12 das Naturkundemuseum. Es informiert über die regionale Fauna, Vorgeschichte, Paläontologie und Mineralogie; es besitzt eine wunderschöne Muschelsammlung, ein Vivarium mit Reptilien und lebenden Insekten (geöffnet: tgl. außer Di. 10.00–18.00 Uhr).

Musée Jules Verne

Das in einem großbürgerlichen Wohnhaus weit im Südwesten, in der Nähe des Flußhafens eingerichtete Museum (3, Rue de l'Hermitage; geöffnet: tgl. außer Di. und So. vormittags 10.00 bis 12.00, 14.00–18.00 Uhr) ist dem auf der Insel Feydeau geborenen weltberühmten Schriftsteller Jules Verne gewidmet. Auf zwei Stockwerken sind Briefe, Fotos, Manuskripte und andere Andenken ausgestellt.

Umgebung von Nantes

Château de Goulaine

Das inmitten von Weinbergen, 10 km östlich von Nantes gelegene Schloß entstand 1480–1495 aus Tuffstein und erinnert an die Loire-Schlösser. Das Wohngebäude aus dem 15. Jh. wird von zwei Pavillons aus dem 17. Jh. flankiert. Das Schloß, das die Revolution unbeschädigt überstand, ist seit rund 1000 Jahren im Besitz derselben Familie. Auch seine Ausstattung ist zum großen Teil erhalten.

Clisson

Clisson (5500 Einw.; 28 km südöstlich von Nantes) liegt auf einem Felsen am Zusammenfluß von Sèvre Nantaise und Moine. Die Ruine der im 13. Jh. von Olivier I. de Clisson erbauten Burg erinnert an die einstige strategische Bedeutung. Im Jahr 1793, während der Revolutionswirren, wurden Burg und Stadt niedergebrannt. Von der ursprünglichen Festung sind noch eine verfallene Kapelle, Küchen und ein Teil des Wohntrakts erhalten. Die beiden äußeren Türme dienten lange als Gefängnis. Über die schmale Rue des Halles gelangt man zur im 15. Jh. erbauten Markthalle mit einem beeindruckenden Holzdachstuhl. Auf ihrer Rückseite steht die Kirche Notre-Dame. Sie ist, wie das gesamte Stadtbild, vom italienischen Stil geprägt.

Blain

Zwischen Redon, St-Nazaire, Nantes und Châteaubriant liegt Blain (34 km nördlich von Nantes), zur Römerzeit ein wichtiger Verkehrsknoten. Heute durchfließt den Ort der 1824–1840 angelegte Nantes-Brest-Kanal. Eine erste Burg entstand um 1104; die späteren Besitzerfamilien Clisson und Rohan erweiterten die Anlage. 1628 ließ Richelieu Teile der Umfassungsmauer schleifen. Vom Schloß erhalten sind der Turm der Zugbrücke (14. Jh.), der Wohntrakt des Königs aus dem 15. Jh. sowie der davor gelegene schmucklose Turm des Konnetabel, 1386 erbaut. Das sehenswerte Heimatmuseum informiert über die Geschichte der Stadt und der Region.

Ancenis

Das 8000 Einwohner zählende Ancenis liegt 38 km nordöstlich von Nantes reizvoll über dem rechten Loire-Ufer. Es war die südlichste der ehem. Grenzbefestigungen der Bretagne. Um 980 entstand die erste Burg, die jedoch im Laufe der weiteren Jahrhunderte mehrfach zerstört und wieder errichtet wurde. Heute sind nur noch ein Teil der Mauern, die beiden Türme (15. Jh.) und das Wohngebäude aus der Renaissance (1535) erhalten. In der Kirche St-Pierre-et-St-Paul (15. und 16. Jh.; stark restauriert) befindet sich ein Fresko aus dem 15. Jahrhundert.

Fahrt auf der Erdre

Auf dem unteren Abschnitt der Erdre, die von Norden der Stadt Nantes zuströmt, verkehren das ganze Jahr über Ausflugsschiffe (auch Abendfahrten, z. T. mit Unterhaltungsprogramm). Die Bootstouren führen bis zu der Flußweitung Plaine de Mazerolles (12 km) und dauern etwa 4 Stunden. Abfahrt in Nantes am 24. Quai de Versailles (hier auch Parkmöglichkeit).

Nevers F 12

Région: Bourgogne
Département: Nièvre
Höhe: 185 m ü.d.M.
Einwohnerzahl: 50 000

Lage

Nevers, die Hauptstadt der historischen Landschaft Nivernais und des Département Nièvre, liegt erhöht über dem rechten Ufer der Loire, an der Einmündung der Nièvre. Hier beginnt der weite Bogen der Loire, der über Orléans nach Blois verläuft. Wer von Osten kommend den Mittellauf der Loire besucht, erreicht normalerweise hier zum ersten Mal den Strom.

Eindrucksvolles Relikt der Stadtbefestigung in Nevers: Porte du Croux ▶

Geschichte

Nevers ist eine Gründung der Kelten. Zur Römerzeit befand sich hier der wichtige Nachschubposten Noviodunum Aeduorum, namentlich für die Truppen Caesars, der im Jahre 52 v. Chr. gegen Gergovia (bei der heutigen Stadt Clermont-Ferrand) vorrückte, dort aber von den Galliern unter Vercingetorix besiegt wurde. Bereits im Mittelalter wurden in Nevers Töpferwaren gefertigt. Im 16. Jh. siedelte Ludwig Gonzaga aus Mantua, seit 1565 Herzog von Nevers, eine Fayencemanufaktur hier an, die im 17. Jh. bereits auf rund 10 Fabriken angewachsen war und mehr als 1500 Arbeiter beschäftigte. Die Stadt gelangte dadurch zu wirtschaftlicher Blüte und ist seither eines der großen Zentren der Fayenceherstellung in Frankreich.

Sehenswertes in Nevers

*Herzogspalast

Das Palais Ducal, der ehemalige Herzogspalast, ist ein schönes Beispiel profaner Baukunst am Übergang von der Spätgotik zur Renaissance. Er liegt am gleichnamigen Platz am Nordende einer kleinen Anlage, die sich bis zum Steilabfall des Geländes nach dem Fluß zu erstreckt (Ausblick). Die der Loire zugewandte Front des im 15./16. Jh. entstandenen Gebäudes wird beherrscht von dem zentralen Treppenturm, der zwischen den Fenstern Reliefschmuck trägt. Links und rechts wird die Fassade durch je einen achtkantigen Turm abgeschlossen. Am linken Eckturm befindet sich eine Gedenktafel für Louise Marie Gonzaga und Marie de la Grange d'Arquian, die beiden Prinzessinnen von Nevers, die später Königinnen von Polen wurden. Die Lukarnen der Schaufront sind abwechselnd mit Säulen und Karyatiden verziert. Rechts neben dem Herzogspalast steht das klassizistische Theater.

Der Herzogspalast von Nevers

Kulturzentrum

Links der Hauptfassade des Herzogspalastes befindet sich neben einem modernen prismenförmigen Glasdach der Eingang in das neu eingerichtete Kulturzentrum. In der Eingangshalle informiert eine Ausstellung über die Geschichte und die Bedeutung der Stadt. Außerdem gibt es zwei raumhohe Aquarienbecken mit Süßwasserfauna der Region. Interessant ist auch die Dokumentation über bedeutende Frauen aus Nevers. Ganz am Ende des Rundgangs stößt man auf das Fragment eines dem Mars geweihten römischen Altars.

Kathedrale

Die Cathédrale St-Cyr-et-Ste-Juliette steht schräg gegenüber dem Herzogspalast. Schon im 4. Jh. gab es an diesem Platz eine Kirche, die dann bis zum 12. Jh. mehrfach erweitert und umgebaut wurde. Ein Brand vernichtete im Jahre 1221 den größten Teil des Bauwerkes; die heute sichtbare Bausubstanz entstammt verschiedenen Stilepochen aus dem 13. bis 17. Jh. Die Kathedrale von Nevers ist eine der wenigen doppelchörigen Kirchen Frankreichs. Obgleich der größte Teil des Baues in der Gotik entstanden ist, fehlt ihm die für diese Stilrichtung charakteristische Betonung der Vertikalen; das Schiff wirkt breit hingelagert und massig, trotz der weitgehenden Auflösung der Wandflächen in große Fenster.
Die Westfassade stammt noch aus romanischer Zeit, doch sind vor allem im oberen Teil Erneuerungen aus dem 19. Jh. zu bemerken. Der reich geschmückte haubenlose Südturm (14. bzw. 16. Jh.) ist 52 m hoch und gewährt einen schönen Rundblick.

Inneres

Man betritt die Kathedrale durch das nördliche Querhaus. Das Schiff der über hundert Meter langen Kirche wurde im 13. Jh. errichtet, während Chor und Kapellenkranz im Osten nach einem weiteren Brand im 14. Jh. neu erbaut worden sind. Aus der Lage der ältesten Bauteile kann darauf geschlossen werden, daß die ursprüngliche Kirche entgegen den sonstigen Gepflogenheiten nach Westen orientiert war.
Unter dem gotischen Ostchor wurden bei der Behebung der Kriegsschäden von 1944 einige Gräber aus dem 12. Jh. und ein frühchristliches Baptisterium (nicht zugänglich) entdeckt.

Kathedrale (Fortsetzung)

Der romanische Westchor, erhöht über dem Niveau des Schiffes, enthält Reste eines Freskos (12. Jh.), das Christus in der Mandorla, umgeben von den Evangelistensymbolen, zeigt. In der darunterliegenden, vergitterten Krypta befindet sich eine Grablegung aus dem frühen 16. Jh. in farbig gefaßtem Stein. Im südlichen Querhaus sieht man ein plastisch verziertes Portal und eine Wendeltreppe mit Steingitter aus der Renaissance. Interessant ist hier der sogenannte 'Méridien', eine in den Fußboden gravierte, den Mittagspunkt markierende Doppleschleife, auf die durch eine kleine, kreisrunde Öffnung im rechten unteren Querhausfenster zu Mittag der Sonnenschein fällt.

Porte du Croux (Abb. S. 117)

Die stattliche Porte du Croux (14. Jh.), das einzige erhaltene Stadttor in der einstigen Ummauerung, erreicht man von der Kathedrale in westlicher Richtung. Über den heute zugeschütteten Graben führte eine doppelte Zugbrücke, deren Mechanik im Tor untergebracht war (die Vertiefungen in der Mauer für die Hebebalken sind deutlich zu sehen). Das Musée Archéologique (vorübergehend geschlossen) im Inneren der Porte du Croux zeigt antike und romanische Plastiken. Interessant ist ein Spaziergang an der alten Stadtbefestigung entlang bis zur Uferstraße.

Stadtmuseum

In der Rue St-Genest, südlich des Tores, befindet sich das Musée Municipal (Stadtmuseum) mit einer Sammlung von Keramik, Email und Gläsern.

Place Carnot

Die am Nordrand der Altstadt gelegene Place Carnot ist der wichtigste Straßenknotenpunkt im Innenstadtbereich. Nordwestlich des Platzes erstreckt sich der hübsche Parc municipal (Stadtpark).
Unweit östlich des Platzes steht die Chapelle Ste-Marie (Marienkapelle), ein um 1640 im Stil des italienischen Hochbarock errichteter, heute profanierter Bau; im Inneren wechselnde Kunstausstellungen.

Kloster St-Gildard

Der Konvent befindet sich nahe der Nordwestecke des Stadtparkes, in der Rue de Lourdes. Die Congrégation des Sœurs de Nevers ist eine Gründung von 1680. Maria Bernarda Soubirous, besser bekannt als Bernadette (1933 heiliggesprochen), die in dem Pyrenäenort Lourdes mehrere Marienerscheinungen hatte, trat 1866 in dieses Kloster ein, wo sie am 16. April 1879 starb. Ihr gläserner Sarkophag steht in der Kapelle und ist das Ziel Tausender von Pilgern (geöffnet tgl. 7.30 – 19.00 Uhr, nur Kapelle)

*St-Etienne

Die Eglise St-Etienne (Stephanskirche) liegt im Nordosten der Altstadt in der Rue St-Etienne. Die rein romanische Kirche wurde im Jahre 1097 geweiht und ist eines der bedeutendsten Baudenkmäler von Nevers. In der Gestaltung zeigt sich eine gewisse Verwandtschaft zum auvergnatisch-romanischen Baustil. Von der einstigen Vorhalle sind noch Reste erhalten. Das Innere ist überraschend hell. In dem von drei Kapellen umgebenen Chor wurden drei merowingische Sarkophage freigelegt.

Keramikmanufakturen

Die traditionsreichste Keramikmanufaktur der Stadt, die Faïencerie Montagnon (1648 gegründet), befindet sich nahe der Porte du Croux. Die Firmen Bernard und Faïencerie E. Georges haben ihren Sitz im Norden der Stadt (Avenue Colbert bzw. Rue Bovet; Besichtigung möglich).

Umgebung von Nevers

Decize

Knapp 35 km südöstlich von Nevers erreicht man das etwa 7000 Einwohner zählende alte Städtchen Decize. Es liegt an der Einmündung des Aron in die Loire sowie am südlichen Ende des 174 km langen Canal du Nivernais, der die Loire mit der Yonne verbindet. Südlich des Ortes zieht der Canal latéral à la Loire (Loire-Seitenkanal) vorbei. Decize wird von einer alten Burg der Grafen von Nevers überragt und besitzt eine sehenswerte Kirche (St-Aré) mit vermutlich merowingischer Krypta. Der Canal du Nivernais ist für Bootstouristen ein lohnendes Ziel.

Niort G 4–5

Région: Poitou-Charentes
Département: Deux-Sèvres
Höhe: 29 m ü.d.M.
Einwohnerzahl: 57 000

Lage und Allgemeines

Niort, die Hauptstadt des Département Deux-Sèvres, liegt an der Sèvre Niortaise, rund 80 km südwestlich von Poitiers.

Sehenswertes in Niort

Donjon

Unmittelbar am Fluß erhebt sich der massige Donjon (Wehrturm; 12. Jh.), der Rest eines Schlosses, welches unter Heinrich II. begonnen und unter Richard Löwenherz vollendet wurde. Das Museum im Innern des Turms beschäftigt sich schwerpunktmäßig mit der traditionsreichen Handschuhmanufaktur und zeigt darüber hinaus auch volkskundliche Objekte. Vom Eingangsgeschoß führt eine Treppe abwärts zum Lapidarium, wo u. a. antike Gläser und römische Terra Sigillata gezeigt werden. Vom Dach des Donjon (Orientierungstafel) bietet sich ein guter Rundblick über die Stadt.

Halles

Gegenüber dem Donjon bemerkt man die Halles (Markthalle), ein gutes Beispiel für die Zweckarchitektur des 19. Jahrhunderts.

Le Pilori

Weiter östlich steht in der Altstadt das im 16. Jh. erbaute einstige Bischofspalais, allgemein 'le Pilori' genannt.

Museen

Im südlichen Teil der Altstadt, nahe dem im 19. Jh. nach Renaissancevorbildern entstandenen, etwas überladenen Rathaus, befinden sich das Musée des Beaux-Arts (Kunstmuseum; Gemälde aus dem 17.–19. Jh.; orientalische und islamische Kunst) und das Musée d'Histoire Naturelle (Naturhistorisches Museum; Mineralien und Fossilien, Tierpräparate).

Noirmoutier (Ile de Noirmoutier) D 1

Région: Pays de la Loire
Département: Vendée
Inselfläche: 48 km^2
Bewohnerzahl: 8000

Lage und Allgemeines

Die Insel Noirmoutier, knapp 20 km lang und bis zu 7 km breit, liegt rund 40 km südlich der Loire-Mündung vor der Atlantikküste. Sie bildet den südlichen Abschluß der Baie de Bourgneuf, an deren Nordseite der Badeort Pornic (⟶ St-Nazaire) liegt.

Straßenbrücke

Von dem Straßenknotenpunkt Beauvoir-sur-Mer gelangt man südwestlich zu den Orten La-Barre-de-Monts und Fromentine, von wo eine 1971 eröffnete Straßenbrücke (Benutzungsgebühr) über das Watt zur Südspitze der Insel führt.

*Passage du Gois

Eine interessante zweite Zufahrt bildet die westlich von Beauvoir beginnende 4,15 km lange Passage du Gois, eine im 19. Jh. angelegte Pflasterstraße, die bei Flut mehrere Meter hoch von Wasser bedeckt ist und nur zur Zeit der Ebbe für jeweils 2–3 Stunden befahren werden kann. An den Zufahrtsstraßen stehen Anzeigetafeln, die über die sich täglich ändernden Benutzungszeiten informieren. An der Passage sind in größeren Abständen Holzgerüste errichtet, auf denen man Zuflucht findet, falls man von der Flut überrascht wird. Längere Aufenthalte im Watt sollte man vermeiden.

Noirmoutier-en-l'Ile ...

... und Château

Landschaftsbild

Die Insel Noirmoutier ist überwiegend flach und sandig. Vor allem im Nordteil gibt es größere Kiefernwaldungen; gute Sandstrände sind vor allem an der dem offenen Meer zugewandten Westseite zu finden. Von wirtschaftlicher Bedeutung sind die großen Salzgärten, in denen durch stufenweises Verdunsten aus Meerwasser Salz gewonnen wird. Die bei Ebbe trockenfallenden weiten Wattflächen dienen der Zucht von Miesmuscheln (moules) und Austern (huîtres). Das Frühgemüse der Insel wird sehr geschätzt. Vor allem im Hochsommer herrscht lebhafter Tourismus.

La Guérinière

Etwa in der Mitte der Insel liegt La Guérinière. Hier wurde nahe der Kirche 1987 das Musée des Traditions de l'Ile eröffnet, das in acht Räumen eine volkskundliche und regionalgeschichtliche Sammlung (Fischerei, Landwirtschaft und Handwerk, Volkstrachten u.a.) zeigt.

Noirmoutier-en-l'Ile

Allgemeines

Der Hauptort von Noirmoutier liegt im breiteren Nordteil der von einer Schnellstraße durchzogenen Insel. Südlich und westlich des Ortes erstrekken sich Salzgärten, nördlich das Waldgebiet des Bois de la Chaize mit vielen Ferienhäuschen. Der Ortskern liegt abseits der vielbefahrenen Durchgangsstraße; in der geschmackvoll gestalteten Fußgängerzone finden sich viele Restaurants, Boutiquen und Ladengeschäfte.

St-Philibert

Die östlich der Fußgängerzone stehende Eglise St-Philibert ist ein teilweise noch romanischer Bau (9.–11., 14. und 17. Jh.), dessen mächtiger Turm seit 1875 einen abgebrannten hölzernen Turm ersetzt. Im Hauptschiff hängt von der Decke das Modell einer mit 50 Kanonen bestückten Fregatte von 1802. Besonders sehenswert ist die Krypta (12. Jh.), die erst im 19. Jh. wiederentdeckt wurde. In dem 8,50 x 6 m großen überwölbten Raum steht das sogenannte 'Grab des hl. Philibert' (11. Jh.).

Gegenüber der Kirche steht das guterhaltene, wehrhafte kleine Château, das zum Teil noch aus dem 12. Jh. stammt. Lohnend ist ein Rundgang auf der Wehrmauer. Im Donjon (Wehr- und Wohnturm) hat man ein kleines Museum (Mineralien, präparierte Vögel, Marinegeschichte, englische Fayencen u. a.) eingerichtet; vom Dach bietet sich namentlich nach Süden und Osten ein reizvoller Blick auf den kleinen Hafen und die Salinen.

Schloß

Direkt bei dem kleinen Kanalhafen befindet sich ein vor kurzem erheblich ausgebautes Aquarium. Hier wird in einer beachtlichen Zahl von teilweise raumhohen Glasbecken eine Vielfalt von Meerespflanzen und -tieren aus dem Atlantik und dem Mittelmeer (darunter Haie und Schildkröten) gezeigt. Im Zentrum der Anlage ein Becken mit Kalifornischen Seelöwen.

*Aquarium

Geht man vom Aquarium ein Stück am Kanal entlang, so kommt man zum Musée de la Construction Navale. Der hölzerne Schuppen, in dem es eingerichtet ist, diente früher als Salzspeicher. Ausgestellt sind u. a. Boote, Takelwerk und Beschläge, Schiffsmodelle und Flaschenschiffe.

Schiffbaumuseum

Oléron (Ile d'Oléron) G 2–3

Région: Poitou-Charentes
Département: Charente-Maritime
Inselfläche: 175 km²
Bewohnerzahl: 17 000

Die Insel Oléron, mit einer Ausdehnung von 30 km Länge und bis zu 6 km Breite die nach Korsika zweitgrößte Insel Frankreichs, ist der Atlantikküste im Bereich der Charente-Mündung vorgelagert. Zwischen Oléron und dem Festland liegt die Meerenge des Pertuis d'Antioche.

Lage und Allgemeines

Wichtiger Wirtschaftszweig: Austernzucht

An den Seitenkanälen ein vertrautes Bild: Gerätehäuser der Fischer

Allgemeines

Vor allem im östlichen Teil der Insel erstrecken sich in der Flachwasserzone große Austernbänke. Auch der Fischfang und der Anbau von Frühgemüse sind wirtschaftlich von Bedeutung. Von La ⟶ Rochelle besteht eine regelmäßige Schiffsverbindung nach St-Denis und Boyardville.

Viadukt

Von dem Festlandsstädtchen Marennes, das gleichfalls wegen seiner Austern berühmt ist, führt der Viaduc d'Oléron, eine 3027 m lange Straßenbrücke, zum Südteil der Insel.

Château d'Oléron

Zitadelle

Château d'Oléron, der Hauptort der Insel, liegt kurz hinter der Straßenbrücke an der Ostseite. Direkt an der Küste erhebt sich die Zitadelle, deren Bau von Kardinal Richelieu in Auftrag gegeben und 1630 begonnen wurde. Erweiterungen erfolgten gegen Ende des 17. Jh.s durch Vauban; im Zweiten Weltkrieg entstanden durch Beschuß schwere Schäden. Der Zugang erfolgt von der Ortsmitte über die Vorwerke und durch die Porte Royale (Haupttor). Ein Rundgang durch das Festungsareal ist beschildert.
Im Hauptgebäude (17. Jh.) ist das Mémorial des Soldats de la Nouvelle France eingerichtet, eine Erinnerungsstätte mit historischen Panoramen aus Kanada und Louisiana. Auf der am weitesten seewärts gelegenen Plattform ist eine Orientierungstafel angebracht (guter Blick über das Watt zum Festland).

Hafen

Am Fuß der Zitadelle, über eine Rampe zu erreichen, liegt der kleine Hafen, der in erster Linie den flachen Pontonkähnen der Austernzüchter dient. Hier gibt es eine Austernhandlung, der eine etwas hochtrabend 'Museum' genannte kleine Sammlung von Muschelschalen, Schneckengehäuse und Mollusken angegliedert ist. Malerisch sind die bunt gestrichenen Geräteschuppen der Fischer.

St-Trojan-les-Bains

Südwestlich der Straßenbrücke liegt das Seebad St-Trojan am Rand der Forêt de St-Trojan, eines ausgedehnten Kiefernwaldes. Auch hier gibt es am Hafen ein kleines Austernmuseum. Durch die Dünenlandschaft verkehrt im Sommer ein beliebtes Schmalspurbähnchen.

*Grande Plage

Westlich des Waldes breitet sich dieser feinsandige Strand aus. Beim Baden und Schwimmen ist hier auch bei Windstille etwas Vorsicht geboten, da auch dann, wenn die Luft ruhig ist, die Brandung kräftig sein kann.

Grand-Village

Bauernmuseum

In Grand-Village, nordwestlich von St-Trojan, wird gegenwärtig ein großes Gelände zum Freizeitpark und Freilichtmuseum 'La Maison Paysanne des Siècles Passés et la Maison de la Coiffe et du Costume' gestaltet. Nach Fertigstellung wird es historische Wohnformen und Volkstänze zeigen, ferner eine Sammlung von regionalen Trachten.

Dolus

**Parc des Oiseaux

An der von Château d'Oléron nach Nordwesten durch das Inselinnere verlaufenden D 734 folgt nach 11 km der kleine Ort Dolus. Unweit nördlich außerhalb liegt das Vogelschutzgebiet 'Le Marais des Oiseaux'. In einem flachen, weitläufigen und teils bewaldeten Feuchtbiotop leben hier etwa sechzig verschiedene Vogelarten. Von dem stählernen Aussichtsturm bietet sich ein weiter Ausblick.

Nutriapark

Nahe beim Vogelpark befindet sich der Parc Myocastors, ein großes Freigehege, in dem Sumpfbiber (Nutria; Myocastor coypus) gezüchtet werden und das auch besichtigt werden kann.

La Cotinière

Nördlich der Grande Plage wird die Westküste felsiger und rauher, weshalb sie 'Côte Sauvage' genannt wird. Hier liegt das Hafenstädtchen La Cotinière. Am Hafen befindet sich ein Aquarium mit kleiner Muschelsammlung.

St-Pierre d'Oléron

Inselhauptort ist St-Pierre im geographischen Zentrum von Oléron. Vor dem Rathaus steht ein Denkmal für den Schriftsteller Pierre Loti (1850–1923).

Boyardville

Fort Boyard

Bei Boyardville, an der Ostküste der Insel, erstreckt sich die Plage des Saumonards, ein gleichfalls von Kieferngehölzen gesäumter, langer und feinsandiger Strand. Hier ist das Fort Boyard vorgelagert, ein Wasserschloß, in dem gegenwärtig Fernsehstudios eingerichtet werden.

Ile d'Aix

Jenseits des Forts liegt im Pertuis d'Antioche die kleine Ile d'Aix (Bootsverbindung von Boyardville). Hier verbrachte Napoleon seine letzten Stunden auf französischem Boden, ehe er in die Verbannung nach St. Helena ging. In seinem Wohnhaus wird eine Sammlung von Erinnerungsstücken gezeigt.

Weitere Orte auf Oléron

St-Georges

In St-Georges, der flächenmäßig größten Inselgemeinde, steht eine bemerkenswerte, teilweise aus dem 11. Jahrhundert stammende, romanische Kirche.

St-Denis

Unweit von St-Denis steht an der Nordspitze der Insel der Phare de Chassiron. Die Besteigung des Leuchtturms lohnt sich wegen des herrlichen Rundblicks.

Orléans C 10

Région: Centre
Département: Loiret
Höhe: 110 m ü.d.M.
Einwohnerzahl: 110000

Lage und Allgemeines

Orléans ist neben Tours die größte Stadt an der mittleren Loire. Sie liegt in einer fruchtbaren Ebene an der Stelle, wo der Fluß in einem weiten Bogen seinen nördlichsten Punkt erreicht und nach Osten zur Küste strömt. Handel und Industrie, aber auch die Universität, die bereits 1309 gegründet wurde, und die vielen Verwaltungseinrichtungen der Hauptstadt des

Schnurgerade führt die Rue Jeanne d'Arc auf die Kathedrale zu.

Lage (Fortsetzung)

Départements Loiret und der Région Centre prägen die Atmosphäre in Orléans. Die Stadt, die wie keine andere mit der französischen Nationalheldin Jeanne d'Arc verbunden ist, eignet sich als Ausgangspunkt für Fahrten zu den Loire-Schlössern. Im Nordosten von Orléans dehnt sich das Waldgebiet der Forêt d'Orléans aus.

Geschichte

An der Stelle der heutigen Stadt stand einst das gallische Cenabum, das im Jahre 52 v. Chr. von Caesar zerstört wurde. Seit dem 3. Jh. ist der Ort unter dem Namen Aurelianum als wichtiger Straßenknotenpunkt bekannt. Im Jahre 451 wurde die Stadt von Attila belagert und durch den entschlossenen Bischof Aignan, der später heiliggesprochen wurde, wieder befreit. Knapp 50 Jahre später, 498, eroberte der Frankenkönig Chlodwig Orléans. Im Hundertjährigen Krieg war Orléans 1428/1429 der letzte Stützpunkt der Franzosen gegen die Engländer. Jeanne d'Arc (⟶ Berühmte Persönlichkeiten), die am 25. Februar 1429 im Schloß von Chinon von Karl VII. empfangen worden war, begleitete das Entsatzheer, das am 8. Mai die Stadt befreite und damit eine Wende im Krieg gegen England herbeiführte. In den Religionskriegen war die Stadt ein Stützpunkt der Hugenotten.

*Cathédrale Ste-Croix

Geschichte

Die mächtige Heiligkreuzkathedrale erhebt sich an der südöstlich gelegenen Place Ste-Croix. Sie wurde ab 1278 an der Stelle einer Vorgängerkirche aus dem 10. Jh. erbaut, von der Teile des Fundamentes erhalten sind. Der gotische Chor war im Jahre 1329 fertiggestellt; erst nach dem Ende des Hundertjährigen Krieges wurden das Querschiff und die Türme aufgeführt. Die Arbeiten an dem Bau mußten oft unterbrochen werden und zogen sich bis ins 16. Jh. hin. In den Religionskriegen sprengten die Truppen des Prinzen von Condé die Vierung, und die noch unvollendete Kathedrale ging in Flammen auf. Im 17. und 18. Jh. baute man das Gottes-

Cathedrale (Fortsetzung)

haus wieder auf, doch erst im frühen 19. Jh. war die 1767 begonnene Westfassade mit dem Langhaus verbunden. 1920 wurde Jeanne d'Arc in der Kathedrale heiliggesprochen.

Äußeres

Mit ihren drei großen, spitzbogigen Portalen, den Fensterrosen, einer abschließenden Galerie und den beiden gleich ausgebildeten, 81 m hohen Türmen folgt die Fassade von St-Croix, obwohl sie ein Werk des 18. Jh.s ist, dem Schema gotischer Kathedralbauten. Bei genauem Hinsehen entdeckt man allerdings, daß sich in den Details auch zeitgemäße Formen "eingeschlichen" haben. So ist beispielsweise der Figurenschmuck an den Portalen barock, desgleichen die von zwei Engeln getragene Kartusche über dem Hauptfeld und die Bogenfelder über den Seitenportalen.

Inneres

Der Innenraum der fünfschiffigen Kathedrale beeindruckt vor allem durch seine Ausmaße (136 m Länge). Vieles von der Innenausstattung stammt aus dem 19. Jh., so die Glasfenster und einige Bildwerke im Chor. Die Glasgemälde zeigen, am linken Querhaus beginnend und entgegen dem Uhrzeigersinn aufeinanderfolgend, Episoden aus dem Leben der Jungfrau von Orléans. Eine Besonderheit ist das im frühen 18. Jh. entstandene Chorgestühl mit herrlichen Schnitzereien. Die Entwürfe für dieses Meisterwerk lieferten Mansart, Gabreil und Lebrun. In der Kapelle im Chorscheitel beachte man die barocke Marmorplastik einer Pietà von Michel Bourdin (1623). Im rechten Querhaus befindet sich das Grabmal von Félix Dupanloup, der von 1849 bis 1873 Bischof von Orléans war. Als Pendant dazu steht im linken Querhaus das prachtstrotzende Grabmal von Stanislas Xavier Touchet, der von 1893 bis 1926 das Bischofsamt in Orléans innehatte. Er gehörte zu denjenigen, die sich für eine Heiligsprechung von Jeanne d'Arc einsetzten. In der Krypta sind noch Mauerreste der drei Vorgängerbauten der Kathedrale sowie zwei Sarkophage erhalten geblieben. Zu den bedeutendsten Stücken des Kirchenschatzes gehören zwei Goldmedaillons aus dem 11. Jh., die als Schmuck für die Handschuhe des Bischofs gefertigt worden waren, aber auch byzantinisches Gewebe, Emailscheiben und Gemälde sind Teil dieser Ausstellung.

Weitere Sehenswürdigkeiten in Orléans

Ehemaliger Bischofspalast

Den besten Blick auf die Chorpartie von Ste-Croix genießt man vom Garten des ehemaligen bischöflichen Palastes in der Rue Dupanloup. Das vornehme Palais aus dem 18. Jh. wird heute von der Stadtbücherei genutzt.

Musée des Beaux-Arts

Das Museum der Bildenden Künste (geöffnet Do. – Sa. 10.00 – 18.00, So. und Di. 11.00 – 18.00, Mi. 10.00 – 20.00 Uhr) steht links neben der Hauptfassade der Kathedrale in der Rue Dupanloup. Es besitzt eine reichhaltige Sammlung italienischer, flämischer und holländischer Gemälde aus dem 15. – 19. Jh., plastische Arbeiten aus dem 14. – 16. Jh., ein Kupferstichkabinett und Werke der französischen Malerei des 17. und 20. Jahrhunderts, insbesondere einige hervorragende Porträts in Pastelltechnik.

Hôtel Groslot (Abb. S. 130)

Die Rue Dupanloup führt direkt auf das Hôtel Groslot zwischen Place Ste-Croix und Place de l'Etape zu. Der 1550 errichtete, stattliche Renaissancebau mit einer Fassade aus Ziegel- und Natursteinmauerwerk diente 1790 – 1982 als Rathaus. Im 19. Jh. wurden die Seitenflügel angebaut und das Gebäude grundlegend restauriert. Vor der doppelläufigen Freitreppe in der Mittelachse des Gebäudes steht das Standbild der Jeanne d'Arc (⟶ Berühmte Persönlichkeiten). Die Bronzestatue ist das Werk von Prinzessin Marie d'Orléans. Im Hôtel Groslot starb im Jahre 1560 König Franz II., der zur Eröffnung der Versammlung der Generalstände nach Orléans gekommen war.

Jeanne d'Arcs Denkmal vor dem Hôtel Groslot, das die "Jungfrau von Orléans" in kriegerischem Gewand zeigt ▸

Einst Rathaus von Orléans: Hôtel Groslot

Place du Martroi

Die weite, verkehrsberuhigte Place du Martroi ist der Mittelpunkt der von breiten Boulevards umzogenen Altstadt. Der Name des Platzes leitet sich vom lateinischen 'martyretum' her, der Bezeichnung für frühchristliche Friedhöfe. In seiner Mitte steht ein 1855 entstandenes, bronzenes Reiterstandbild der Jeanne d'Arc. In den Reliefs am Sockel des Denkmals sind Szenen aus ihrem Leben dargestellt.

Die geschlossene Bebauung der Place du Martroi an der West- und Südseite, ursprünglich aus dem 19. Jh., wurde nach Zerstörung im Krieg wiederhergestellt, so daß die Wirkung des Platzes erhalten blieb. Älter ist die Bausubstanz in der nach Süden verlaufenden Rue Royale, die bereits 1752–1760 angelegt worden war. Noch heute stehen hier viele restaurierte Häuser aus dem 18. Jh., in deren Arkaden elegante Geschäfte zum Einkaufen einladen. Die in östliche Richtung den Platz verlassende Rue d'Escures säumen Wohnhäuser aus dem 17. Jahrhundert.

Rue Royale

Musée historique et archéologique

Südöstlich der Place du Martroi, im Hôtel Cabu, ist das Musée historique et archéologique beheimatet (Historisches und Archäologisches Museum; Öffnungszeiten wie Musée des Beaux-Arts). Im Erdgeschoß des eleganten, nach dem Zweiten Weltkrieg wiederaufgebauten Renaissancegebäudes aus dem Jahr 1550 werden die Plastiken und Tempelfiguren aus der gallo-römischen Epoche gezeigt, die etwa 30 km östlich von Orléans, in Neuvy-en-Sullias, gefunden wurden. Das erste Obergeschoß ist vor allem dem Mittelalter gewidmet. Gezeigt werden auch Beispiele der lokalen Keramikproduktion. Im zweiten Obergeschoß ist eine Sammlung von Bilderbogen zu sehen.

Hôtel Créneaux

Ein weiteres sehenswertes Renaissancegebäude liegt nur einen Straßenblock östlich des Historischen Museums an der Rue Sainte-Catherine. Es handelt sich um das Hôtel Créneaux, das sich aus einem älteren Teil aus dem 15. Jh. und einem jüngeren aus dem 16. Jh. zusammensetzt.

Maison de Jeanne d'Arc

Im Krieg zerstört, aber originalgetreu wiederaufgebaut wurde das schöne Fachwerkhaus südwestlich der Place de Martroi, an der Place du Général-de-Gaulle, wo 1429 Jeanne d'Arc gewohnt hatte.

Außer Trachten und Waffen aus der Zeit des Hundertjährigen Krieges gibt es hier eine Audiovisionsschau zu sehen, die Johannas Einzug in Orléans am 8. Mai 1429 veranschaulicht (geöffnet Mai – Okt. Di. – So. 10.00 – 12.00 und 14.00 – 18.00, sonst 14.00 – 18.00 Uhr; Besichtigung mit oder ohne Führung).

Maison de Jeanne d'Arc (Fortsetzung)

St-Paul

Ein Zeugnis der schweren Zerstörung, die Orléans im Zweiten Weltkrieg hinnehmen mußte, ist die Kirche St-Paul, die südlich der Maison Jeanne d'Arc an der Rue St-Paul steht. Von dem Bau aus dem 15. Jh. blieben nur der Turm aus dem 17. Jh. und die später vergrößerte Kapelle erhalten, in der eine schwarze Muttergottes aus dem 16. Jh. zu finden ist.

Notre-Dame-de-la-Recouvrance

Die Kirche Notre-Dame-de-la-Recouvrance, südlich von St-Paul, ist im 16. Jh. errichtet worden und besitzt neben Renaissanceplastiken über dem Hauptaltar ein schönes Glasfenster aus der Erbauungszeit. In der Nähe dieser Kirche stehen noch einige gut erhaltene Renaissancehäuser.

St-Aignan

Im Südosten der Altstadt, nahe der Loire, steht die Kirche St-Aignan, dem streitbaren Bischof von Orléans (358 – 453) geweiht, der die Stadt im Jahre 451 gegen die Truppen des Attila verteidigte. Nach wiederholten Zerstörungen sind nur das Querhaus und der schöne spätgotische Chor (15./16. Jh.) erhalten; darunter liegt die 1029 vollendete Krypta, eine der frühesten und größten gewölbten Hallenkrypten in Frankreich.

Parc de la Source

Im Stadtteil La Source, 7 km südlich der Loire, erstreckt sich der große Parc de la Source, ein beliebtes Naherholungsziel für die Bewohner der Stadt. Hier entspringt der Loiret, ein 12 km langer Nebenfluß der Loire. Der Park ist alljährlich Veranstaltungsort mehrerer Blumenschauen.

Umgebung von Orléans

Bellegarde-du-Loiret

Der kleine Bezirksort Bellegarde liegt in einem fruchtbaren Umland, 48 km östlich von Orléans. Er besitzt ein Schloß mit Wehrturm aus dem 14. Jh. und eine romanische Kirche (schönes Portal mit Figurenkapitellen); im Inneren Gemälde aus dem 17. Jahrhundert.

Die Nationalheldin zu Pferd: Jeannne d'Arcs Denkmal auf der Place du Martroi

Orléans, Umgebung, Cléry-St-André

Cléry-St-André liegt 15 km südwestlich von Orléans, etwas vom linken Ufer der Loire entfernt an deren Nebenfluß Ardoux. Der Abstecher dorthin lohnt sich wegen der gotischen Basilika Notre-Dame, einer Wallfahrtskirche aus dem 15. Jh., in der Ludwig XI. (1423–1483) bestattet ist. Sein prächtiges Grabmal mit einer 1622 neu geschaffenen Marmorstatue des Königs liegt an der linken Langhauswand. Das bronzene Original hatten die Hugenotten geraubt und eingeschmolzen. Die Gebeine Ludwigs und seiner Gemahlin Charlotte von Savoyen sind in der Gruft beigesetzt. Architektonisch interessant ist vor allem die reich mit Dekor ausgestattete Chapelle St-Jacques am rechten Seitenschiff.

Paray-le-Monial G 14

Région: Bourgogne
Département: Saône-et-Loire
Höhe: 245 m ü.d.M.
Einwohnerzahl: 12000

Lage

Das freundliche burgundische Städtchen liegt am Oberlauf der Loire, zwischen Roanne und Moulins, abseits vom Strom. Durch den Stadtkern fließt die Bourbince, die vom südlichen Teil des 114 km langen Canal du Centre (Loire–Saône) begleitet wird. Für Kunstfreunde ist Paray-le-Monial vor allem wegen der romanischen Kirche Notre-Dame ein Reiseziel, Pilger besuchen die Kleinstadt wegen der Herz-Jesu-Verehrung, die im 19. Jh. aus Paray-le-Monial einen bedeutenden Wallfahrtsort machte.

Geschichte

Die Stadt geht auf ein Benediktinerkloster zurück, das im Jahre 973 hier gegründet wurde. Zur Wallfahrtsstätte wurde Paray-le-Monial durch die Visionen der später heiliggesprochenen Nonne Marguerite-Marie Alacoque (1647–1690), die im hiesigen Kloster (Monastère de la Visitation) lebte. Von den Päpsten gefördert, hat sich die Herz-Jesu-Verehrung seit dem 19. Jh. in der gesamten katholischen Welt ausgebreitet. Am 5. Oktober 1986 besuchte Papst Johannes Paul II. den Ort.

*Ehemalige Klosterkirche Notre -Dame

Lage und Baugeschichte

Am rechten Ufer der Bourbince erhebt sich an der Place Alsace-Lorraine die ehem. Klosterkirche Notre-Dame und heutige Pfarrkirche Sacré-Cœur. Von der Bourbince-Brücke (Rue des deux Ponts) bietet sich ein schöner Blick auf die Kirche.

Das 973 gegründete Kloster wurde nach dem Anschluß an Cluny im Jahre 999 an seinen heutigen Platz verlegt und eine dort 1004 geweihte Kirche errichtet. Vermutlich um 1090 wurde mit einem Neubau begonnen, der als "Taschenausgabe" von Cluny III gilt, da Abt Hugo die gleichen Architekten und Bauleute wie für Cluny III wählte. Es entstand eine dreischiffige Basilika mit einer Vorhalle im Westen, einem weit ausladenden Querhaus und einem Umgangschor mit drei Kapellen im Osten.

Äußeres

Den Außenbau prägen vor allem die Türme. Zwei Westtürme rahmen die Vorhalle, hinzu gesellt sich der Vierungsturm, von dem das kurze Langhaus und das im Verhältnis dazu mächtige Querhaus ausgehen. Der Nordturm (12. Jh.) besitzt eine reiche plastische Gliederung und öffnet sich in großen Rundbogenfenstern, während die Wand des Südturms, der von der Vorkirche des 11. Jh.s stammt, nur mit kleinen Zwillingsfenstern durchbrochen ist. Die Chorpartie ist zweifellos der eindrucksvollste Teil des Außenbaus – schön zu sehen von der Ecke der Rue de la Visitation und der

Für Kunstfreunde ein "Muß": Die romanische Kirche Notre-Dame in Paray-le-Monial ▶

Notre-Dame
Äußeres
(Fortsetzung)

Treppe der Maison des Pages. Hier ist auch die innere Gestaltung deutlich abzulesen. Drei Kapellen münden in den Chorumgang, über welchem sich der Hochchor erhebt, dessen Halbrund an das Chorjoch anschließt. Der (stark restaurierte) achteckige Vierungsturm bekrönt die Gesamtanlage, deren einzelne Partien sorgfältig aneinandergefügt sind.

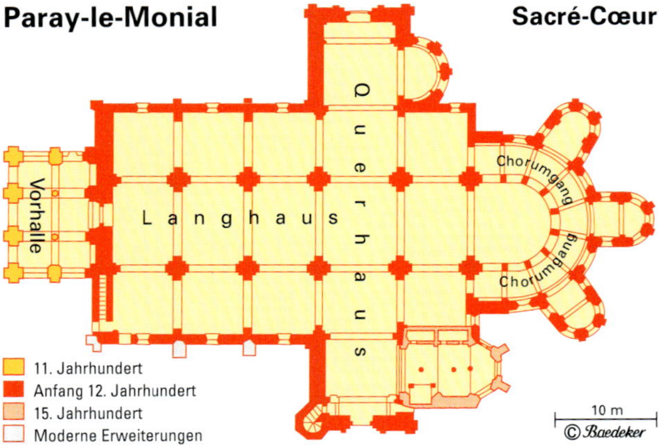

Inneres

Wie der Außenbau, so erinnert auch das Innere der Kirche an Cluny. Das nur dreijochige Langhaus wirkt im Vergleich zu dem Querhaus sehr kurz. Sein schachtartiger Charakter – typisch für cluniazensische Kirchenschiffe – wird durch die vorzeitige Vollendung des Langhauses noch verstärkt.
Der Aufbau der Mittelschiffwand ist dreigeschossig und in seinen wesentlichen Teilen auch für das Querhaus verbindlich. Spitzbogige Arkaden ruhen auf kreuzförmigen Pfeilern, denen zum Mittelschiff hin die für cluniazensische Kirchen charakteristischen kannelierten Pilaster, zu den übrigen Seiten hin Halbsäulen vorgelegt sind. Über den Arkaden folgt, ebenfalls von kannelierten Pilastern getrennt, ein Blendtriforium mit drei Rundbogenstellungen pro Joch und der Obergaden, der aus drei von Blendarkaden gerahmten Rundbogenfenstern besteht. Mittelschiff und Querhaus sind mit Spitztonnen überwölbt.
Acht monolithische Säulen umstehen das Chorhaupt. Es folgen ein geschlossenes Wandstück und über einem Rundbogenfries eine ununterbrochene Reihe Rundbogenfenster. In der Halbkuppel befindet sich ein wahrscheinlich im 15. Jh. entstandenes Fresko, das erst 1935 unter seiner Übermalung wiederentdeckt wurde. Es zeigt den thronenden Christus in einer rautenförmigen Mandorla und die Symbole der vier Evangelisten.
Der Chorumgang ist in Paray-le-Monial schmaler als die Seitenschiffe und auch relativ niedrig. An ihn schließen sich drei Radialkapellen an, die jeweils drei Fenster besitzen.
An den rechten Querhausarm wurde gegen 1470 anstelle der kürzeren, halbrunden Apsidiole eine Privatkapelle in spätgotischem Stil angebaut.

Weitere Sehenswürdigkeiten

Kloster-
gebäude

Im Südosten der Kirche befindet sich die ehemalige Klosteranlage aus dem 17. Jahrhundert, die heute als Schulgebäude genutzt wird. Hier war auch das Musée de la Faïence Charolaise untergebracht, das seit 2002 in Charolles, 13 km östlich von Paray-le-Monial, eine neue Heimat gefunden hat. Das Museum besitzt über 2000 Fayencen aus der Region von 1836 bis heute. Erklärt wird auch die Herstellung der Keramik.

Parc des Chapelains

Hinter dem Chor von Notre-Dame erstreckt sich ein Park, in dem die Wallfahrtszeremonien stattfinden. Am Eingang steht das ehem. Haus der Pagen des Kardinal Bouillon. In diesem befindet sich die Chambre des Souvenirs, wo Erinnerungsstücke an M.–M. Alacoque und ihre wiederaufgebaute Nonnenzelle gezeigt werden. Unweit davon informieren im 'Diorama' Reliefs und Gemälde über das Leben der Heiligen.

Couvent de la Visitation

Das Kloster von der Heimsuchung (Rue de la Visitation) wurde 1626 in Paray-le-Monial gegründet, aber erst einige Jahre später an diesen Platz verlegt. Es gehört dem Orden der Heimsuchung an, der von Franz von Sales und J.-F. de Chantal 1610 in Annecy gegründet worden war. Mit 24 Jahren war Marguerite-Marie Alacoque 1671 in den Konvent eingetreten. In dem noch bestehenden Kloster kann die Kapelle besichtigt werden, die jedoch zum Großteil aus dem 19. Jh. stammt. Sie beherbergt u. a. den Schrein mit den Gebeinen der hl. Marguerite-Marie.

Musée Hiéron Museum für sakrale Kunst

Prunkstück des in der Rue Pasteur gelegenen Museums ist ein Portal aus Anzy-le-Duc. Es stammt vermutlich von der während der Französischen Revolution zerstörten Vorhalle der Prioratskirche. Das Tympanon zeigt Christus in der von zwei Engeln gehaltenen Mandorla, die eine Hand zum Segensgestus erhoben, in der anderen ein Buch. Im Türsturz befindet sich genau unter der Christusfigur, eine thronende Maria, die dem Christuskind die Brust reicht (ein sehr seltenes Motiv in der romanischen Bildhauerei). Sie wird auf jeder Seite von vier Gestalten flankiert, von denen lediglich Petrus an seinem Schlüssel zu erkennen ist. Bei den sitzenden Figuren mit Heiligenscheinen und Schriftrollen auf den Kapitellen könnte es sich um Evangelisten handeln. Die Arbeit dürfte um 1125/1135 entstanden sein.
In den übrigen Sälen ist eine Gemäldesammlung ausgestellt mit Werken aus dem 14. bis zum 18. Jh., u. a. von Guido Reni, Tiepolo, Lebrun, Lucas de Leyde und Albrecht Dürer, vorgeschichtliche Fundstücke sowie kirchliches Gerät.

Hôtel de Ville Rathaus

Das heutige Rathaus (Rue de la Paix) wurde 1525–1528 im Auftrag des Tuchmachers Pierre Jayet als Patrizierhaus errichtet. Die dreigeschossige Renaissancefassade mit ihrer strengen Symmetrie ist mit kleinen Reliefs und Medaillons geschmückt.
Gegenüber erhob sich die Kirche St-Nicolas, von der jedoch nur noch der Glockenturm aus dem 16. Jh. erhalten blieb.

Umgebung von Paray-le-Monial

Digoin

Durch seine bevorzugte Lage an mehreren Straßen und Wasserwegen war Digoin (11 300 Einw.), 12 km westlich von Paray-le-Monial gelegen, seit jeher eine wichtige Handelsstadt. Sie liegt am rechten Loire-Ufer nahe beim Zusammenfluss von Bourbince und Arroux, an der Einmündung des Canal du Centre in den Loire-Seitenkanal von Roanne nach Digoin. Am Stadtrand überquert der Canal du Centre die Loire auf einem 243 m langen, 1843–1838 entstandenen Aquädukt (Pont Canal), der mit elf Bögen den Fluß überspannt.

***Kanalbrücke** (Abb. S. 136)

Seit 1874 verfügt der Ort über bedeutende Keramikunternehmen, weshalb in Digoin auch das Centre de Documentation sur la Céramique (Rue Guilleminot) seinen Platz fand. Das Dokumentationszentrum befaßt sich mit der Keramik von der Römerzeit bis in unsere Tage.
Die Kirche Notre-Dame de la Providence in neoromanisch-byzantinischem Stil stammt aus dem 19. Jahrhundert.

Perrecy-les-Forges

22 km nördlich von Paray-le-Monial liegt am Flüßchen Oudrache der kleine industriereiche Ort Perrecy-les-Forges (2 200 Einwohner). Der Zusatz 'les Forges' erinnert an eine 1634 von den Mönchen von Perrecy eingerichtete Schmiede (= Forge). Sehenswert ist er wegen seiner romanischen Kirche,

Die Kanalbrücke bei Digoin ist ein interessantes technisches Denkmal

Perrecy-le Forges

die im 9. Jh. als Prioratskirche der Benediktiner-Abtei ⟶ St-Benoît-sur-Loire errichtet wurde. Der Bau, dessen Langhaus z. T. noch in die erste Hälfte des 11. Jh.s zurückgeht, erhielt im 12. Jh. eine Vorhalle und im 15. Jh. einen gotischen Chor. Das nördliche Seitenschiff wurde im 16. Jh. abgerissen, der südliche Querhausarm fiel der Französischen Revolution zum Opfer.
Architektonisch besonders interessant ist die dreischiffige, zwei Joche lange Vorhalle (1120–1130). Ihre Fassade ist in der Vertikalen dreigeteilt; die beiden Geschosse werden durch die vertikalen Mauervorsprünge optisch miteinander verknüpft und nicht einfach nur übereinandergestellt. Beim Neubau der Vorhalle wurde auch die Westwand des Langhauses erneuert, die ein figurengeschmücktes Portal erhielt. Im Tympanon thront Christus in der Mandorla, im Türsturz und in den seitlichen Wandfeldern sind Szenen aus der Passion Christi dargestellt.

Museum

Im Obergeschoß der Vorhalle ist eine Zweigstelle des Ecomusée von Le Creusot eingerichtet. Es informiert über romanische Kunst, das Priorat und die Lokalgeschichte von Perrecy-les-Forges.

Ploërmel **A 1**

Région: Bretagne
Département: Morbihan
Höhe: 76 m ü.d.M.
Einwohnerzahl: 7000

Lage und Allgemeines

Das Städtchen Ploërmel, in früherer Zeit Sitz der Herzöge der Bretagne, liegt 60 km westlich von Rennes in einem intensiv landwirtschaftlich genutzten Gebiet.

Sehenswertes in Ploërmel

St-Armel

Im Zentrum des Ortes erhebt sich die im 16. Jh. erbaute Kirche St-Armel dem Ortsgründer und -patron (6. Jh.) geweiht. Das nördliche Seitenschiff besitzt ein schönes spätgotisches Portal mit Figurenschmuck.
Im Innern fällt zunächst das Gewölbe auf: Im Hauptschiff hat es die Form eines umgekehrten Schiffskiels; die Seitenschiffe sind von hölzernen Kreuzrippengewölben überspannt. Die Glasgemälde stammen aus dem 15. und 16. Jahrhundert. An der linken Seitenschiffwand im Altarraum befindet sich das 1921 restaurierte gotische Mausoleum der Herzöge der Bretagne (Jean II. und Jean III.).
Im rechten Querhausarm steht ein weiterer gotischer Doppelsarkophag zum Gedenken an Philipp von Montauban, Großkanzler der Bretagne, und seine Gemahlin Anne de Chatelier, sowie ein Einzelsarkophag.

**Astronomische Uhr

Südwestlich der Kirche steht das Mutterhaus der Kongregation der "Frères de Ploërmel", einer kirchlichen Organisation, die sich besonders pädagogischen Aufgaben widmet. In einem Glaspavillon inmitten des Innenhofs ist die 1850–1855 gebaute astronomische Uhr. Sie umfaßt zehn Zifferblätter und ein mechanisch damit gekoppeltes Modell des Sonnensystems, das die Bewegungen der Planeten zeigt.

Museum

In den Konventsgebäuden wurde ein Museum eingerichtet mit Erinnerungsstücken an Jean-Marie Robert de La Mennais (1780–1860), den Gründer der Kongregation, sowie mit Exponaten aus den Missionsgebieten der religiösen Organisation. An das Museum schließt sich die neugotische Hauskapelle an.

Lac au Duc

Nördlich von Ploërmel liegt der langgestreckte Lac au Duc, ein vielbesuchtes Naherholungsgebiet mit Campingplätzen und diversen Freizeiteinrichtungen. Vor allem bei Seglern und Surfern ist der See beliebt.

Wassersport ganz nah: Lac au Duc

Poitiers F 6

Région: Poitou-Charentes
Département: Vienne
Höhe: 120 m ü.d.M.
Einwohnerzahl: 85 000

Lage und Allgemeines

Poitiers, der alte Hauptort des Poitou und heute Hauptstadt des Département Vienne, Bischofssitz und seit 1432 Universitätsstadt, liegt malerisch auf einem 50 m hohen Felsplateau über den Flüssen Clain und Boivre.

Sehenswertes in Poitiers

Hôtel de Ville

Mittelpunkt der Stadt ist die Place Maréchal Leclerc mit dem Hôtel de Ville (1869 – 1876), das in der Achse der Präfektur liegt. Das prächtige Treppenhaus dieses Neorenaissancegebäudes spiegelt den Geschmack der Oberschicht im Zweiten Kaiserreich wider. Wenige Meter weiter westlich, im Hôtel Rupert de Chièvres aus dem 18. Jh., informiert das Musée Chièvres über die regionale Geschichte.

St-Porchaire

An der Rue Gambetta, einer Fußgängerzone, überragt der schöne romanische Glockenturm die Häuser der Altstadt. Er gehört zur Kirche St-Porchaire, die im 16. Jh. gebaut wurde.

Palais de Justice

An der Place Alphonse Lepetit liegt der Eingang zum ehemaligen Justizpalast, der zwischen 1200 und 1400 errichtet wurde und im Mittelalter Wohnsitz der Grafen von Poitou, Herzöge von Aquitanien war. Eindrucksvoll ist die große Halle (Salle des Pas Perdus) mit einer Kaminwand, die Ende des 14. Jh.s ihre heutige Form erhielt.

Chorpartie der romanischen Kirche St-Hilaire-le-Grand

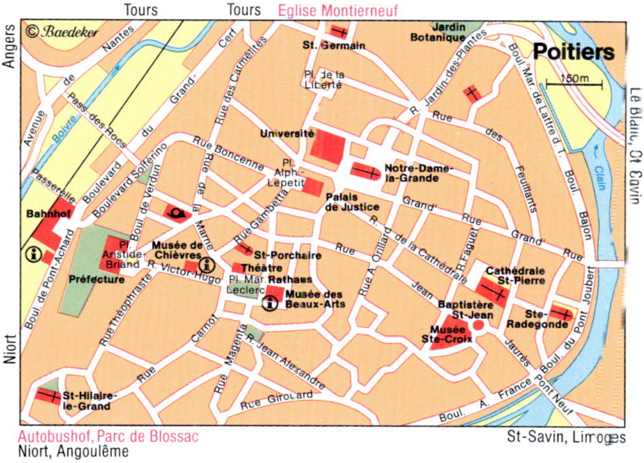

Das bedeutendste Bauwerk der Stadt ist die um 1150 erbaute romanische Kirche Notre-Dame-la-Grande. Wegen ihres ungewöhnlich reichen Figurenschmucks verdient die helle Fassade, die von zwei seitlichen Rundtürmchen gefaßt wird, eine genauere Betrachtung. Über einer Portalzone, deren figurenreicher Schmuck Szenen aus der Heilsgeschichte darstellt, wird die Fassade von Blendarkadenreihen horizontal gegliedert. Die unter den Arkaden stehenden oder sitzenden Figuren verkörpern Apostel und Bischöfe. In die Spitze des dreieckigen Giebels ist eine Mandorla mit Christus und Engeln eingepaßt. Bis auf die später, im 15. und 16. Jh. hinzugefügten Kapellen ist der Innenraum ein einheitliches Werk. Da die Seitenschiffe sehr hoch sind und das Hauptschiff keine Fenster besitzt, erweckt der Innenraum den Eindruck einer Hallenkirche. Im ersten und zweiten Joch des Langhauses wurden die unterhalb des gegenwärtigen Fußbodenniveaus liegenden Fundamente freigelegt. Die Wandmalereien im Chor stammen aus der Erbauungszeit der Kirche. Im Chorumgang sind schöne Kapitelle, zum Teil auch mit figürlichem Schmuck, zu sehen. *Notre-Dame-la-Grande*

Im südöstlichen Teil der Innenstadt erhebt sich die zweitürmige Kathedrale St-Pierre, die im wesentlichen zwischen 1166 und 1271 entstanden war. Die Türme und der obere Teil der Fassade wurden erst im 14./15. Jh. erbaut. Am mittleren der reich geschmückten Portale ist das Jüngste Gericht thematisiert, links die Krönung und der Tod Marias, rechts Szenen aus dem Leben des hl. Thomas. Im Innern beachte man die prächtigen Fenster und das geschnitzte Chorgestühl, beide aus dem 13. Jahrhundert. *Kathedrale*

Unweit östlich, am Rand der Altstadt, wurde im 11. Jh. an der Stelle des 877 zerstörten Grabgebäudes der Schutzpatronin der Stadt die Kirche St-Radegonde erbaut. Von dem ursprünglichen Bau sind noch Krypta, Chor und Teile des Westturms erhalten, während Schiff und Westportal aus dem 13.–15. Jh. stammen. Im Chorumgang entdeckt man schöne, figurengeschmückte Kapitelle. In der Krypta steht der Sarkophag der hl. Radegund († 587), die im 6. Jh. die Abtei St-Croix, das erste Frauenkloster Galliens gründete. *Ste-Radegonde*

Südlich der Kathedrale steht das Baptisterium St-Jean, einer der ältesten erhaltenen Kultbauten Frankreichs, der 356–368 auf antiken Fundamenten errichtet und im 7. und 11. Jh. erweitert wurde. Im Innern sind noch Fresken aus dem 11.–14. Jahrhundert sowie Sarkophage und Skulpturen aus dem frühen Mittelalter vorhanden. *St-Jean*

Poitiers (Forts.) Musée Sainte-Croix

Direkt neben dem Baptisterium St-Jean wurde an der Stelle der einstigen, von der hl. Radegunde gegründeten Abtei Sainte-Croix, dieses Museum eingerichtet. Es besteht aus zwei Abteilungen: die erste ist der Geschichte des Poitou von der Vorgeschichte bis in die heutige Zeit gewidmet, bei der zweiten handelt es sich um eine Sammlung französischer Malerei und Skulptur des 19. und 20. Jh.s. Besonders gut vertreten ist die sog. Salonmalerei des vergangenen Jahrhunderts, die sich gerne orientalischer Motive bediente.

*St-Hilaire-le-Grand

Von der Place Leclerc kommt man südwestlich durch die Rue Carnot zu der romanischen Kirche St-Hilaire-le-Grand (11.–12. Jh.). Durch Einsturz des Glockenturms (1590) wurden Teile der Kirche zerstört, aber im 19. Jh. recht gut erneuert. An den Chorkapellen sind Figurenkapitelle zu bemerken; im fünfschiffigen Innern ein harmonisches Chorhaupt und umfangreiche Reste der alten Bemalung (Beleuchtung mit Zeitschaltuhr).

Futuroscope

Seit 1987 besteht das 12 km nördlich von Poitiers gelegene Futuroscope, ein riesiger Vergnügungspark, der mehrere unterschiedliche Bereiche umfaßt. Auf dem weitläufigen Gelände befinden sich auch Großhotels und diverse gastronomische Einrichtungen. Der Vergnügungspark besitzt folgende Attraktionen: ein Großkino mit 360-Grad-Rundleinwand, einen Kinderspielbereich, ein 'Cinéma Dynamique' (dynamisches Kino, mit hydraulisch bewegten Sitzreihen), eine Gartenlandschaften verschiedener europäischer Länder und einen Pavillon mit der Simulation künstlicher Realitäten.

Le Puy en Velay — L 13

Région: Auvergne
Département: Haute-Loire
Höhe: 630 m ü.d.M.
Einwohnerzahl: 30 000

Lage

Le Puy, die Hauptstadt des Département Haute-Loire, liegt am Ostrand der Auvergne im Velay, einem einst von Vulkanen geformten Landschaftsraum. An der Altstadt von Le Puy zieht die Borne vorbei, die unweit östlich in den Oberlauf der Loire mündet. Die Stadt ist überregional bekannt als ein Zentrum der Spitzenherstellung. Besonders kunstvolle Beispiele für die Klöppelspitze kann man im Museum Crozatier bewundern.

**Stadtbild

Lage und Stadtbild von Le Puy sind einzigartig: Beherrscht wird der Panoramablick von der Kathedrale und den bizarren, spitz aus der flachen Umgebung herausragenden Felstürmen Rocher Corneille und Aiguilhe St-Michel. Es handelt sich um die Schlote zweier Vulkane. Durch die Erosion wurden die Vulkane abgetragen und übrig blieben nur die steilen Kegel.

Geschichte

Le Puy, Bischofssitz des Velay, wurde im 6. Jh. gegründet und ist seit dem 10. Jh. das Ziel einer bedeutenden Wallfahrt zur Schwarzen Muttergottes (15. August). Zudem lag der Ort an der Pilgerstraße nach Santiago de Compostela (Spanien), und der Bischof von Le Puy ließ, nachdem er selbst an dieser Wallfahrt teilgenommen hatte, im Jahre 962 auf hoher Felsnadel die Michaelskapelle erbauen.

*Kathedrale Notre-Dame

Die berühmte Cathédrale Notre-Dame, Bischofs- und Wallfahrtskirche steht am Fuße des Rocher Corneille, etwas erhöht über der Altstadt. Sie wurde an der Stelle eines Marienheiligtums im wesntlichen gegen Ende des 12. Jh.s erbaut. Der eindrucksvolle Sakralbau ist eine Mischung von auvergnatisch-romanischer und südwestfranzösischer Architektur mit byzantinischem Einfluß.

Äußeres

Eine breite, im 19. Jh. neu angelegte Freitreppe führt, vorbei an den Gebäuden des Hôtel-Dieu (Spital; links), zu der weithin sichtbaren, aus farbigem Vulkangestein gefügten Fassade. Eine Vorhalle öffnet sich hier in drei Arkaden. In den beiden seitlichen Schiffen der Vorhalle beachte man die romanischen, mit geschnitzten Reliefs geschmückten Türen aus dem 12. Jahrhundert. Im Mittelschiff der Vorhalle, wo sich die Treppe fortsetzt, blieben seitlich Gewölbemalereien (13. Jh.) erhalten: Links ist die Madonna mit dem Kind zu erkennen, rechts ist die Verklärung Christi dargestellt. Die Treppe endet vor dem 1780 zugemauerten einstigen Haupteingang; hier geht es rechts treppauf zum Eingang ins rechte Seitenschiff.

Inneres

Durch die dunkle Farbe des Gesteins, die spärliche Beleuchtung und durch die eigentümlich schweren Proportionen ist der Innenraum der Kathedrale in dämmmeriges Licht gehüllt. Der Raumeindruck im Langhaus wird bestimmt von der Abfolge der schweren Gurtbögen und der hohen Kuppeln, in denen kleine Fenster eingeschnitten sind. Noch dunkler ist es in den Seitenkapellen, wo die Kunstwerke kaum zu erkennen sind. An der Westwand, über dem einstigen Eingang, befindet sich ein barockes vergoldetes Relief des hl. Andreas. In den Seitenschiffen hängt je ein großformatiges barockes Gemälde, links ein von Jean Solvain anläßlich des Endes der Pestepidemie von 1629 geschaffenes, rechts eines aus dem Jahre 1653 von Jean François, das sich auf eine zweite Epidemie bezieht.

Alte Vulkanlandschaft: Panorama von Le Puy

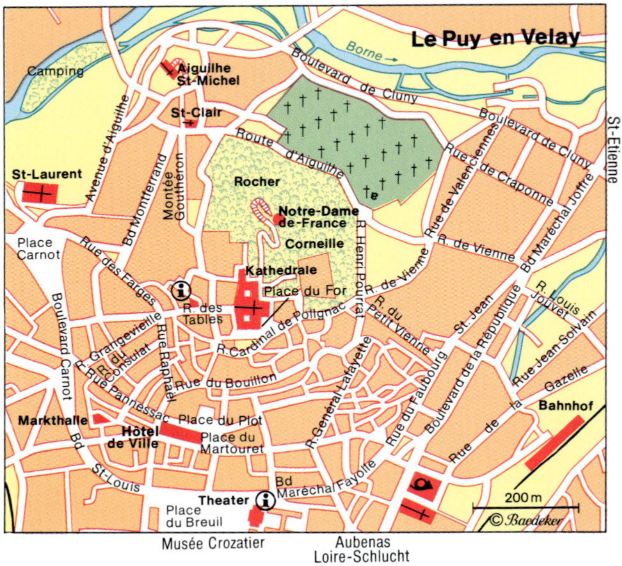

Kathedrale (Fortsetzung)

Vom linken Seitenschiff gelangt man in die große Chapelle des Reliques (Reliquienkapelle), wo sich ein Wandgemälde aus dem 15. Jh. befindet, das die Sieben Freien Künste zeigt: Grammatik, Rhetorik, Dialektik, Arithmetik, Geometrie, Musik und Astronomie.
In der Vierung, deren Kuppel erneuert wurde, steht der 1723 aufgestellte barocke Hochaltar mit einer Madonnenstatue. Als Wallfahrtsziel ersetzt sie das in der Französischen Revolution verbrannte Gnadenbild der Vierge Noire, der Schwarzen Muttergottes. An den beiden Pfeilern vor den Chorschranken ist je eine Gedenktafel für die Priester der Diözese Le Puy angebracht, die 1793 – 1798 der Republik Widerstand leisteten und dem König und Gott treu ergeben blieben.

*Place du For

An der Ostwand des rechten Querhauses öffnet sich die Porche du For, durch die man die kleine Place du For betritt. Von diesem erhöht über der Stadt gelegenen Platz bietet sich ein reizvoller Blick.

Kirchenschatz

Am östlichen Ende des rechten Seitenschiffes liegt die Sakristei. Hier ist der Kirchenschatz (Trésor) zu sehen, der durch die Revolution einiges von seinem Reichtum verloren hat. Zu den Glanzstücken der Sammlung gehört die berühmte Theodulf-Bibel, ein herausragendes Beispiel karolingischer Buchmalerei. Die Handschrift wurde im 8. Jh. vermutlich in ⟶ St-Benoît-sur-Loire (damals Abtei von Fleury) angefertigt. Benannt ist sie nach dem hl. Theodulf, Bischof von Orléans und Abt von Fleury, der zu den bedeutendsten Köpfen der Karolingischen Renaissance gehörte. Ferner befindet sich im Kirchenschatz eine Kopie des 1789 zerstörten Gnadenbildes. Während die Gesichter vom Rauch der Opferkerzen geschwärzt sind, haben die stets durch eines der vielen Gewänder verdeckten Hände ihre helle Farbe bewahrt. Auch kirchliches Gerät, Gemälde und Skulpturen sind Bestandteile des Kirchenschatzes.

Taufkapelle

Vom linken Querhaus (hier in den beiden abschließenden Apsiden gute romanische Gewölbefresken) führt die Porche St-Jean (Johannispforte) mit pergamentbespannten und eisenbeschlagenen Türflügeln ins Freie. Gegenüber dem Ausgang steht das Baptistère St-Jean, eine Taufkapelle aus dem 11./12. Jh. mit zwei steinernen Löwen vor ihrem Eingang. In der angrenzenden Maison du Prieur (Priorshaus) wird eine volkskundliche Sammlung gezeigt. Hier wendet man sich links zum Tor des Kreuzganges.

Taufkapelle (Fortsetzung)

Der an das linke Seitenschiff anschließende Kreuzgang (Cloître) mit reich skulpturierten Kapitellen und einem unter der Traufkante hinlaufenden schönen Figurenfries war unterschiedlichen Stileinflüssen unterworfen. Eindrucksvoll ist die Verwendung verschiedenfarbigen Natursteins.
In der Chapelle des Morts (Totenkapelle), die an den Ostflügel des Kreuzganges anstößt, beachte man das großformatige Wandgemälde mit einer Kreuzigungsdarstellung (13. Jh.). Der Westflügel des Kreuzganges wird von einem schmiedeeisernen Ziergitter aus romanischer Zeit abgeschlossen. Von hier aus bietet sich ein herrlicher Blick auf die den Rocher Corneille krönende Madonnenstatue (s. u.).
Über dem Kreuzgang, in der ehemaligen Salle des Etats, ist der Trésor d'art religieux (Sammlung religiöser Kunst) untergebracht. Hervorzuheben sind hier eine auf Pergament gemalte Genealogie des biblischen Geschehens sowie zwei Prunkgewänder für das Gnadenbild, davon eines eine orientalische Arbeit (15. Jh.) mit der Darstellung der Wurzel Jesse, das andere eine lokale Arbeit aus dem 18. Jh. mit ornamentaler Gold- und Silberstickerei.

Kreuzgang

*Rocher Corneille

Vom nördlichen Querhaus der Kathedrale sind es nur wenige Schritte zu dem Gittertor, an dem der z. T. steile Anstieg (ca. 15 Min.) auf den Rocher Corneille beginnt. Der über der Kathedrale aufragende, 757 m Höhe erreichende Fels ist ein alter Vulkanschlot, der durch Erosion aus dem umgebenden weicheren Gestein herauspräpariert wurde.
Vom Gipfelplateau hat man einen hervorragenden Rundblick über die Stadt (Fernrohre, Orientierungstafel, Tonbandautomat 'Guide parlant').

Auf der Spitze des Rocher Corneille steht die weithin sichtbare rote Madonnenstatue Notre-Dame-de-France, eines der Wahrzeichen von Le Puy. Ihre Entstehungsgeschichte hängt mit dem Krimkrieg zusammen: Nachdem General Pélissier am 8. September, dem Geburtstag der heiligen Jungfrau Maria, aus einer Schlacht siegreich hervorgegangen war, versprach er aus Dankbarkeit dem Bischof von Le Puy, aus den erbeuteten Kanonen des Gegeners eine Marienstatue gießen zu lassen. Aus 213 Kanonen entstand so die 110 t schwere, 16 m (mit Sockel 22,7 m) hohe Eisenplastik der Maria mit dem Kind, die fünf Jahre nach dem Versprechen, 1860, auf dem Rocher Corneille aufgestellt wurde.

Notre-Dame-de France

**Aiguilhe St-Michel

Nördlich von der Kathedrale, nahe an der Borne, ragt die schlanke Basaltnadel Aiguilhe St-Michel auf. Auch sie ist, ebenso wie der Rocher Corneille, ein Relikt der einstigen Vulkantätigkeit. Am Fuß des Felsens steht die Chapelle St-Clair (12. Jh.).

Auf einem steilen, in den Fels gehauenen Treppenweg gelangt man in etwa 15 Minuten zu der in kühner Lage auf dem Gipfel errichteten Kapelle St-Michel l'Aiguilhe, die ursprünglich aus dem 10. Jh. stammt. Der Glockenturm und die Fassade mit geometrischen Mustern aus verschiedenfarbigem Vulkangestein wurden im 12. Jh. angefügt. Der Innenraum, den Gegebenheiten auf dem kleinen Gipfelplateau angepaßt und daher von unregelmäßigem Grundriß, besitzt gut erhaltene Fresken im Säulenumgang über dem Eingang und im rechteckigen Altarraum. Von dem Weg, der um die Kapelle führt, bietet sich ein herrlicher Blick auf den Rocher Corneille.

Chapelle St-Michel

Le Puy aus der Vogelperspektive: Blick vom Rocher Corneille auf die Kathedrale

Weitere Sehenswürdigkeiten in Le Puy

St-Laurent

Von Aiguilhe St-Michel nicht weit entfernt, am Nordwestrand der Altstadt an der Place St-Laurent, steht die gotische ehemalige Dominikanerkirche St-Laurent, die 1971–1988 restauriert wurde. Im Chor befindet sich das Grabmal von Bertrand Duguesclin (um 1320 bis 1380), der in den Jahren 1370–1373 die Engländer aus den meisten ihrer Besitzungen in Frankreich vertrieb.

Hôtel de Ville, Place du Plot

Die Place du Martouret, wo im Revolutionsjahr 1793 die Guillotine aufgestellt war, wird vom 1766 erbauten Hôtel de Ville beherrscht.
An der benachbarten Place du Plot wurde der älteste Brunnen der Stadt aufgestellt. Er war bereits 1246 in Betrieb; die Dekoration stammt aus dem 15. Jahrhundert. Auf dem Platz wird heute jeden Samstag ein Wochenmarkt abgehalten.

Musée Crozatier

Weit im Süden der Innenstadt, einen Straßenblock südlich der großen Place du Breuil (Office de Tourisme), steht am Rande des weitläufigen Jardin Henri Vinay das Musée Crozatier. Die Sammlung umfaßt römische, romanische und gotische Plastiken ebenso wie Siegelabdrücke, Gebäudeschmuck aus der Renaissance, Stadtveduten sowie eine Dokumentation zu Architektur und Baugeschichte der Kathedrale. Im ersten Obergeschoß werden Kunst und Kunsthandwerk aus der Region (u. a. kupferne und hölzerne Druckstöcke mit Bildmotiven) sowie einige besonders schöne Erzeugnisse der örtlichen Spitzenklöppelei vorgestellt.
Eine halbe Treppe höher kommt man zur Gemäldegalerie mit vorwiegend französischen Werken aus dem 14.–19. Jahrhundert.
Im zweiten Obergeschoß sind Funde aus Stein- und Bronzezeit, Tierpräparate, eine Mineralien- und eine Insektensammlung sowie einige wenige Funde aus Ägypten ausgestellt.

Ré (Ile de Ré) F–G 2–3

Région: Poitou-Charentes
Département: Charente-Maririme
Inselfläche: 85 km²
Bewohnerzahl: 11 000

Lage und Allgemeines

Die Ile de Ré liegt vor La ⟶ Rochelle im Atlantik. Nordöstlich ist sie durch die Meerenge des Pertuis Breton vom Festland getrennt. Eine rund 4 km lange Straßenbrücke stellt die Verkehrsanbindung her.
Die von feinsandigen Stränden umzogene Insel ist 28 km lang und bis 7 km breit. Hübsche, blumengeschmückte Dörfer liegen zwischen Weinfeldern und Salzsümpfen, die heute teilweise der Muschelzucht dienen. Die wichtigsten Seebäder (u. a. Ars, La Couarde, Le Bois-Plage, Ste-Marie) liegen an der Südküste.

St-Martin-de-Ré

Hauptort der Insel ist St-Martin-de-Ré, dessen Befestigungsgürtel und Zitadelle im 16. Jh. errichtet und nach 1627 durch Vauban erneuert wurden. Aus dem 15. Jh. stammt die im Zentrum stehende Wehrkirche St-Martial. Es gibt auch ein Musée Naval (Schiffsmuseum).

Ars

Am Fier d'Ars, einer von Austernzuchtbecken gesäumten flachen Bucht, liegt der Ort Ars mit seinen engen Gäßchen und der Kirche St-Etienne, die einen spitzen Turm, ein schönes romanisches Portal und einen gotischen Chor besitzt.

St-Clément-des-Baleines

An der Nordwestspitze der Insel liegt St-Clément-des-Baleines mit einem 57 m hohen Leuchtturm von 1854 (Aussicht). Einen Besuch lohnt die "Arche de Noé" mit Aquarium, kleinem Zoo und Schiffsmuseum.

Rennes A 3

Région: Bretagne
Département: Ille-et-Vilaine
Höhe: 30 m ü.d.M.
Einwohnerzahl: 192 000

Lage und Allgemeines

Rennes, das Tor zur Bretagne, liegt am Zusammenfluß von Ille und Vilaine und ist Hauptstadt des Départements Ille-et-Vilaine sowie – seit ⟶ Nantes Hauptstadt der Region Loire wurde – die alte und neue Hauptstadt der Bretagne.
Mit zwei Universitäten, Hochschulen, Museen und anderen Einrichtungen nimmt Rennes auch in kultureller Hinsicht Hauptstadt-Funktion wahr. Das wirtschaftliche Leben der Stadt prägen vor allem die Autoindustrie, das Druck- und Verlagswesen sowie die Lebensmittelindustrie.

Geschichte

Rennes war als Condate Hauptort der keltischen Redoner, denen es auch seinen Namen verdankt. Im 3. Jh. n. Chr. erhielt die Stadt eine erste Ziegelmauer, und im Frühmittelalter wurde sie zu einer der wichtigsten Grenzbefestigungen der Franken gegen die bretonischen Eroberer. Nach dem Sieg Nominoës über Karl den Kahlen bei Redon wurde Rennes bretonisch. Fast sieben Jahrhunderte lang, bis 1532, war die Stadt Mittelpunkt eines Großherzogtums. Am 22. Dezember 1720 zerstörte ein mehrtägiger Stadtbrand die Innenstadt. Die Pläne für den Stadtneubau auf schachbrettförmigem Grundriß stammen von dem königlichen Architekten Jacques Gabriel (1666–1742). Im Jahr 1877 kam in der Stadt der Schriftsteller Alphonse de Chateaubriand († 1951) zur Welt. Eines der wichtigsten historischen Baudenkmäler der Bretagne, das ehemalige Parlament in Rennes, wurde in der Nacht zum 6. Februar 1994 bei einem Brand schwer beschädigt.

Sehenswertes in Rennes

Place des Lices (Abb. S. 148)

Auf dem rechteckigen Platz fanden im Mittelalter die Turniere statt, heute wird in und um die zwei im 19. Jh. erbauten Markthallen am Samstag ein Markt abgehalten, nach eigenen Aussagen der drittgrößte Frankreichs überhaupt. Gesäumt wird die Place des Lices im Norden von prächtigen Patrizierhäusern, Fachwerk auf Steinsockel, den sog. Hôtels, die ab dem 17. Jh. für Angehörige des Parlaments errichtet wurden.

Porte Mordelaise

Von der Place des Lices gelangt man zur Porte Mordelaise, einem Rest der Stadtbefestigung aus dem 15. Jh.; durch diese betraten die bretonischen Herzöge die Stadt, wenn sie in der Kathedrale gekrönt wurden.

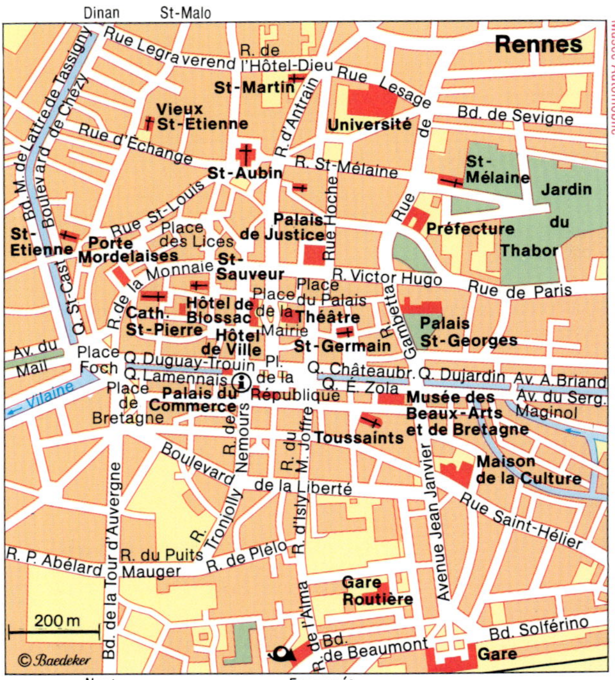

Cathédrale St-Pierre

Nur wenige Schritte entfernt erhebt sich die imposante Kathedrale St-Pierre, das dritte Gotteshaus an dieser Stelle seit dem 6. Jahrhundert. Im Innern wirkt die 1787–1844 nach Plänen des aus Nantes stammenden Mathurin Crucys erbaute Kirche trotz ihrer prachtvollen Ausmalung und der Verwendung von viel Stuck und Vergoldung eher düster.
Beachtung verdient ein flämischer Schnitzaltar aus dem Jahr 1520 in der Kapelle vor dem rechten Querschiff.

***Altstadt**

Um die Kathedrale herum liegt der beim Stadtbrand 1720 verschont gebliebene Stadtteil mit einigen Häusern mit vorkragenden Geschossen und geschnitzten Balkenköpfen, u. a. in der Rue des Dames, die dem Verlauf der ersten Stadtmauer folgt. Im Winkel der Rue St-Yves und der Rue Le Bouteiller steht die 1494 erbaute Kapelle St-Yves. Das Hôtel de

Altstadt (Fortsetzung)

Blossac in der Rue du Chapitre Nr. 6 markiert die Westgrenze des vom Stadtbrand betroffenen Viertels. Es ist von 1728 und gilt als schönes Beispiel für den unter Gabriel durchgeführten Neubau der Stadt.

St-Sauveur

Die vom Stadtbrand verschont gebliebene Kirche entstand von 1703 bis 1728; im Innern sind die schmiedeeiserne und vergoldete Kanzel (1781), ein geschnitzter und vergoldeter Baldachin (1768) und die Statue der Notre-Dame des Miracles erwähnenswert. Letztere soll die Stadt während des Erbfolgekriegs vor der englischen Eroberung bewahrt haben.

* Palais de Justice

Das berühmteste Bauwerk der Stadt ist der Justizpalast an der schönen Place du Palais. Das stattliche Gebäude wurde zwischen 1618 und 1655 als Sitz des bretonischen Parlaments errichtet. Umgeben ist der Palast von eleganten Häusern aus dem 17. und 18. Jahrhundert. Die Pläne für das Gebäude, das im Stil der toskanischen Renaissance erbaut wurde, stammen von Salomon de Brosse, dem Architekten des Palais du Luxembourg in Paris. Die Ausschmückung im Innern übernahmen die unter Louis XVI berühmtesten Maler, Tischler und Bildhauer Frankreichs. Im Rahmen des Wiederaufbaus von Rennes gestaltete Jacques Gabriel 1726 die Fassade neu. Hierfür entfernte er eine große Außentreppe und eine innere Terrasse. Bei Unruhen in der Nacht des 5. Februar 1994 geriet das Gebäude in Brand. Der Dachstuhl, die Wandelhalle und die umfangreiche Bibliothek wurden vollständig zerstört. Wegen der Restaurierungsarbeiten ist das Gebäude vorläufig nicht gänglich.
Der erste Raum des Rundgangs ist der Saal der Dicken Pfeiler (Salle des Gros Piliers); anschließend folgen eine Reihe prunkvoller Räume: die Erste Zivilkammer, das Schwurgericht, die Wandelhalle, ein kleiner Audienzsaal und als Höhepunkt die Große Kammer, wo einst das Parlament tagte. Der 20x10 m große und 7 m hohe Raum besaß eine vergoldete, mit Gemälden versehene Kassettendecke, vergoldete Täfelungen, Gemälde und Gobelins mit Szenen aus der bretonischen Geschichte; in den Loggien konnten vornehme Besucher die Sitzungen des Obersten Gerichtshofes verfolgen.

* Place de la Mairie Hôtel de Ville

Die Rue de Brilhac führt zur Place de la Mairie, dem Rathausplatz der Stadt, der im Zentrum des klassizistischen Stadtviertels liegt. Hier stehen sich das Rathaus (westlich) und das Theater (östlich) gegenüber. Das Rathaus wurde 1734 – 1743 von Jacques Gabriel erbaut. Im rechten Flügel sind eine Monumentaltreppe und der Festsaal zu besichtigen, im linken das Pantheon zu Ehren der Gefallenen des Ersten Weltkriegs.

Théâtre

Gegenüber steht das 1831 von Charles Millardet im neoklassizistischen Stil aus weißem Stein erbaute Theater. Der Theatersaal liegt im Obergeschoß. Der Bretone Jean-Julien Lemordant malte eine Decke mit bretonischen Tanzszenen aus.

Rue St-Georges Palais St-Georges

Am Ende der vom Stadtbrand verschonten Rue St-Georges mit prächtigen alten Fachwerkhäusern stößt man auf das vierstöckige Palais St-Georges oberhalb eines schönen Gartens. Es wurde 1670 von Pierre Corbineau für die Äbtissin Madeleine de La Fayette als Nachfolgebau der alten Benediktinerabtei erbaut (heute ist hier eine Behörde untergebracht).

St-Mélaine

Die heutige Pfarrkirche von 1672 war früher Abteikirche des Benediktinerklosters St-Mélaine. Im Innern stammen die Vierung mit ihren Hufeisenbogen und einige Pfeiler des Kirchenschiffs noch aus dem 11. Jh. und sind seltene Beispiele der Romanik in der Bretagne. An die Nordseite der Kirche schließt sich ein schöner Kreuzgang (1663) an.

* Jardin du Thabor

Durch ein kunstvoll geschmiedetes Tor von Jean-Baptiste Martenot betritt man den südlich der Kirche gelegenen Jardin du Thabor, den ehem. Obstgarten der Benediktinerabtei. Seit dem 18. Jh. ist er öffentlich zugänglich. Der heutige Park mit Fontänen, Musikpavillon und einer Volière (beide von J.-B. Martenot), Teichen und einer Grotte entstand um 1866 nach Plänen

Markttag auf der Place des Lices in Rennes

Jardin du Thabor (Fortsetzung)

von Denis Bühler im strengen französischen Stil. Im angeschlossenen Botanischen Garten gibt es nicht weniger als 3000 Pflanzenarten. Zu den Hauptsehenswürdigkeiten gehört ein Rosengarten.

St-Aubin

Die alte Rue St-Mélaine führt hinunter zur Place Ste-Anne mit der gleichnamigen, in neugotischem Stil von J.-B. Martinot erbauten Kirche. Der Platz wird von hübschen Fachwerkhäusern aus dem 16. Jh. gesäumt. In dem ehem. Franziskanerstift (Ancien Couvent des Franciscains; gegenüber der Kirche) fanden 1491 die Vermählungsfeierlichkeiten von Anne de Bretagne und König Karl VIII. statt.

Place de la République, Palais de Commerce

Die 1840 kanalisierte Vilaine ist die Ost-West-Achse von Rennes. Die über dem Fluß angelegte Place de la République bildet die Verbindung zwischen dem rechten und dem linken Flußufer.
Das mit einem zentralen Torbogen versehene Palais de Commerce ist ein monumentales Gebäude mit vorspringenden Eckpavillons, zentralem Uhrturm und einer großen Erdgeschoßarkade im Stile Ludwigs XIV.; es versperrt den Blick auf die damals vermutlich für unansehnlich gehaltene Unterstadt. Das Gebäude entstand 1886–1932 als Handelskammer; heute ist hier die Hauptpost untergebracht.

Musée de Bretagne

Etwas weiter östlich liegt das ehem. Universitätsgebäude (1849–1856). Heute beherbergt es im Erdgeschoß das Heimatmuseum (Musée de Bretagne) und im ersten Stock das Kunstmuseum (Musée des Beaux-Arts; beide Museen geöffnet tgl. außer Di. 10.00–12.00 und 14.00–18.00 Uhr).
Das reich ausgestattete Bretagne-Museum (Musée de Bretagne) widmet sich der Geschichte und Entwicklung der Region von der Vor- und Frühgeschichte bis heute. Im letzten Raum, der sog. Galerie de Bretagne, wird vor allem anhand von Trachten und Kunsthandwerk die Bretagne von 1789 bis in unsere Zeit thematisiert. Die Arbeitswelt jener Zeit veranschaulichen Werkzeug und andere Gebrauchsgegenstände

Musée des Beaux-Arts

Das bedeutendste Kunstmuseum der Bretagne bietet einen Überblick über die Kunstentwicklung vom 14. bis zum 20. Jahrhundert. Einer der Hauptanziehungspunkte ist das Gemälde "Das Neugeborene" ("La nativité") von Georges de la Tour; weitere Werke sind u. a. von Veronese, Rubens, Chardin, Corot, Sisley, Utrillo, Picasso. Die Malerschule von Pont-Aven ist mit Werken von Gauguin, Sérusier und Emile Bernard vertreten. Daneben gibt es noch eine Sammlung ägyptischer und antiker Kunst.

Umgebung von Rennes

Ecomusée du Pays de Rennes

Am südlichen Stadtrand von Rennes liegt an der Route de Châtillon-sur-Seiche das Freilichtmuseum La Bintinais. Hier erfährt man etwas über die Entwicklung der Landwirtschaft in der Region vom 16. Jh. bis heute (geöffnet tgl. außer Di. und Fei. 9.00 – 12.00, 14.00 – 18.00, Sa. 14.00 – 18.00, So. bis 19.00 Uhr).

*Châteaugiron

Das heute 4000 Einwohner zählende Châteaugiron (16 km südöstlich von Rennes) gehörte im Mittelalter zu den bedeutendsten Städten der Bretagne. Im 16. Jh. trat die Stadt als eine der ersten zum protestantischen Glauben über, weshalb sie 1589 von den Truppen der katholischen Liga verwüstet wurde. Eine erneute Blüte erlebte Châteaugiron als Metropole der Segeltuchherstellung. Heute erinnern an diese Zeiten einige schöne alte Fachwerkhäuser aus dem 16. bis 19. Jh. und die Burg mit einer Tour de l'Horloge und einem 38 m hohen Donjon aus dem 13. Jahrhundert.

Richelieu E 6

Région: Centre
Département: Indre-et-Loire
Höhe: 53 m ü.d.M.
Einwohnerzahl: 2000

Lage und Allgemeines

Das rund 20 km südlich von Chinon gelegene Städtchen verdankt seine Existenz dem Bauwillen eines einzigen Mannes, dem Kardinal und königlichen Minister Richelieu (1585 – 1642), der den Ort zusammen mit seinem dort befindlichen Schloß hatte bauen lassen – und zwar nach einem einheitlichen Plan, der die gesamte Anlage in ein schachbrettartiges, an einer Mittelachse orientiertes Raster einband.

Geschichte

Richelieu hatte das Gut 1621 gekauft und 10 Jahre später, nachdem dieses zum Herzogtum erhoben worden war, den Architekten Lemercier mit der Planung eines Schlosses und einer ummauerten Ortschaft beauftragt. Während er andere Schlösser verfallen oder gar abreißen ließ, machte er Richelieu zu seinem prächtigen, mit hochkarätigen Kunstwerken und teuren Möbeln ausgestatteter Wohnsitz. Richelieus Erben bedienten sich dieser Schätze und ließen zu, daß das Schloß nach der französischen Revolution als Steinbruch verwendet wurde.

Sehenswertes in Richelieu

*Schloßpark

Der Park von Richelieu mit seinen schnurgeraden Kastanien- und Platanenalleen und einem Netz von Kanälen ist eine sehr gepflegte Anlage. In einem Pavillon nahe dem Rosengarten wurde ein kleines Museum eingerichtet, das ein Modell des ursprünglichen Schloß- und Stadtensembles sowie Erinnerungsstücke an Kardinal Richelieu enthält. Der Pavillon und einige am Parkrand gelegene Wirtschaftsgebäude sowie die Orangerie sind die einzigen Überreste des ehemaligen Wohnsitzes von Richelieu. Der Park ist tgl. 10.00 – 19.00 Uhr geöffnet (Eintritt).

Richelieu, Stadt

Die Zentralachse des Parks setzt sich geradlinig in der Grande Rue, der Hauptstraße des Städtchens fort, das von einem Mauerkarree umgürtet ist. Wenige Meter hinter den beiden prächtigen Stadttoren öffnen sich zwei quadratische Plätze. An der Place du Marché (Marktplatz) sind die wichtigsten Gebäude der Stadt versammelt: Notre-Dame, eine im Stil des französischen Barock gehaltene Kirche mit heller Steinfassade, die aus Holz gebaute Markthalle und der Justizpalast, heute Rathaus, in dem ein Museum eingerichtet wurde.

Oldtimerzug

Zwischen Richelieu und dem Weinstädtchen ⟶ Chinon verkehrt an Sommerwochenenden ein nostalgischer Oldtimer-Dampfzug.

Champigny-sur-Veude

An der nach Chinon führenden Straße, 6 km nördlich von Richelieu, liegt der Ort Champigny-sur-Veude. Das dortige Schloß ließ Kardinal Richelieu abreißen, erhalten blieb von dieser Anlage nur die Sainte-Chapelle, die 1508–1543 im Übergangsstil von der Gotik zur Renaissance erbaut wurde. Wegen der herrlichen, aus der Erbauungszeit der Kapelle stammenden Glasfenster mit Darstellungen aus demzum Leben König Ludwigs IX. (des Heiligen) ist die Kirche unbedingt einen Besuch wert.

Roanne H/J 14

Région: Rhône-Alpes
Département: Loire
Höhe: 280 m ü.d.M.
Einwohnerzahl: 57 000

Lage

Die Industriestadt Roanne liegt in einer weiten Ebene am linken Ufer der oberen Loire, rund 80 km nördlich von St-Etienne. Für die Binnenschiffahrt von Bedeutung ist der Canal de Roanne à Digoin, der die Loire auf 56 km begleitet.

Musée Joseph Déchelette

Das zentral in der Rue Anatole France gelegene Museum ist in einem Stadtpalais aus dem 18. Jh. untergebracht und benannt nach dem in Roanne geborenen Archäologen Joseph Déchelette (1862–1914), aus dessen Nachlaß es hervorgegangen ist (geöffnet Mi.–Mo. 10.00–12.00 und 14.00–18.00 Uhr). Gezeigt werden Fundstücke aus vorgeschichtlicher und gallo-römischer Zeit, Plastiken aus dem Mittelalter, europäische Malerei vom 15. bis zum 20. Jh., eine beachtliche Sammlung regionaler Maler des 19. Jh.s, Möbel sowie Fayencen aus Roanne und Italien.

Place Clemenceau

Den Mittelpunkt der Altstadt bildet die Place Clemenceau. An ihrer Nordseite steht als Rest der im 11. Jh. angelegten Befestigung der teilweise erhaltene Donjon (Wehrturm). Südlich gegenüber erhebt sich die Kirche St-Etienne (Stephanskirche; 19. Jh.).

Umgebung von Roanne

Charlieu

Das alte Städtchen Charlieu, 20 km nordöstlich von Roanne am rechten Ufer des Sornin gelegen, besitzt eine sehenswerte Benediktinerabtei, von der die romanische Kirche (11./12. Jh.) sowie der stimmungsvolle Kreuzgang erhalten sind.
Am Boulevard du Maréchal Leclerc (Nr. 9) in Charlieu wurde in einem stattlichen Gebäudekarree ein Museumszentrum eingerichtet. Zu dem Komplex gehört auch das Musée de la Soierie (Seidenmuseum; geöffnet tgl. 14.00–18.00 Uhr). Ausgestellt sind historische und moderne Seidenwebstühle sowie eine Kollektion seidener Roben und Gewebeproben. Einen Besuch lohnt ferner ein ehemaliges Franziskanerkloster aus dem 14./15. Jh. in der westlichen Vorstadt.

La Rochelle G 3

Région: Poitou-Charentes
Département: Charente-Maritime
Höhe: 7 m ü.d.M.
Einwohnerzahl: 71 000

Lage und Allgemeines

La Rochelle, die Hauptstadt des Département Charente-Maritime, liegt zwischen Nantes und Bordeaux an einer durch die Inseln Ré und Oléron geschützten Bucht des Atlantischen Ozeans. Im hübschen alten Hafen von La Rochelle legen heute nur noch Jachten und Fischerboote an; für die großen Überseeschiffe und die Fischereiflotte – die fünftgrößte Frankreichs – wurde ein neuer Hafen bei der Pointe des Minimes angelegt.

Geschichte

La Rochelle war vom 14. bis zum 18. Jh. eine der bedeutendsten Seestädte Frankreichs und trieb schon frühzeitig selbständigen Handel mit Nordamerika. In den Religionskriegen als Zufluchtsstätte der Hugenotten viel umkämpft, wurde die befestigte Stadt 1628 von Richelieu durch Aushunger bezwungen. Die Aufhebung des Edikts von Nantes (1683) und Frankreichs Verlust von Kanada (1763) setzten ihrer einstigen Bedeutung ein Ende, doch hat sie mit ihren alten Hafenbefestigungen und ihren Arkadenhäusern den Charakter der Hugenottenzeit gut bewahrt. 1683 wurde in La Rochelle der durch seine Thermometerskala bekannte Physiker René-Antoine de Réaumur geboren († 1757).

Sehenswertes in der Altstadt

*Hôtel de Ville

Im Mittelpunkt von La Rochelle liegt die Place de l'Hôtel de Ville mit dem stattlichen Rathaus, einem hauptsächlich aus den Jahren 1595–1606

Gut beschützt: Alter Hafen von La Rochelle

Das Rathaus von La Rochelle spiegelt das Selbstbewußtsein einer Seestadt.

Hôtel de Ville (Fortsetzung)

stammenden, reich gegliederten Renaissancebau, den eine im Jahr 1498 vollendete Befestigungsmauer umgibt. Den Treppenpavillon des von Arkaden gesäumten Innenhofs schmückt eine polychrome Statue Heinrichs IV.

Rue Merciers

In der Rue des Merciers, die von der Nordostecke des Rathauses zum Markt führt, stehen zahlreiche malerische alte Häuser mit Arkadengängen (besonders Nr. 3, 5, 8, 17 und 23).

St-Louis

Vom Rathaus gelangt man westlich durch die Rue Dupaty zu dem Hauptstraßenzug der Stadt: links die von Bogengängen des 16.–18. Jh.s gesäumte Rue du Palais, rechts die Rue Chaudrier, die im Norden in die ausgedehnte Place de Verdun einmündet. Am Ende der Rue Chaudrier befindet sich links die Kathedrale St-Louis, ein 1742–1762 von Jacques Gabriel errichteter klassizistischer Bau mit einem Turm aus dem 15. Jahrhundert. Die Gemälde im Innern der Kathedrale stammen aus dem 18. und 19. Jahrhundert. In den linken Seitenkapellen stehen zwei große Schiffsmodelle und eine Anzahl von Votivbildern, die zum Dank für Rettung aus Seenot gestiftet wurden.

Musée d'Orbigny

Unweit südwestlich liegt das Musée d'Orbigny-Bernon mit Sammlungen zur Lokalgeschichte, zur Keramikherstellung und zu ostasiatischer Kunst. Südlich vom Museum verläuft die von schönen Barockhäusern gesäumte Rue de l'Escale.

Musée des Beaux-Arts

Östlich der Place de Verdun, an der Rue Gargoulleau, befinden sich im ehem. Bischöflichen Palais (18. Jh.) die Städtische Gemäldesammlung und die Stadtbibliothek; unter den Gemälden sind eine Landschaft von Camille Corot sowie die "Anbetung der Hirten" beachtenswert.

Jardin des Plantes

In der die Rue Chaudrier nördlich fortsetzenden Rue Albert I erstreckt sich rechts der Botanische Garten mit dem Museum für Naturgeschichte.

In der Rue du Palais stehen rechts der Justizpalast (1789) und die Börse (1785) mit einem schönen Hof. Beide Gebäude weisen prächtige Fassaden auf. In einer Seitenstraße, der Rue des Augustins, steht die Maison Henri II, ein 1555 erbautes Bürgerhaus.

Justizpalast, Börse

Am Ende der Rue du Palais erhebt sich die aus dem 14./15. Jh. stammende Porte de la Grosse-Horloge, das einzige erhaltene Stadttor, mit einer Bekrönung von 1746. Im Innern ist ein besonders für Blinde konzipiertes archäologisches Museum untergebracht.
Wenige Schritte nordöstlich befindet sich das Musée du Flacon à Parfum (Parfümflaschenmuseum).

Porte de la Grosse-Horloge

*Alter Hafen

Jenseits des Tores erstreckt sich längs des Quai Duperré und des Cours Wilson der von Jachten und Fischerbooten belebte, malerische Alte Hafen. Nach Restaurants muß man hier nicht lange suchen; vor allem für Liebhaber von Fischgerichten ist die Auswahl groß.
Die südliche Durchfahrt zum Vorhafen begrenzen östlich die mächtige Tour St-Nicolas (1384; Aussicht; Dokumentensammlung des Musée Maritime, s. unten), westlich die Tour de la Chaîne. Sie erhielt ihren Namen von der Kette, mit der im Mittelalter die Hafeneinfahrt des Nachts abgesperrt wurde. Im Innern ist ein schönes Modell der mittelalterlichen Stadt ausgestellt.

Allgemeines

Im Bassin des Chalutiers, dem südöstlich an den Alten Hafen anschließenden Becken, ist das Schiffahrtsmuseum (Musée Maritime) eingerichtet. Es besteht aus drei Museumsschiffen: einem Hecktrawler, einem Schlepper und einem Wetterschiff.

Musée Maritime

Westlich der Tour de la Chaîne (s. zuvor) führt die Rue sur les Murs zu der 1445–1476 als Leuchtturm errichteten Tour de la Lanterne, die mit einer achteckigen Turmspitze versehen ist (Aussicht).

Tour de la Lanterne

Die Rue St-Jean-du-Pérot mündet südwestlich auf den schönen Parc Charruyer, der sich an der einstigen Stadtbefestigung entlangzieht, und findet ihre Fortsetzung in der strandnahen, vor allem im Sommer sehr belebten Promenade, wo sich auch das Casino befindet.

Mail

Gebiet südlich des Alten Hafens

An der Rue La Désirée hat das Musée des Automates (Museum mechanischer Puppen) seinen Sitz.

Musée des Automates

An derselben Straße steht etwas weiter südlich das Musée des Modèles Reduits, das eine große Zahl von Eisenbahn-, Schiffs- und Automodellen sowie eine Miniatur-Eisenbahn besitzt.

Musée des Modèles Reduits

Südlich vom Alten Hafen wurde der Port de Plaisance des Minimes (Jachthafen) angelegt. Besondere Beachtung verdient hier das große, moderne Aquarium (insgesamt 550 m³ Meerwasser).

*Aquarium

Unweit westlich des Aquariums steht das 1982 eröffnete Ozeanographische Museum, das über Meeresforschung, maritime Flora und Fauna u.a. unterrichtet und auch eine Seehund-Pflegestation unterhält.

Musée Océanographique

Die küstennahe Landschaft nördlich von La Rochelle ist als Naturpark (Parc Régional Naturel du Marais Poitevin) unter Schutz gestellt worden. Im Parkgelände gibt es eine Anzahl von Informationszentren, z.B. zum Müllerhandwerk, zur Muschelzucht und zum Protestantismus.

Parc Régional Naturel du Marais Poitevin

Blick von der Brücke: Romorantin-Lanthenay

Romorantin-Lanthenay D 10

Région: Centre
Département: Loir-et-Cher
Höhe: 88 m ü.d.M.
Einwohnerzahl: 18 000

Lage und Allgemeines

Romorantin-Lanthenay liegt südlich von Orléans an der Sauldre, die wenige Kilometer weiter südwestlich in den Cher mündet. Zahlreiche hübsche alte Häuser verleihen der Kleinstadt, die aus der Zusammenlegung zweier Gemeinden entstand, ein ausgesprochen freundliches Ortsbild.

Sehenswertes in Romoranthin-Lanthenay

Musée de Sologne

Im Hôtel de Ville (Rathaus) ist das Musée de Sologne zu finden. Das Heimatmuseum enthält eine komplette Holzschuhmacherwerkstatt, Trachtenpuppen, eine eingerichtete Wohnstube, Kleinkunst und Kunsthandwerk sowie Exponate zur regionalen Bautechnik.

Kanzlei, Musée Archéologique

Eines der schönsten Fachwerkhäuser in der Altstadt ist die ehemalige Kanzlei an der Ecke Rue de la Résistance/Rue du Milieu. Dort, wo die Rue du Milieu auf die Rue de la Pierre stößt, steht die Maison du Carroir Doré, ebenfalls ein stattlicher Fachwerkbau mit geschnitzten Eckpfosten. Hier hat das Archäologische Museum von Romoranthin-Lanthenay seinen Sitz. Weiter südlich wird die Sauldre von einer Brücke überspannt, von der sich nach beiden Seiten hübsche Ausblicke eröffnen.

Automobilmuseum

Außerhalb der Altstadt, nahe der Ausfallstraße in Richtung Orléans, ist ein Rennwagenmuseum, v. a. mit Fahrzeugen der Firma Matra, eingerichtet.

Les Sables d'Olonne F 2

Région: Pays de la Loire
Département: Vendée
Höhe: 4 m ü.d.M.
Einwohnerzahl: 16 000

Lage und Allgemeines

Les Sables d'Olonne an der flachen Sandküste der Vendée gehört zu den beliebtesten und meistbesuchten Seebädern der französischen Atlantikküste und ist außerdem ein bedeutender Fischereihafen.

*Strand

Im Süden der Altstadt von Les Sables d'Olonne erstreckt sich der berühmte, über 2 km lange, feinsandige Strand, an dessen Promenade die wichtigsten Hotels zu finden sind. Am westlichen Ende der Promenade befindet sich das Casino, am östlichen Ende der Zoologische Garten.

Altstadt

Den Mittelpunkt der Altstadt bildet die Place de l'Eglise mit der Kirche Notre-Dame-du-Bon-Port aus dem 17. Jahrhundert. Etwas weiter westlich gelangt man zur Markthalle. An der Rue de Verdun, östlich des Altstadtkerns, befindet sich das 1963 gegründete Musée de l'Abbaye Ste-Croix mit einer Galerie moderner und zeitgenössischer Kunst sowie prähistorischen und volkskundlichen Sammlungen.

Château

Alt- und Neustadt trennt ein Kanal, an dem sich das Château St-Clair mit der Tour Arundel erhebt. Der Turm beherbergt ein kleines Marinemuseum; von der Dachplattform überblickt man die Stadt.

Musée de l'Automobile

8 km südöstlich, an der Straße nach La Rochelle, liegt der Ort Talmont. Hier lohnt das Musée de l'Automobile einen Besuch; es zeigt auf einer Fläche von rund 3000 m^2 rund 140 historische Autos und Zweiradfahrzeuge.

Alt- und Neustadt von Les Sables d'Olonne sind durch einen Kanal getrennt.

St-Benoît-sur-Loire C 11

Région: Centre
Département: Loiret
Höhe: 100 m ü.d.M.
Einwohnerzahl: 2000

Lage

Das Dorf St-Benoît liegt rund 30 km östlich von Orléans, am rechten Ufer der Loire, abseits der großen Durchgangsstraße. Wegen der berühmten romanischen Klosterkirche ist der kleine Ort ein vielbesuchtes Etappenziel an der Loire.

Geschichte

Die Benediktinerabtei geht in ihren Ursprüngen auf das 7. Jh. zurück. Rund 20 Jahre nach der Gründung des Klosters, in den 70er Jahren des 7. Jh.s, ließ der Abt von St-Benoît, das damals noch Fleury hieß, die Gebeine des hl. Benedikt von Montecassino hierher überführen, um sie vor den lombardischen Eroberern zu retten. Diese Reliquie machte Fleury bald zu einer bedeutenden Wallfahrtsstätte. An der Wende vom 8. zum 9. Jh. leitete der aus Katalonien stammende, hochgebildete Theodulf, Bischof von Orléans und Berater Karls des Großen, das Kloster. Unter seiner Amtszeit als Abt wurde Fleury ein Zentrum der Künste und Wissenschaften, dessen Einflüsse im gesamten karolingischen Reich wirksam wurden. In den Religionskriegen plünderten hugenottische Truppen das Kloster. Sie schmelzten den bedeutenden Kirchenschatz ein und lösten die umfangreiche Bibliothek auf. Unter Kardinal Richelieu wurden 1627 erneut Benediktinermönche in der Abtei angesiedelt, doch die Französische Revolution bereitete der Klosterkultur in St-Benoît wiederum ein Ende. Erst seit den 50er Jahren unseres Jahrhunderts wird das Kloster wieder von einer Benediktinergemeinschaft genutzt. Die modernen Konventsgebäude südlich der Kirche sind nicht zugänglich.

**Basilika St-Benoît

Äußeres

Von der alten Klosteranlage blieb nur die mächtige Basilika erhalten, die zwischen 1026 und 1218 errichtet worden war. Ungewöhnlich ist die Westfassade dieser Kirche, die vermutlich bereits 1030 vollendet war und damals etwas völlig Neues darstellte. Sie besteht aus einem über quadratischem Grundriß hochgeführten, zweigeschossigen Turm, der sich im Erdgeschoß in einer dreijochigen Halle öffnet. Im Inneren wird diese Halle durch wuchtige Pfeiler mit vorgelegten Halbsäulen unterteilt, an denen herrlich gearbeitete Kapitelle zu sehen sind. Sie zeigen teils stilisierte Blattornamente, teils figürliche Darstellungen. Im Obergeschoß des Turms befand sich ein Andachtsraum. Einen Blick verdient auch das Nordportal der Kirche aus der Zeit um 1200. Am Tympanon dieses Portals ist die Überführung der Gebeine des hl. Benedikt dargestellt.

Inneres

Das Innere ist erstaunlich hell und in seiner strengen Klarheit ungemein wirkungsvoll. Das um 1200 fertiggestellte Hauptschiff und die sehr schmalen, hohen Seitenschiffe tragen bis zum Querhaus ein Kreuzrippengewölbe, das den Übergang zur Gotik andeutet. Die Orgeltribüne wurde um 1700 eingefügt. Das Querhaus und der romanische Langchor mit Chorumgang gehören zusammen mit der Krypta zu den ältesten Bauteilen der Kirche (um 1108 vollendet). Im Chorumgang beachte man den aus polychromem Marmor zusammengefügten Mosaikfußboden und das Marmorgrabmal mit der liegenden Figur König Philipps I. (1052–1108).

Krypta

Die Krypta (11. Jh.) zeigt die gleiche Grundrißgliederung wie die Apsis. Ihre Gewölbe erheben sich über starken, gedrungenen Pfeilern. Im Zentrum des dunklen Raumes ruhen in einem metallenen Schrein (neuzeitliche Arbeit) die Reliquien des hl. Benedikt, die im späten 7. Jh. von dem italienischen Kloster Monte Cassino hierher gebracht wurden.

Umgebung von St-Benoît-sur Loire

Auf der Strecke von St-Benoît nach Châteauneuf-sur-Loire (s. u.) passiert man das Dorf Germigny-des-Prés. Hier steht nahe der Durchgangsstraße eine aus karolingischer Zeit stammende, aber später erneuerte kleine Kirche, die sich um 800 der Abt von St-Benoît, Theodulf, als Betkapelle zu seinem Landhaus errichten ließ. Im 9. Jh. wurde das Landhaus abgebrannt, die Kapelle blieb erhalten. Im 15. Jh. hat man ihr im Westen ein Langhaus angefügt.

*Germigny-des-Prés

Der eigentliche, kuppelüberwölbte Bau erhebt sich auf dem Grundriß eines griechischen Kreuzes, dessen Arme in hufeisenförmigen Konchen münden. Als die Kapelle im 19. Jh. restauriert und dabei auch einiges unwiderbringlich zerstört wurde, entdeckte man in der Wölbung der Chorkonche ein Mosaik, das aus der Entstehungszeit der Kirche stammt und eine enge Verwandtschaft mit den Mosaiken in Ravenna zeigt. Dargestellt sind zwei seitliche Engel, die mit einem Zeigegestus auf die alttestamentarische Bundeslade zwischen ihnen hinweisen.

Abb. S. 158

Das Städtchen Châteauneuf-sur-Loire, 10 km nordwestlich von St-Benoît gelegen, besaß bis zur Französischen Revolution ein barockes Schloß, von dem heute nur die Orangerie, Wirtschaftsgebäude, zwei Pavillons und ein Achteckbau erhalten sind. In einem der Gebäude, die zum Schloß gehörten, einem überkuppelten Achteckbau mit hohen Fenstern, ist heute das Musée de la Marine de Loire, ein Museum zur Loire-Schiffahrt, untergebracht. Hübsch ist vor allem der Schloßpark, der im Frühsommer durch seine Rhododendren ein farbenprächtiges Bild bietet.

Châteauneuf-sur-Loire

In der gotischen Stadtkirche von Châteauneuf-sur-Loire wurde der ehemalige Schloßherr, Marquis de la Vrillière (1672–1725), beigesetzt, der unter Ludwig XIV. ein Ministeramt bekleidete. Das Marmorgrabmal des Marquis schuf ein Schüler des berühmten Bernini.

St-Benoît: Westfassade . . .

. . . und Kapitell in der Vorhalle

St-Etienne
K 14

Région: Rhône-Alpes
Département: Loire
Höhe: 520 m ü.d.M.
Einwohnerzahl: 220000

Lage

Die Hauptstadt des Département Loire liegt am Flüßchen Furan, etwas abseits vom östlichen Ufer der oberen Loire, rund 60 km südwestlich von Lyon. St-Etienne ist eine lebhafte Universitätsstadt und ein bedeutender Industriestandort im Loire-Kohlebecken. Metallindustrie, Fahrzeugbau und Glashütten prägen das Wirtschaftsleben der Stadt.

Sehenswertes in St-Etienne

Musée d'Art et d'Industrie

Das südlich vom Stadtzentrum, an der Place Louis Comte gelegene Kunst- und Industriemuseum ist in vier Abteilungen gegliedert, die jeweils einem eigenen Themenbereich gewidmet sind. Es handelt sich dabei um Schausammlungen zum Kohlenbergbau (im Keller wurde eine Stollenanlage nachgebaut), zur Waffentechnik, zur Textilherstellung sowie um eine Sammlung von Zweiradfahrzeugen.
Bis Juni 1998 ist das Museum wegen Renovierungsarbeiten geschlossen.

Musée d'Art Moderne

Im nördlichen Stadtteil La Terrasse, unmittelbar an der Anschlußstelle der Autobahn A 72, wurde 1987 das Musée d'Art Moderne (Museum für Moderne Kunst) eröffnet. Das großzügige Gebäude ist der Kunst des 20. Jh.s gewidmet, insbesondere den Strömungen seit dem Expressionismus. Zu sehen sind u. a. Gemälde von Dubuffet, Picasso, Tanguy, Léger und Miró (geöffnet tgl. 10.00 – 18.00 Uhr).

Umgebung von St-Etienne

Grangent

Rund 10 km westlich von St-Etienne befindet sich eine der wenigen Loire-Staustufen: der langgestreckte, überwiegend von Wäldern eingefaßte Lac de Grangent. Auf einer heute als Insel im Stausee liegenden Anhöhe steht die Ruine des Schlosses von Grangent aus dem 12. Jahrhundert.

Montbrison

Das alte Städtchen Montbrison, 36 km nordwestlich von St-Etienne gelegen, gruppiert sich um einen Hügel an der Grenze zwischen der Loire-Ebene und den Bergen von Forez. Die im Süden, nahe dem Flüßchen Vizézy gelegene Kirche Notre-Dame-d'Espérance ist ein gotischer Bau aus dem frühen 13. Jh., dessen im 15. Jh. angefügtes Portal den 'Style flamboyant' der Spätgotik zeigt. Im Inneren sind die Gräber von Pierre de Vernet und Guy IV. zu sehen.
Hinter der Apsis der Kirche steht die sogenannte 'Diana', ein heute als Bibliothek dienender ehemaliger Kapitelsaal, der anläßlich der Hochzeit des Grafen Jean I. (1296) erbaut worden war. Die prachtvolle gewölbte Holzdecke mit ihren bemalten Kassetten ist 1728 eingezogen worden.
An dem Boulevard, der um die Stadt herumführt, steht im Westen das Musée d'Allard mit einer bemerkenswerten Sammlung von Puppen und Marionetten sowie einem Mineralienkabinett .

Montrond-les-Bains

Am rechten Ufer der Loire, 22 km nördlich von St-Etienne, liegt der kleine Thermalbadeort Montrond-les-Bains, überragt von den Resten einer Burg aus dem 14.–16. Jh. Von hier genießt man einen guten Blick auf die Berge des Forez und den Parc du Pilat.

◀ *Die Kapelle in Germigny-des-Prés, einst zum Landhaus des berühmten Abtes Theodulf gehörend, gilt als die älteste Kirche Frankreichs.*

Künstlich aufgestaut: der Lac de Grangent

St-Etienne, Umgebung, Parc Régional du Pilat

Der 1974 gegründete, 65000 ha große Naturpark südöstlich von St-Etienne wurde nach dem Massif du Mont Pilat benannt, einem Höhenzug, der die Kernregion des Parks bildet. Dieser Bergzug trennt die Loire von der östlich verlaufenden Rhône und erreicht im Gipfel des Crêt de l'Œillon (Nordosten) eine Höhe von 1370 m bzw. im Gipfel des Crêt de la Perdrix 1432 m.
An der Nordflanke des Massivs wurden mehrere Stauseen angelegt.

St-Galmier

Am Flüßchen Coise, östlich der von St-Etienne nach ⟶ Roanne führenden Nationalstraße, liegt der Ort St-Galmier, rund 15 km von St-Etienne entfernt. Die Mineralquellen von St-Galmier liefern ein weithin bekanntes Tafelwasser. Beachtenswert ist die im 15. – 17. Jh. erbaute Kirche. Im Inneren des Gotteshauses beachte man die schöne Pfeilermadonna und das flämische Triptychon.

St-Nazaire C 1

Région: Pays de la Loire
Département: Loire-Atlantique
Höhe: Meereshöhe
Einwohnerzahl: 70000

Lage und Bedeutung

Die bedeutende Hafen- und Industriestadt St-Nazaire liegt an der Mündung der Loire in den Atlantischen Ozean. Landschaftlich besonders reizvoll ist der Küstenabschnitt nordwestlich von St-Nazaire, wo sich auch das berühmte Seebad La Baule befindet.

Geschichte

Mit dem großen Aufschwung der Industrie im 19. Jh. entwickelte sich St-Nazaire aus einem kleinen Fischerdorf zu einem Schiffsbauzentrum. Da die

Geschichte (Fortsetzung)

Loire selbst im Unterlauf für die neuen großen Schiffe zu flach war, wurde der Hafen von St-Nazaire großzügig ausgebaut; heute bildet er den Vorhafen der Industriestadt ⟶ Nantes. Im Zweiten Weltkrieg legten die Deutschen in St-Nazaire eine große Basis für Unterseeboote an. Im weiteren Verlauf der Kampfhandlungen wurde St-Nazaire völlig zerstört.

Sehenswertes in St-Nazaire

Hafen

Der lebhafte Hafen von St-Nazaire umfaßt mehrere Becken am rechten Ufer der Loire. Ein besonders instruktiver Überblick über die Hafenbecken und die einstige U-Boot-Basis bietet sich von der Aussichtsplattform zwischen dem Bassin de St-Nazaire und dem Fluß.

Ecomusée

Am östlichen Rand des Bassin de St-Nazaire befindet sich das Ecomusée, das über die Entwicklung von Stadt und Hafen unterrichtet. Nördlich jenseits der Schleuse liegt in einem alten U-Boot-Bunker das französische Unterseebot "Espadon", dessen Inneres im Rahmen einer Führung besichtigt werden kann. Vor dem Ecomusée steht im flachen Wasser das der amerikanischen Sklavenbefreiung gewidmete Denkmal "Abolition de l'Esclavage" (1991) von J.-C. Mayo.

*Loire-Brücke

Am Übergang der Loire in den Atlantik, östlich der Hafenanlagen, überspannt die 1972–1975 erbaute Straßenbrücke die Flußmündung. Sie ist mit einer Länge von 2636 m und einer maximalen Höhe von 61 m ein beachtenswertes Beispiel des modernen Brückenbaus.
Für die Benutzung der Brücke wird eine Gebühr erhoben.

*Grande Brière

Lage und Allgemeines

"Eine wilde Sumpflandschaft, erfüllt vom Schweigen der Menschen und dem Gesang der Vögel", so beschrieb Alphonse de Châteaubriant in seinem 1923 erschienenen Roman "La Brière" diese Gegend am Südrand der Bretagne, nur wenige Kilometer nördlich von St-Nazaire.

Landschaftsbild

Die nach der Camargue zweitgrößte Sumpflandschaft Frankreichs erstreckt sich über 40000 ha zwischen den Mündungen von Loire und Vilaine. Auch heute noch gehört sie zu den geheimnisvollsten Landschaften des Landes, mit weiten Sümpfen und offenen Wasserflächen, Kanälen und Schilfdickichten und vereinzelten Felseninseln, auf denen Dörfer entstanden sind wie Ile de Fédrun, Ile de Pendille, Ile de Ménac.
1970 wurde der Parc Naturel Régional de la Brière geschaffen, um die außerordentlich reiche Pflanzen- und Tierwelt der Brière zu schützen und einen naturverträglichen Fremdenverkehr zu entwickeln.

Fahrt durch den Parc Naturel Régional de Brière

Von La Baule oder St-Nazaire aus kommend, beginnt die Rundfahrt in Montoir de Bretagne. Über St-Malo-de-Guersac (3200 Einw.; der Ort liegt auf der größten Brière-Insel) führt die D 50 nach Rosé. Der kleine, am Brivet gelegene Hafen war einst Durchfahrtsort der Lastkähne, die zwischen Nantes und Vannes verkehrten. Das Haus des Schleusenwärters am Kanal von Rosé (Maison de l'Eclusier) war bis 1950 in Betrieb. Heute befindet sich hier ein kleines Museum, das über die Pflanzen- und Tierwelt der Brière informiert. Ein kleiner Tierpark liegt etwa 1 km entfernt.

*Ile de Fédrun

In Ile de Fédrun hat sich das traditionelle Bild eines Brière-Dorfes erhalten: Beiderseits der Dorfstraße stehen kleine, meist weißgekalkte, schilfgedeckte Häuser, auf der Häuserrückseite liegen Obst- und Gemüsegärten, die an den Kanal stoßen, der die Inseln ringförmig umgibt.

La Chapelle-des-Marais

Über die beiden Inseln Camerun und Camer gelangt man nach La Chapelle-des-Marais (3000 Einw.). Gleich am Dorfeingang steht das Haus des Holzschuhmachers (Maison du Sabotier), in dem man über das alte Handwerk unterrichtet wird.

Grande Brière (Fortsetzung) Château de Ranrouët

Nun biegt man auf die D 33 in Richtung Herbignac. Eine Seitenstraße führt zur südlich gelegenen Burg Ranrouët. Die im 12. und 13. Jh. zur Sicherung der Guérande-Halbinsel erbaute Festung wurde 1618 geschleift und während der Französischen Revolution völlig zerstört. Selbst als Ruine beeindruckt die Anlage mit ihren Türmen und den breiten, heute ausgetrockneten Wassergräben.

Mayun

Nun fährt man zurück zur Kreuzung der D 51. Hier liegt Mayun. Einige Handwerksbetriebe erinnern daran, daß es einst Zentrum der Korbflechterei war. Weiter südlich, in Les Fossés-Blancs, führt ein Naturlehrpfad in die Sumpflandschaft hinein. Von der Anlegestelle des Canal du Nord hat man einen schönen Blick.

St-Lyphard

Der Aufstieg auf den Kirchturm (130 Stufen) von St-Lyphard lohnt wegen des herrlichen Rundblicks über die Brière bis nach Guérande. Einige Kilometer weiter südlich, unweit der D 51, steht der gut erhaltene Dolmen von Kerbourg auf einer leichten Anhöhe in der Nähe einer Mühle.

*Kerhinet

In Kerhinet ist ein ganzes Dorf restauriert und zum Freilichtmuseum geworden (kein Autoverkehr). Im Ortsmuseum erfährt man einiges über die frühere Lebens- und Arbeitsweise im Moor.

La Baule

**Seebad

La Baule liegt auf einer schmalen Landzunge, eingerahmt zwischen den nördlichsten Salzgärten Europas und dem Naturschutzgebiet der Grande Brière. Es genießt den Ruf, der mondänste Ferienort der Bretagne zu sein, mit dem "schönsten Strand Europas" (so die Eigenwerbung). In der Tat erstreckt sich von Le Pouliguen bis Pornichet, den beiden mit La Baule zusammengewachsenen Ferienbädern im Westen und im Osten, eine 15 km lange, wie von einem Zirkel gezeichnete feinsandige Bucht.
Nachdem Mitte des 19. Jh.s die Wanderdünen der Halbinsel von Guérande mit Kiefern bepflanzt und zum Stillstand gebracht worden waren, entstanden hier zunächst einige Sommerhäuser. Nach der Eröffnung der Bahnlinie St-Nazaire – Le Croisic im Jahr 1879 setzte die planmäßige Entwicklung des Seebades ein, und zwischen 1880 und 1940 entstanden entlang der Côte d'Amour, wie der Küstenabschnitt westlich der Loire-Mündung genannt wird (im Unterschied zur Côte de Jade, die sich östlich anschließt) weitere Badeorte. Viele der um die Jahrhundertwende erbauten Häuser mußten in der Zwischenzeit größeren Neubauten weichen. Dennoch gibt es, inmitten einer geradezu mediterranen Vegetation, noch einzelne Überbleibsel der sog. Seebäderarchitektur.

Le Pouliguen

Am Westufer der schönen Bucht von La Baule liegt Le Pouliguen, wie La Baule ein beliebtes Seebad, dessen Jachthafen rund 900 Liegeplätze bietet. Im 16. Jh. war es ein Fischerort und aus dieser Zeit stammt noch die Kapelle Ste-Anne-et-St-Jean (an der Straße zur Pointe Pen-Château).

Pornichet

Im Osten geht La Baule unmerklich in Pornichet über. Der Badeort entwikkelte sich ab 1860 aus einer kleinen Siedlung, deren Bewohner von der Salzgewinnung lebten, und ist somit älter als La Baule. Neben dem Jachthafen mit über 1000 Liegeplätzen besitzt Pornichet eine bekannte Pferderennbahn (Hippodrome de la Côte d'Amour). Über die Renntermine informiert das örtliche Fremdenverkehrsamt.

Côte d'Amour

Die Mündung der Loire in den Atlantik bei St-Nazaire teilt die 130 km lange Küste des Département Loire-Atlantique in zwei Abschnitte. Im Westen der Loire-Mündung ist die Côte d'Amour, die Liebesküste, im Osten die nach der Farbe des Ozeans benannte Côte de Jade.
Eine schöne Küstenstraße (D 292) führt über Pornichet nach Ste-Marguerite und weiter nach St-Marc, zwei an der Côte d'Amour gelegenen Badeorten. Von der Chémoulin-Landspitze hat man einen schönen Blick über die Bucht von Pornichet, über La Baule und Le Pouliguen sowie über die Loire-Mündung.

Wassersport wird an den Stränden von La Baule groß geschrieben

Guérande

Lage und *Stadtbild

Guérande, die kleine kreisrunde Hauptstadt der gleichnamigen Halbinsel, liegt etwa 25 km nordwestlich von St-Nazaire, im Norden der Salzgärten, wenige Kilometer von der Küste entfernt. Einen großen Teil ihres Reichtums verdankte "Gwen ran", die weiße Stadt, dem Salzhandel.

*Altstadt

Die Stadtmauer aus dem 14. und 15. Jh. ist vollständig erhalten. Wo heute der Verkehr rund um die Ringmauer rollt, sorgten bis ins 18. Jh. Wassergräben für zusätzlichen Schutz. Vier Stadttore bieten Einlaß. Das eindrucksvollste, die Porte St-Michel im Osten, wird von zwei mächtigen Türmen flankiert und diente früher dem Statthalter als Wohnsitz (heute Regionalmuseum). Die malerische Altstadt wird von schmalen Gäßchen mit schönen alten Häusern bestimmt, Hauptgeschäftsstraße ist die Rue St-Michel. Beachtenswert sind die Kapelle Notre-Dame-la-Blanche (14. Jh.) in der Rue du Pilori und die Stiftskirche St-Aubin mit spätgotischer Vorhalle an der Südseite und einer Außenkanzel (Ende 15. Jh.) auf der Westseite.

*Presqu'Ile de Guérande · Guérande-Halbinsel

Allgemeines

Wo sich heute die Salzgärten ausdehnen, erstreckte sich einst das Meer, aus dem einzelne Inseln herausragten. Veränderungen im Meeresspiegel und die ständigen Ablagerungen von Schlamm und Sand bei jeder Flut sorgten dafür, daß die Inseln allmählich mit dem Festland verbunden wurden. Der schmale Durchlaß an der Spitze der Landzunge bei Le Croisic verhindert jedoch die völlige Verlandung.

*Le Croisic

Der 56 m hohe Kuppelturm der spätgotischen Kirche Notre-Dame-de-Pitié weist den Weg in das Ferienstädtchen Le Croisic, einen alten Fischerei-

Guèrande-Halbinsel, Le Croisic (Fortsetzung)

hafen mit rund 4000 Einwohnern. Schöne alte Häuser beleben die Uferpromenaden und die Altstadt um die Grand'Rue und die Rue des Bains. Das am Hafen gelegene Hôtel d'Aiguillon (17. Jh.) beherbergt das Rathaus und ein kleines Schiffahrtsmuseum. Eine der Hauptsehenswürdigkeiten ist die im Garten aufgestellte Kanone, die auf dem 1759 gesunkenen Kriegsschiff "Soleil Royal" stand. Einen Besuch verdient das Océarium mit über 5000 Arten von Muscheln, Korallen, Krebstieren, Wirbellosen und Fischen aus den hiesigen Gewässern (Ave. de St-Goustan; geöffnet: tgl. Juni–Aug. 10.00–19.00 Uhr, 10.Juli–20. August sogar bis 22.00 Uhr; September–Mai 10.00–12.00, 14.00–19.00 Uhr). Bei St-Goustan werden im Aquaculture au Croisic Hummer und Garnelen gezüchtet.

Batz-sur-Mer

Batz-sur-Mer, ein kleiner Badeort, liegt auf der Halbinsel Croisic, an der Côte Sauvage ('wilde Küste'), deren Felsküste hier von einigen Sandstränden unterbrochen wird. Schon von weitem erkennt man den 1677 erbauten, 60 m hohen Glockenturm der Kirche St-Guénolé, die aus dem 15. und 16. Jh. stammt. Von der Turmspitze (182 Stufen) genießt man einen prachtvollen Ausblick über die Salzgärten bis nach Guérande. Die malerische Ruine der gotischen Kapelle Notre-Dame-du-Mûrier (1496) befindet sich südwestlich der Kirche. Im Salzmuseum in der Rue Pasteur erfährt man etwas über die Salzgewinnung sowie die Flora und Fauna des Blanc Pays.

La Turballe

Turballes Aufstieg setzte im 19. Jh. mit dem Sardinenfischfang ein. Die Eröffnung von Konservenfabriken ab 1824 sorgte für weiteren Auftrieb. Heute ist es der bedeutendste Fischereihafen des Départements Loire-Atlantique. Lohnend ist der Besuch der Auktionshalle (La Criée), in der immer noch rund 7000 t Fisch jährlich versteigert werden.

*Pointe du Castelli

Der hübsche, 1200 Einwohner zählende Fischerei- und Ferienort mit schönen Sandstränden liegt am westlichsten Zipfel der Guérande-Halbinsel. Vom Hafen führt ein Weg zur Pointe du Castelli; von der Landzunge hat man einen weiten Blick über die Küste.

Sancerre E 12

Région: Centre
Département: Cher
Höhe: 310 m ü.d.M.
Einwohnerzahl: 2500

Lage und Allgemeines

Das kleine, altertümliche Städtchen Sancerre, rund 50 km nordöstlich von Bourges, liegt äußerst malerisch auf der letzten Erhebung eines an Weinbergen reichen ausgedehnten Hügellandes mit Blick auf die weite Ebene der Loire. Der in der Umgebung erzeugte trockene Weißwein, der besonders gut zu Fisch und Meeresfrüchten paßt, kann in den Kellereien des Orts probiert werden. Zur Besichtigung geöffnet sind auch einige Betriebe, in denen Ziegenkäse hergestellt wird. In den alten Häusern haben viele Künstler und Kunsthandwerker ihre Ateliers eingerichtet. Den Wagen läßt man am besten am Rande der Altstadt, denn die Gassen sind eng und die Sehenswürdigkeiten liegen dicht beieinander.

Wehrturm

Der mitten im Ort stehende Beffroi (Wehrturm) wurde im Jahre 1509 errichtet. Heute dient der gedrungene Bau als Glockenturm für die neuromanische Kirche Notre-Dame.

Tour des Fiefs

Im Park des Schlosses, am Ostrand von Sancerre, steht die schon aus größerer Entfernung sichtbare Tour des Fiefs, ein alter Burgturm aus dem 14. Jahrhundert. Der Turm, letzter Rest eines Grafenschlosses, befindet sich in Privatbesitz und ist nur an Sonn- und Feiertagen ab 14.00 Uhr zugänglich.

Von Weingärten umgeben, thront das Städtchen Sancerre auf einem Hügel.

Sancerre (Forts.)
Esplanade Porte César

Am Nordostrand des Städtchens, direkt beim Schloßpark, öffnet sich die Esplanade Porte César, ein kleiner baumbestandener Platz, von dem man einen weiten Panoramablick über das Loiretal genießt. Hier beginnt links die der alten Stadtmauer folgende Halbhöhenstraße.

Saumur D 6

Région: Pays de la Loire
Département: Maine-et-Loire
Höhe: 30 m ü.d.M.
Einwohnerzahl: 25 000

Lage

Die malerisch am linken Ufer der Loire und auf einer Flußinsel gelegene Stadt Saumur, rund 50 km östlich von Angers, ist ein Handelszentrum vor allem für den in der Umgebung erzeugten Wein und Schaumwein. Vor allem im Stadtteil St-Hilaire-St-Florent liegen zahlreiche Wein- und Sektkellereien, die zu einer Besichtigung einladen. Bekannt ist Saumur auch als Sitz einer 1763 gegründeten Kavallerieschule und der berühmten Militär-Reitertruppe 'Cadre Noir'.

*Schloß

Die Zufahrt zu dem hochgelegenen Château ist im Stadtbereich durch grüne Linien auf der Fahrbahn markiert. Von der Altstadt aus gibt es überdies einen ausgeschilderten Fußweg zum Schloß hinauf.
Das von weitem sichtbare, hoch über der Altstadt auf mächtigen Bastionen thronende Schloß ist eine von vier Ecktürmen flankierte, dreiflügelige Anlage. Es wurde im 14. Jh. an einer Stelle errichtet, wo seit dem 12. Jh.

Saumur, bekannt für sein Schloß, seine Reitschule und seine Wein- und Sektkellereien

Schloß (Forts.)

eine Feste des Geoffroy Plantagenêt gestanden hatte. Johann der Gute hatte zum Vorteil seines Sohnes Ludwig das Anjou zum Erbherzogtum erhoben, und dieser wollte in Saumur ein Schloß errichten, das den Residenzen seiner Brüder an Pracht nicht nachstehen sollte. An der Bergseite ist das Areal durch einen tiefen Graben vom Hinterland abgetrennt. Von der Nordwestecke der gepflegten Außenanlage bietet sich ein schöner Ausblick über Stadt und Fluß; an der Talseite wuchtige Stützmauern. Durch ein großes Eingangsportal und einen kurzen Gewölbegang betritt man den inneren Schloßhof. Schräg gegenüber dem Eingang befindet sich das bekannte spätgotische Treppenhaus mit einer Wendeltreppe (innen interessanter Gewölbeabschluß). Links daneben sieht man das kleine Brunnenhaus mit hölzernem Räderwerk.

Öffnungszeiten
Okt. – Mai
Mi. – Mo.
9.30 – 12.00
14.00 – 17.00
Juni – Sept.
9.30 – 18.00

Tour du Guet

An der rechten Seite des Hofes liegen die Abgänge zu den Kellerräumen sowie der Zugang zur Tour du Guet. Dieser den Südwestflügel des Schlosses überragende Turm ist über eine Folge von Wendeltreppen und Gängen zu ersteigen. Von der Plattform blickt man über den Schloßhof und die Dächer der Stadt in die weite Flußlandschaft.

Museen im Schloß

Im Inneren des Schlosses sind drei Museen untergebracht. Das Musée des Arts Décoratifs (Kunstgewerbemuseum) im ersten Stock zeigt eine Sammlung von Plastiken, Gobelins, Emailarbeiten und Keramik aus Mittelalter und Renaissance sowie französische Fayencen und Möbel aus dem 17. und 18. Jahrhundert.

Im Musée International du Cheval (Internationales Pferdemuseum) im zweiten Stock dreht sich alles um Pferde und Reitkunst. Zu den Exponaten gehören Sättel, Zaumzeug und Reitkleidung (Uniformen) ebenso wie alte Stiche, deren Thema die Reiterei ist.

In den ehemaligen Munitionslagern des Schlosses zeigt das Musée de la Figurine-Jouet seine Schätze, sprich eine Sammlung von Puppen, Zinnsoldaten und anderes historisches Spielzeug.

Sehenswertes in der Altstadt

Direkt am Fluß, oberhalb der Durchgangsstraße, liegt die Place de la République, ein weitläufiger Platz, der von den beiden Gebäuden des Hôtel de Ville (Rathaus) beherrscht wird. Der linke Bau, im 16. Jh. entstanden, wirkt durch seine strenge, nur von wenigen Fenstern durchbrochene Fassade und die Ecktürme festungsartig. Die rechte Schmalseite des Platzes nimmt das klassizistische Theater ein.

Place de la République

Schmale Gassen verbinden die Place de la République mit der hübschen Place St-Pierre im Herzen der Altstadt. Sie ist von alten, schön renovierten Fachwerkhäusern und geschickt eingepaßten Neubauten umgeben und wird beherrscht von der hohen Barockfassade der gleichnamigen Kirche. Ein Blick ins Innere des Gotteshauses offenbart, daß es sich im wesentlichen um einen romanischen, in späterer Zeit aber mehrfach ergänzten und modernisierten Bau handelt. Sehenswert sind die Gobelins aus dem 16. Jh. mit Szenen aus dem Leben des hl. Petrus und einer Darstellung des hl. Florentius. Besonders eindrucksvoll ist die Besichtigung mit einer musikalischen Untermalung durch die barocke Orgel.

* Place St-Pierre

Beim Botanischen Garten, der sich hinter dem Schloß erstreckt, liegt die Kirche Notre-Dame-de-Nantilly. Das romanische Gotteshaus (12. Jh.) mit gotischen Erneuerungen birgt schöne Gobelins aus dem 15.–17. Jh. sowie eine im 12. Jh. geschaffene hölzerne Madonnenstatue.

Notre-Dame-de-Nantilly

In der Avenue du M. Foch, der Ausfallstraße in den Vorort St-Hilaire-St-Florent, liegt die École de Cavalerie, in der alljährlich im Juli die Cadre Noir ihre Reitkünste zeigen. Die Geschichte dieser Institution wird im Musée de la Cavalerie anschaulich. Auf der gegenüberliegenden Seite der Straße wurden im Musée des Blindés (Panzermuseum) über 100 Panzertypen zu einer musealen Sammlung zusammengetragen.

Musée de la Cavalerie, Musée des Blindés

Platz für Wohnungen, Weinkeller und Gerätekeller: Kalkfelsen bei Saumur

Baedeker Special

Früchte aus der Dunkelheit

Mit dem Bau der großen Schlösser im 15. und 16. Jh. hat es angefangen: Da der bei den adeligen Bauherren äußerst beliebte Tuffstein unterirdisch abgebaut wurde, entstanden im Verlauf der Zeit weitverzweigte Steinbrüche, die sich wie ein unsichtbares Wegenetz durch den Untergrund ziehen. Allein die Stollengänge im Gebiet von Saumur erreichen eine Länge von 800 km; noch einmal soviel sind es im Indre-Tal bei Montrichard (Bourré).

Schon früh entdeckte man, daß die unterirdischen Gänge für diverse Zwecke nutzbar waren, so z. B. für die Lagerung von Wein, Lebensmitteln und Geräten. Daß sich in den Stollen aber auch hervorragend Pilze züchten lassen, fand man erst unter Napoleon I. heraus. Insbesondere Champignons gedeihen nur unter bestimmten Umweltbedingungen optimal: Sie benötigen eine möglichst konstante Temperatur zwischen 12 und 16°C, eine hohe Luftfeuchtigkeit und viel Luftzirkulation. In der freien Natur ist dieser Idealzustand bestenfalls im Herbst gegeben, wohingegen in den ehemaligen Steinbrüchen diese Bedingungen ohne große Umstände das ganze Jahr über hergestellt werden können.
Champignons gehören zu den Pflanzen, die sich nicht durch Photosynthese ernähren (deshalb brauchen sie auch kein Licht), sondern sie wachsen durch die Aufnahme von organischen Substanzen. Am Beginn der Pilzzucht steht deshalb die Kompostierfabrik. Aus Pferdemist und Stroh entsteht hier der Kompost, der nach abgeschlossener Gärung pasteurisiert wird, um die Bakterien abzutöten, die dem Wachstum der Pilze schaden könnten. Währenddessen werden im Labor Champignonsporen, die sog. Myzel, herangezogen, die dem Kompost untergemischt werden. Nach etwa vier Wochen hat sich die Saat über die gesamte Fläche ausgebreitet. Dann wird das Gemisch in große Holzkisten oder Plastiksäcke abgefüllt und in die Stollengänge gebracht, wo die Pilze innerhalb von 8 bis 12 Wochen heranreifen.

Ein merkwürdiger Anblick: Aus großen Plastiksäcken wachsen die Champignons heraus.

Geerntet wird nicht nur ein-, sondern sechs mal – eine Tätigkeit, die viel Geschick und genaue Kenntnis darüber verlangt, wann ein Pilz die richtige Reife hat und wann nicht. Da die Pflücker früh morgens ernten, kommen die Pilze immer frisch auf den Markt bzw. in den Handel; der Rest wird in den Fabriken in der Umgebung zu Konserven verarbeitet. Neben den braunen und den wesentlich ertragreicheren weißen Champignons de Paris werden heute an der Loire auch Seitlinge und Shiitake-Pilze gezüchtet; letztere sind vor allem bekannt als Aphrodisiakum und als Mittel, um einer Grippe vorzubeugen oder allgemein das Immunsystem zu stärken.

Umgebung von Saumur

St-Hilaire-St-Florent

In der Umgebung von Saumur, vor allem in den Vororten und Dörfern entlang der Loire, gibt es viele in den weichen Tuff geschlagene Höhlen und Stollen, die als Weinkeller und für die Pilzzucht, insbesondere für Champignons, genutzt werden und in vielen Fällen auch besichtigt werden können (⟶ Baedeker Special S. 168). Im dem Vorort St-Hilaire-St-Florent ist der Pilzzucht sogar ein kleines Museum gewidmet.

*Cunault

Die einstige Abteikirche von Cunault, 18 km westlich von Saumur, ist ein hervorragendes Beispiel romanischer Baukunst. Das zwischen dem 11. und 13. Jh. entstandene Bauwerk gehörte früher zu einem Benediktinerkloster, das im 18. Jh. aufgelöst wurde. Das Innere der Kirche ist schlicht, aber architektonisch nicht anspruchslos. Die Freude am plastischen Bauschmuck wird nur an den herrlichen Säulenkapitellen spürbar (Fernglas nützlich). In den Apsiskuppeln sind romanische und gotische Freskenreste zu sehen und im rechten Chorumgang ein Reliquienschrein aus farbig gefaßtem Holz (13. Jh.).

Null-Meridian

6 km östlich von Saumur, bei dem Ort Sozay-Champigny, überquert die Straße den Null-Meridian (Hinweistafel), den im Jahre 1911 international anerkannten Längenkreis, der durch die Sternwarte von Greenwich (bei London) verläuft und Bezugslinie für das geodätische System ist.

Sully-sur-Loire C 11

Région: Centre
Département: Loiret
Höhe: 120 m ü.d.M.
Einwohnerzahl: 6000

Lage

Die betriebsame Kleinstadt Sully liegt etwa auf halber Strecke zwischen Gien und Orléans am linken Ufer der Loire, an der Stelle einer alten Furt.

Geschichte

Im Jahre 1429 hielt sich Karl VII., seit 1422 nominell König von Frankreich, aber schon 1420 zugunsten Heinrichs V. von England enterbt, in Sully auf. Nach ihrem Sieg über die Engländer bei Patay am 18. Juni 1429 überredete ihn hier Jeanne d'Arc, sich krönen zu lassen, was am 17. Juli in Reims geschah. Später war Sully mehrmals Zufluchtsort des jungen Voltaire, der sich am Hof des Königs in Paris durch bissige Epigramme unbeliebt gemacht hatte.

Schloß

Öffnungszeiten
April – Sept.
tgl. 10.00 – 18.00
sonst
10.00 – 12.00
14.00 – 17.00

Das von Wassergräben umzogene Château wurde ursprünglich im 14. Jh. errichtet. Im Jahre 1602 erwarb es Maximilien de Béthune, der nachmalige Herzog von Sully (seit 1606), der von 1576 an in den Hugenottenheeren gekämpft und unter Heinrich IV. als Leiter der Staatsfinanzen den Haushalt saniert hatte. Trotz der von ihm veranlaßten Erweiterungen ist das Schloß stilistisch überraschend einheitlich.

Der von Rundtürmen mit spitzen Kegeldächern flankierte, stattliche Bau in unmittelbarer Nähe des Flusses ist von Wassergräben umzogen, die sich nach Osten in einem malerischen, langgestreckten See fortsetzen. Vor der Eingangsfront des Schlosses liegt eine Rasenfläche mit dem Denkmal des Herzogs von Sully; südöstlich davon eine Zierbastion mit hübschem Blick. Durch das Schloßportal gelangt man in den von drei Flügeln umgebenen Innenhof; die gegenüberliegende Seite ist nur von einer halbhohen Mauer abgeschlossen.

Wohnsitz eines königlichen Ministers: Schloß Sully

Sully, Schloß (Fortsetzung)

Im linken Teil des Eingangsflügels liegt der Grand Salon mit einer bemalten Kassettendecke; darüber im ersten Stock ein weiterer Salon mit großem Kamin und einer gleichfalls bemalten Kassettendecke, an der das Motiv des blitzeschleudernden Zeus in Gestalt eines Adlers vielfach wiederkehrt. Hier befindet sich auch ein hübscher, mit Seidentapeten ausgestatteter achteckiger Biedermeiersalon.

Vom Innenhof betritt man den rechten Seitenflügel. Hier findet man zunächst in dem von halbrunden Fassadentürmen flankierten Portal links eine Gedenktafel an den Aufenthalt der Jeanne d'Arc am 21./22. Juni 1429. Es folgt die Salle des Gardes (Wachlokal), darüber im ersten Obergeschoß der große Saal mit den Ahnenbildern der Familie de Béthune, welcher der spätere Herzog von Sully entstammte. Anstoßend die kleine Hauskapelle mit dem marmornen Doppelgrab (Kopie) des Herzogs und seiner Frau; ferner das blau ausgeschlagene Schlafgemach mit zwei Gobelins und (über dem Kamin) dem Reiterbildnis Heinrichs IV. Besonders interessant ist der Dachstuhl von 1363, eine höchst kunstvolle Konstruktion aus Edelkastanienholz, das vor Schädlingsbefall sicher ist.

Tours D 7

Région: Centre
Département: Indre-et-Loire
Höhe: 50 m ü.d.M.
Einwohnerzahl: 145000

Lage und Allgemeines

Tours, das Zentrum der historischen Landschaft Touraine, des vielgepriesenen "Gartens Frankreichs", liegt ungefähr auf halber Strecke zwischen den großen Städten Orléans und Angers, nahe der Einmündung des Cher in die Loire, zu beiden Seiten des Stromes. Die Hauptstadt des Département Indre-et-Loire ist Wirtschafts- und Handelsmittelpunkt eines großen agrarischen Umlandes, Sitz einer Universität und zahlreicher kultureller Einrichtungen.

Geschichte

Tours hieß zur Römerzeit Caesarodunum, später Urbs Turonum, nach den gallischen Turonen. Im 3. Jh. führte der hl. Gatien in Tours das Christentum ein, und im 4. Jh. erregten die Predigten des hl. Martin Aufsehen. Nachdem der Heilige 397 in Cannes verstorben war, schafften seine Anhänger den Leichnam in seine Bischofsstadt. Um seine Grabkirche, die bald zu einem wichtigen Wallfahrtsort wurde, entstand die Stadt Martinopolis (das spätere Châteauneuf), die dann mit der römischen Niederlassung zur Stadt Tours verschmolz. Der zweite berühmte Bischof in der frühmittelalterlichen Geschichte der Stadt war Gregor, der im 6. Jh. in Tours lebte und heute vor allem durch seine “Geschichte der Franken” bekannt ist. Im Jahre 732 wurden in der Schlacht bei Tours und Poitiers die Araber von Karl Martell geschlagen. Unter Alkuin, einem Gefolgsmann Karls des Großen, stieg das St-Martin-Kloster in Tours zu Beginn des 9. Jh.s zu einem der bedeutendsten kulturellen Zentren des karolingischen Reiches auf.
Im Mittelalter zeitweise von den Engländern besetzt, kam Tours 1243 an die französischen Könige, von denen bis ins 16. Jh. fast alle einige Zeit in der Stadt weilten. Ludwig XI. machte Tours zum Königssitz und legte 1470 mit der Gründung einer Manufaktur den Grundstock für das Weberhandwerk, das die Stadt wirtschaftlich aufblühen ließ. Seide aus Tours war jahrhundertelang ein begehrter Markenartikel. Durch die Konkurrenz mit Lyon ging es mit diesem Gewerbezweig allerdings Ende des 17. Jh.s wieder bergab, und bis weit ins 19. Jh. hinein lag Tours bezüglich seiner industriellen Entwicklung hinter vergleichbaren Städten zurück. Zu Beginn des 20. Jh.s wurde die bis heute existierende Webindustrie wiederbelebt; des Weiteren siedelten sich vor allem verarbeitendes Gewerbe und Handelsbetriebe in Tours an.
Im Zweiten Weltkrieg erlitt die Stadt schwere Schäden, die erst allmählich wieder behoben werden konnten.

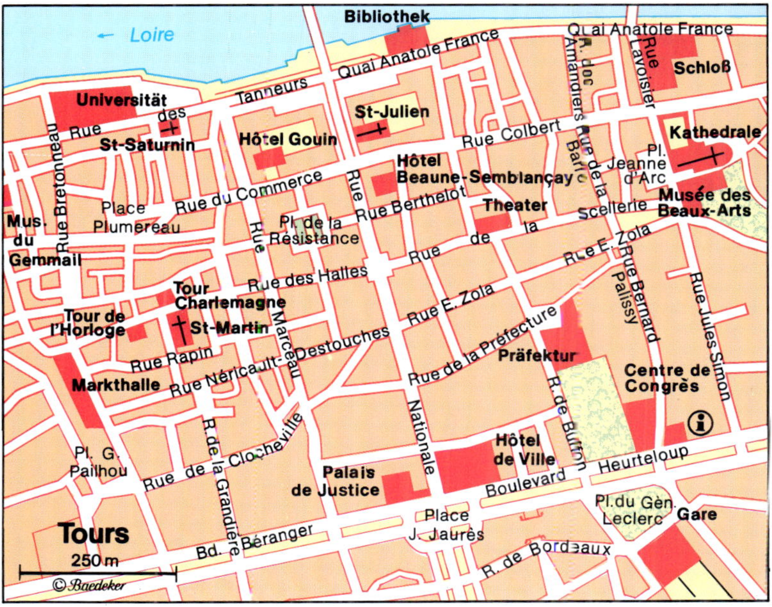

Stadtbild

Die Innenstadt von Tours erstreckt sich zwischen dem Loire-Ufer und dem breiten Boulevard Béranger, an den im Süden der Bahnhof stößt. Zwischen der Rue Nationale, die vom Boulevard Béranger/Heurteloup zur Loire-Brücke Pont Wilson eine geradlinige Verbindung herstellt, und der westlich parallel dazu verlaufenden Rue de la Victoire liegt das Altstadtviertel, das seit seiner Restaurierung in den 60er Jahren zu neuem Leben erwachte.
Belebter Mittelpunkt von Vieux Tours sind die Place Plumereau und die Gassen, die von diesem hübschen Platz abzweigen. Neben prunkvollen Fachwerkhäusern aus dem Mittelalter wurden auch zahlreiche Gebäude aus dem 17. und 18. Jh. mit schönen Steinfassaden wiederhergestellt.

Sehenswertes in Tours

Schloß

Der nachfolgend beschriebene Stadtrundgang beginnt beim ehemaligen Schloß von Tours an der Uferpromenade im Osten der Altstadt.
Das wehrhafte Château (nicht zu besichtigen) ist kein einheitlicher Bau, sondern entstand nach und nach unter wechselnden Bauherren. Aus dem 13. Jh. stammt noch die Tour de Guise, ein Donjon mit Pechnasen.

Kathedrale St-Gatien

Einen Häuserblock südlich des Schlosses erhebt sich die Catédrale St-Gatien, die dem ersten Bischof von Tours geweiht ist. Der heutige Bau, eine dreischiffige Basilika, wurde im 13. Jh. begonnen, aber erst im 16. Jh. vollendet.

Die Bibel in Bildern: Glasfenster in der Kathedrale von Tours

Kathedrale, (Fortsetzung) Fassade

Mächtige Strebepfeiler gliedern die Westfassade, die in zwei hohen, von Renaissancehauben bekrönten Türmen endet. Das Mauerwerk verschwindet hinter einem dichten Netz von filigranem Blendmaßwerk und figürlichem Schmuck, wie es für den Flamboyantstil charakteristisch war. An der Nordseite der Kirche schließt sich der Psallette genannte Kreuzgang aus dem 15./16. Jh. an, der sowohl Formen der Gotik als auch der Renaissance aufweist.

**Glasfenster

Den Raumeindruck im Inneren der Kathedrale bestimmen vor allem die Glasbilder, da die Wände des Hauptschiffes fast vollständig in Fensterflächen aufgelöst sind. Auch im Chor sowie im Kapellenkranz des Chorumganges sind farbenprächtige Glasgemälde aus dem 13. Jh. erhalten. Die Fensterrosen im nördlichen und südlichen Querhaus entstanden im 14. Jahrhundert. Am Beginn des Chorumgangs, in einer Kapelle des südlichen Querhauses, befindet sich das schöne marmorne Renaissancegrabmal für zwei Kinder Karls VIII., das bedeutendste Ausstattungsstück.

Musée des Beaux-Arts

Der ehemalige Erzbischöfliche Palast, der südlich an die Kathedrale grenzt, ist in seiner heutigen Gestalt ein Bauwerk aus dem 17. und 18. Jh., das aber noch Elemente älterer Bauten enthält. Seit 1910 hat hier das Musée des Beaux-Arts seinen Sitz (geöffnet Mi.–Mo. 9.00–12.45 und 14.00–18.00 Uhr). Die hier ausgestellten Möbel, Gemälde und Skulpturen stammen aus den zerstörten Schlössern Chanteloup (⟶ Amboise, Umgebung) und ⟶ Richelieu. Auch die Gemälde- und Kupferstichsammlung ist sehenswert. Vor allem die flämische und die niederländische Malerei des 17. Jhs. ist mit einigen schönen Exemplaren vertreten (u. a. Rembrandt, Rubens). Unter den italienischen Werken ragen zwei Gemälde von Mantegna heraus. In der Kunst des 19. und 20. Jh.s dominieren französische Meister. Rechts vom Haupteingang ist in einem verglasten Arkadenraum der große ausgestopfte Elefant Fitz des Zirkus Barnum and Bailey zu sehen. 1904 mußt er in Tours getötet werden.

*Boulevard Béranger/ Heurteloup

Die Rue Simon führt schnurgerade auf den Boulevard Heurteloup zu, eine der meistbefahrenen Verkehrsachsen von Tours. Die großstädtische Wirkung dieses Boulevards setzt sich an der weiten Place du Géneral Leclerc fort, wo links der schöne alte Bahnhof, rechts der von Jean Nouvels entworfene, 1993 fertiggestellte Glasbau des Centre International de Congrès Vinci dem Platz architektonisches Format verleihen. An der Place J. Jaurès mit dem großen Brunnen in der Mitte übernehmen diese Funktion das Hôtel de Ville und der Palais de Justice, zwei typische Monumentalbauten aus dem 19. Jahrhundert. Die Rue Nationale, die hier an der Nordseite in den Boulevard einmündet, ist eine belebte Einkaufsstraße, an der sich teure Boutiquen und Kaufhäuser, u. a. Lafayette, aneinanderreihen.

Petit Musée du Costume

Etwa zwei Häuserblocks weiter westlich, an der Südseite des Boulevard Béranger, liegt das private Petit Musée du Costume, ein Puppen- und Trachtenmuseum.

Markthalle

Durch die Rue Chanoineau erreicht man die nördlich des Boulevards gelegene Markthalle, die täglich mit frischen Köstlichkeiten aufwartet

Altstadt

St-Martin

Östlich der Markthalle liegt die Altstadt von Tours. Durch die Rue des Halles kommt man zu den Resten der riesigen, über dem Grab des Heiligen erbauten Basilika St-Martin. Von dem Gotteshaus aus dem 11.–13. Jh., das in den Religionskriegen geplündert wurde und nach der Französischen Revolution verfiel, blieben die Tour de l'Horloge (Uhrturm) an der Südseite der Straße und die Tour Charlemagne (Turm Karls des Großen) erhalten. Wesentlich kleiner ist die 1887–1924 im neoromanisch-byzantinischen Stil erbaute neue Basilika.

**Place Plumereau

Das Herz der Altstadt von Tours ist die Place Plumereau, ein länglicher Platz, der von liebevoll restaurierten Fachwerkhäusern und Gebäuden mit Hausteinfassaden umgeben ist. An schönen Tagen ist der Platz ein einziges großes Straßencafé, da alle Restaurants und Cafés ihre Tische und Stühle hinausstellen. Die Gassen, die von der Place Plumereau abgehen (vor allem die Rue du Commerce), sind mit einer Vielzahl von Buch- und CD-Läden, Cafés und Creperien, Kitsch und Kuriositäten das studentisch geprägte Pendant zur eleganten Einkaufsstraße Rue Nationale.

Gemütlicher Mittelpunkt der Altstadt: Place Plumereau

Musée du Gemmail, Musée d'Histoire Naturelle

Nördlich des Platzes, im Hôtel Raimbault, hat das Musée du Gemmail (Email- und Glaskunstmuseum) seinen Sitz. An der Rue du Président Merville, östlich der Place Plumereau, wurde in einem Gebäude aus dem 18. Jh. das Naturkundemuseum eingerichtet.

*Hôtel Gouin

Zu den schönsten Altstadthäusern gehört das Hôtel Gouin, unweit östlich der Kreuzung von Rue Constantine und Rue du Commerce. In diesem um 1510 nach italienischen Vorbildern erbauten Bürgerpalais sind heute die Sammlungen der Archäologischen Gesellschaft der Touraine zu sehen.

St-Julien, *Musée du Compagnonnage

An der Kreuzung Rue Nationale/Rue du Commerce, die ab hier Rue Colbert heißt, steht die Eglise St-Julien, eine Kirche aus dem 13. Jh., die über einem Vorgängerbau aus dem 10./11. Jh. errichtet wurde. Sie gehörte zu einer Abtei, die sich direkt an die Kirche anschließt. Im Obergeschoß der Konventsgebäude (Eingang Rue Nationale Nr. 8) ist das interessante Musée du Compagnonnage zu finden, das anschaulich über alte, zum Teil ausgestorbene Handwerksberufe und über die Lebens- und Arbeitsbedingungen der Handwerksgesellen informiert (geöffnet Mitte Juni–Mitte Sept. 9.00–18.30, sonst 9.00–12.00 und 14.00–18.00 Uhr).

Beaune-Semblançay

Die auf Arkaden stehende Kapelle und die Fassade eines Renaissancegebäudes im Hof des gegenüberliegenden Häuserblocks, zwischen Rue

Hôtel (Forts.)

Nationale und Rue Jules Favre, sind die Überreste eines Stadtpalais, das dem königlichen Finanzminister Franz' I., Jacques de Beaune, gehörte. Im Zentrum der Anlage steht der anmutige Renaissancebrunnen aus Carrara-Marmor (1511).

Pont Wilson

Nördlich von St-Julien überspannt der Pont Wilson die Loire (Hochwasserpegel am Brückenkopf). Westlich der Brücke liegt der große Gebäudekomplex der Universität.

Umgebung von Tours

Luynes

Das etwas abseits vom rechten Ufer der Loire, 13 km westlich von Tours gelegene Städtchen Luynes besitzt ein großes, wehrhaftes Schloß, das allerdings nur von außen besichtigt werden kann. Die ältesten Teile dieser mit zahlreichen Rundtürmen besetzten Anlage stammen aus dem 12. Jahrhundert. Im Ort selbst gibt es ein paar schöne alte Fachwerkhäuser sowie eine hölzerne Markthalle aus dem 15. Jahrhundert. An die Römerzeit, in der Luynes ein Heerlager war, erinnert der 1,5 km nordöstlich angelegte, teilweise erhaltene Aquädukt. Auch die Pile du Cinq Mars, ein 29 m hoher Turm bei dem Ort Cinq-Mars-la-Pile, ist wahrscheinlich römischen Ursprungs.

Vouvray

Zwischen Tours und ⟶ Amboise, am rechten Loire-Ufer, liegen eine Reihe bekannter Weindörfer, weshalb eine Fahrt auf dieser Strecke sehr zu empfehlen ist. Überall in den hübschen Ortschaften sieht man alte, von Gärten umgebene Herrenhäuser, Winzergehöfte und in den Hang geschlagene Höhlen für die Lagerung des Weins. Die Rebhänge erstrecken sich auf der Anhöhe oberhalb der Ortschaften.
Eines der ersten Dörfer, die man passiert, ist Vouvray, 10 km östlich von Tours. Der hier angebaute Weißwein gehört zu den bekanntesten Loire-Weinen. Daß es in Vouvray auch ein Weinmuseum gibt, versteht sich fast von selbst (Espace de la Vigne et du Vin, Rue Victoir-Hérault, geöffnet täglich 10.00 – 19.00 Uhr).

Ussé D 6

Région: Centre
Département: Indre-et-Loire
Höhe: 45 m ü.d.M.

Lage

Das große Schloß von Ussé liegt in stiller Umgebung rund 15 km nördlich von Chinon am Indre und am Nordrand des weiten Waldgebietes der Forêt de Chinon.

*Schloß

Öffnungszeiten
14. Juli – 31. Aug.
9.00 – 18.30
Ostern – 13. Juli
9.00 – 12.00
14.00 – 19.00
12. Feb. – Ostern
1. Okt. – 11. Nov.
10.00 – 12.00
14.00 – 17.30

Das Château, angeblich Vorbild für das 'Dornröschenschloß' im Märchen "La Belle au Bois Dormant" des Dichters Charles Perrault (1628 – 1703), war im 15. Jh. nur ein geschlossenes Gebäudeviereck. Später wurde der Nordflügel abgebrochen und vor seinen Fundamenten ein Terrassengarten angelegt, von dem man über das Flüßchen ins weite Tal blickt. Umgekehrt bietet sich ein besonders schöner Blick auf die Schloßanlage von der Indre-Brücke. Der östliche Teil des Schlosses, zu erkennen an seinem wehrhaften Charakter mit vielen Rundtürmen und verhältnismäßig wenigen Fensteröffnungen, entstand noch im späten Mittelalter. Bei den westlichen, im 16. Jh. errichteten Flügeln ist der Verteidigungsgedanke bereits völlig zurückgestellt hinter dem Bedürfnis nach Repräsentation und zeitgemäßem Wohnkomfort.

Ussé, ein Schloß wie aus dem Märchen

Ussé, Schloß (Forts.)

Das in Privatbesitz befindliche Schloß ist bewohnt, aber ein Teil der Räume steht zur Besichtigung offen. Neben dem Saal der Wachen mit einer bemalten Holzdecke aus dem 17. Jh. sind dies die ehemalige Kapelle, die mit flämischen Gobelins ausgestattete Grande Galerie, die Bibliothek im ersten Obergeschoß sowie das dortige Zimmer für den König, das mit kostbaren Möbeln im Louis-Seize-Stil bestückt ist. Das elegante, ganz in königlichem Rot gehaltene Zimmer wurde einzig für den Fall eingerichtet, daß der König hier einmal nächtigen sollte – was er in Wirklichkeit nie tat.

*Kapelle

Sehenswert ist auch die Renaissancekapelle im Park des Schlosses (1523–1535). An der Westseite der Kirche entdeckt man an verschiedenen Stellen die Buchstaben "C" und "L", die Initialen des Bauherrn Charles d'Espinay und seiner Frau Lucrèce. Das reich verzierte Portal weist bereits auf den Renaissance-Stil hin, während die Kapelle in ihrer Gesamtheit noch der Gotik verpflichtet ist. Im Innern beachte man das schöne Renaissance-Chorgestühl und die Madonna aus glasierter Terrakotta, letztere angeblich ein Werk des florentinischen Bildhauers Luca della Robbia.

Valençay E 9

Région: Centre
Département: Indre
Höhe: 140 m ü.d.M.
Einwohnerzahl: 3000

Lage

Das Städtchen Valençay liegt ungefähr auf halber Strecke zwischen Bourges und Tours. Es wird hauptsächlich wegen des dortigen Schlosses besucht, das neben Chenonceau und Chambord zu den größten Renaissancebauten an der Loire gehört.

*Schloß

Öffnungszeiten
30. März – 4. Nov.
tgl. 9.30 – 18.00
Juli/August
bis 19.30

Das von einem weitläufigen Park umgebene Schloß steht südwestlich vom Ortskern. Es wurde 1540 von Philibert Delorme errichtet, dem königlichen Baumeister, der auch die Bauleitung für das Schloß Fontainebleau innehatte. Im Jahre 1805 kaufte Talleyrand, der berühmte Außenminister Napoleons, das Anwesen.

Das Schloß in seiner heutigen Gestalt besteht aus zwei rechtwinklig zueinander stehenden Flügeln, die im Westen und Süden von großen runden Ecktürmen mit kuppelförmigen Hauben abgeschlossen werden. Schon hier wird deutlich, daß der ursprüngliche Plan wesentlich großzügiger gewesen sein muß und nur zum Teil verwirklicht werden konnte. Der über eine Zugbrücke zugängliche Hauptflügel ist stilistisch von der italienischen Renaissance beeinflußt; der nur zweistöckige Seitenflügel ist barock. Unter der aussichtsreichen Terrasse sollen Reste einer mittelalterlichen Burg liegen.

Nur der Seitenflügel ist für die Öffentlichkeit zugänglich. Im Erdgeschoß dieses Flügels gibt es eine Galerie mit den Porträts der Ahnen von Talleyrand. Die angrenzenden Salons sind mit Empire-Möbeln eingerichtet. Im Sockel der Tour Neuve (Neuer Turm), die den Flügel abschließt, befindet sich das Musikzimmer mit einer kleinen Porzellansammlung. Über eine Wendeltreppe (unten der Rollstuhl Talleyrands) gelangt man in das Obergeschoß, wo zahlreiche Erinnerungsstücke aus dem Besitz Talleyrands gezeigt werden. Die Chambre du Roi, das Zimmer des Königs, schmücken Grisaille-Malereien. Die Galerie im Obergeschoß ist 77 m lang. Im Treppenhaus hängt ein Gobelin mit der allegorischen Darstellung der damals unter französische Hoheit gekommenen Antillen.
In dem Park, der das Schloß umgibt, leben Pfauen, Wasservögel u.a., in den entlegeneren Teilen Rotwild.

Schloß in Valençay . . .

. . . und Befestigung in Vannes

Valençay, Automuseum

Westlich vom Schloß, innerhalb des weitläufigen Areals, ist in einer Fahrzeughalle ein interessantes Automobilmuseum eingerichtet. Neben Oldtimern der Marken Amilcar, Bugatti, Delage, Panhard u. a. sind auch einige alte Motor- und Fahrräder ausgestellt.

Umgebung von Valençay

Nouans-les-Fontaines

Im hübschen Tal des Indrois, 23 km westlich von Valençay, liegt der kleine Ort Nouans-les-Fontaines. Der Ausflug hierher lohnt sich vor allem wegen der im 13. Jh. erbauten Pfarrkirche. Das schlichte Gotteshaus bewahrt eine "Kreuzabnahme", die Jean Fouquet und seiner Werkstatt zugeschrieben wird. Das um 1470 entstandene Gemälde gilt als eines der ersten Renaissancewerke der französischen Malerei.

Selles-sur-Cher

15 km nördlich von Valençay erreicht man das im Cher-Tal, zu beiden Seiten des Loire-Nebenflusses gelegene Selles-sur-Cher. Hier stand einst eine Abtei, von der jedoch nur die Kirche St-Eusice erhalten ist. Sie wurde im 12. und 15. Jh. erbaut und nach schweren Brandschäden durch die Religionskriege im 17. Jh. großenteils erneuert. In der Apsis bemerkt man einen Bilderfries, der im oberen Teil das Leben des Kirchenpatrons St-Eusice, im unteren Teil Szenen aus dem Neuen Testament zeigt. In der Krypta befindet sich das Grab des Heiligen, der sich hier in die Einsiedelei zurückgezogen hatte.
Unmittelbar am Flußufer steht das Schloß von Selles-sur-Cher, das von einem Park, Wassergräben und einer Umfassungsmauer umgeben ist. Die Anfänge dieser Festung gehen auf das 13. Jh. zurück. Zu Beginn des 17. Jh.s ließ der damalige Schloßherr die Burg zu einem Wohnsitz im Renaissancestil umbauen. Die Innenräume können besichtigt werden.

St-Aignan

St-Aignan liegt 21 km nordwestlich von Valençay, am Ufer des Cher, inmitten einer erholsamen Landschaft, die von Wald und Weingärten geprägt ist. Das altertümliche Städtchen wird überragt von einem großen Schloß, das allerdings nicht besichtigt werden kann. Von der Terrasse bietet sich eine schöne Aussicht auf das Cher-Tal und den Fluß.
Die Kirche St-Aignan, östlich vom Schloß, ist benannt nach dem hl. Anianus, dessen Reliquien sie auch bewahrt. Über zwei Vorgängerkirchen wurde im 11. und 12. Jh. das heutige Gotteshaus, eine mächtige Basilika mit Westturm, errichtet. Im Innern spannt sich über romanischen Pfeilern mit Figurenkapitellen ein frühgotisches Gewölbe. Besonders eindrucksvoll ist die romanische Krypta mit ihren gut erhaltenen Wandmalereien aus dem 12. Jahrhundert.

ZooParc

Etwa 2 km südlich von St-Aignan, in Beauval, lohnt der ZooParc einen Besuch. Exotische Vögel und Raubtiere, verschiedene Affenarten und ein tropisches Gewächshaus gehören zu den Attraktionen dieses Tierparks.

Vannes B 1

Région: Bretagne
Département: Morbihan
Höhe: 22 m ü.d.M.
Einwohnerzahl: 46 000

Lage und Allgemeines

Die bretonische Stadt Vannes liegt am nördlichen Ende des Golfe du Morbihan, einer von zahlreichen Inselchen durchsetzten Meeresbucht. Die Hauptstadt des Départements ist vor allem wegen der malerischen Altstadt und wegen des Jachthafens ein beliebtes Touristenziel. In den Sommermonaten locken auch das bretonische Volksfest (Mitte August) und das Jazzfestival (Juli) viele Besucher nach Vannes.

Sehenswertes in Vannes

*Remparts

Im Osten und Südosten ist die mittelalterlich anmutende Altstadt (großenteils Fußgängerzone) noch von den turmbewehrten Stadtmauern (Remparts) umgeben, die zwischen dem 13. und dem 17. Jh. erbaut wurden. Zwischen der außerhalb der Reparts liegenden Rue Decker und den Stadtwällen wurde im ehemaligen Mauergraben der Jardin des Remparts angelegt, ein nicht zugänglicher Garten mit Blumenbeeten. Sehr malerisch ist das Flüßchen Marle, das durch die Gartenanlage fließt. In der Nähe der Porte Poterne steht direkt am Wasser noch das alte städtische Waschhaus, ein Fachwerkbau mit leicht geschwungenem Schieferdach.

Das alte Waschhaus und die Stadbefestigung von Vannes

Kathedrale

Im nördlichen Teil der Altstadt, nahe der Porte Prison, erhebt sich inmitten schöner Fachwerkhäuser die zwischen dem 13. und 19. Jh. entstandene Kathedrale St-Pierre. Das einschiffige Innere ist beiderseits von Kapellen gesäumt, was fast den Eindruck eines dreischiffigen Raumes vermittelt. An die linke Langhauswand wurde im 16. Jh. eine Rundkapelle in romanischen Formen angefügt, die den mächtigen marmornen Sarkophag (1648) und das Reliquiar des Bußpredigers und Stadtpatrons Vincente Ferrer (1348–1419) enthält. In den Schränken des Chorumgangs befinden sich reichbestickte Meßgewänder.

La Cohue

Direkt gegenüber der Kirchenhauptfassade steht das langgestreckte Fachwerkgebäude, in dem einst die Markthalle (genannt 'la Cohue'; 12./14. Jh.) untergebracht war. Heute wird das Gebäude vom Musée des Beaux-Arts (Kunstmuseum) genutzt. Im nebenanliegenden Musée du Golfe et de la Mer (Museum des Golfs von Morbihan) kann man sich über Muschel- und Austernzucht, Fischfang und Seefahrt im Golf informieren.

Musée Archéologique

Im einstigen Château Gaillard, einem schönen Stadtpalais aus dem 15. Jh., hat das Archäologische Museum seinen Sitz. Neben Steinzeitfunden

Vannes, Musée Archéologique

(u. a. aus den Dolmen der Region) zeigt es auch Gemälde aus dem 17. Jh., Blankwaffen und Gobelins sowie eine völkerkundliche Sammlung aus Ozeanien.
Wenige Schritte nordöstlich steht an der Straßenecke das einstige Wohnhaus des hl. Vincent Ferrer.

Parc du Golfe

Von der Altstadt gelangt man durch die Porte St-Vincent südlich zum alten Hafenbecken. An dessen westlicher Seite entlang führt die Straße zum neu angelegten Freizeit- und Messekomplex des Parc du Golfe.
Auf dem weitläufigen Gelände gibt es ein sehenswertes Aquarium, ein Automatenmuseum mit mechanisch bewegten Puppen, die 'Sphère des Papillons' (tropische Schmetterlinge in natürlicher Umgebung) sowie ein Squash- und ein Bowlingzentrum. Vom Bootshafen gehen die Kreuzfahrten durch den Golfe du Morbihan aus; ein Messezentrum ist im Bau.

Vendôme C 8

Région: Centre
Département: Loir-et-Cher
Höhe: 85 m ü.d.M.
Einwohnerzahl: 20000

Lage

Die Stadt Vendôme, das römische Vindocinum, liegt malerisch an dem hier in mehrere Arme geteilten Loir, einem Nebenfluß der Sarthe, gut 30 km nordwestlich von Blois. Vendôme war seit dem 9. Jh. Hauptort einer Grafschaft und 1515–1727 eines Herzogtums.

Sehenswertes in Vendôme

Altstadt

Das Quartier Ancien (Altstadt) liegt auf einer von zwei Armen des Loir umströmten Flußinsel. An der Westseite der zentral gelegenen Place St-Martin erhebt sich als Rest einer 1857 abgerissenen Renaissancekirche die Tour St-Martin. In der Rue du Change (Fußgängerzone), die an der Nordostecke des Platzes beginnt, lädt die ehem. Chapelle St-Jacques zum Besuch von Wechselausstellungen ein. Im westlich anschließenden Parc Ronsard steht das im klassischen Stil errichtete Gebäude des einstigen Oratorianerkollegs (heute Rathaus), zu dessen Schülern auch Honoré de Balzac gehörte. Am Ende der links abzweigenden Rue St-Jacques sieht man die 1474 erbaute Kirche La Madeleine.

*Kirche La Trinité

Im Osten der Altstadt, unweit südöstlich der Place St-Martin, steht die im 12.–15. Jh. errichtete einstige Klosterkirche La Trinité (Dreifaltigkeitskirche) mit ihrer schmuckreichen Fassade. Der freistehende romanische Glockenturm (80 m hoch) vor dem Portal ist im 12. Jh. entstanden. Im Inneren sind die z.T. alten großen Fenster sowie das reiche Chorgestühl aus dem 15./16. Jh. beachtenswert.

Museum

Südlich stoßen die Reste eines Kreuzganges an die Kirche an, der im 14./15. Jh. gebaut wurde. In dem ehemaligen Abteigebäude zeigt heute das städtische Museum religiöse Kunst aus Mittelalter und Renaissance sowie Exponate zur Regionalgeschichte.

Schloß

Zu dem auf einem baumbestandenen Höhenrücken gelegenen einstigen Schloß gelangt man vom Südrand der Altstadt aus durch die Rue St-Bié oder die schöne Porte St-Georges. Von dem seit dem 9. Jh. bestehenden Schloß sind einige Türme und umfangreiche Mauerreste aus dem 13.–15. Jh. erhalten, die heute einen hübschen kleinen Park umschließen. Vom höchsten der Türme lohnender Blick, desgleichen von den Spazierwegen, die auf dem 'La Montagne' genannten Höhenzug angelegt sind.

3 km östlich, jenseits des Loir liegt das Dorf Areines, in dessen kleiner Kirche eine Reihe gut erhaltener romanischer Fresken zu sehen sind. Sie wurden z. T. erst in jüngster Zeit von der Übermalung aus dem 18. Jh. befreit.

Vendôme, Umgebung, Areines

Villandry D 7

Région: Centre
Département: Indre-et-Loire
Höhe: 95 m ü.d.M.
Einwohnerzahl: 800

Lage

Das Dorf Villandry liegt nahe bei der Mündung des Cher in die Loire an dessen linkem Ufer, knapp 20 km westlich von Tours.

*Schloß

Öffnungszeiten
Juli – Aug.
8.30 – 20.00
Juni und Sept.
9.00 – 19.30
April und Okt.
9.00 – 19.00
sonst bis 18.00

Das Château aus dem 16. Jh. ist vor allem berühmt wegen seiner Terrassengärten, die sich heute wieder so zeigen, wie sie ursprünglich angelegt worden waren. Der gepflasterte Platz vor der Cour d'Honneur ist von einem rechtwinkligen Wassergrabensystem umgeben. Über eine Brücke betritt man den von der zweistöckigen Schloßanlage umfaßten Ehrenhof. In den Seitenflügeln öffnen sich Arkaden; die Lukarnen tragen reichen Zierat. An der den Gärten zugewandten Außenecke des Schlosses steht der wuchtige vierkantige Donjon (Wehrturm), der aus dem 14. Jh. stammende älteste Teil. Rechts vor dem Schloß liegen die Stallungen.
In den Schauräumen sind Gobelins und Möbel aus dem 18. Jh. ausgestellt, ferner eine ganze Anzahl von Gemälden italienischer und spanischer Malerschulen aus Renaissance und Barock.

Villandry, das Schloß der kunstvollen Gärten

Schloß (Fortsetzung)

Besonders sehenswert ist die einen quadratischen Raum überwölbende spanisch-maurische Holzdecke. Die blattvergoldete Zedernholzkonstruktion stammt ursprünglich aus einer im 13. Jh. erbauten spanischen Moschee, wurde im 16. Jh. in eine Kapelle eingefügt und mit den noch sichtbaren Jakobsmuscheln und den Wappen der spanischen Provinzen eingefaßt.
Nachdem der Schloßherr von Villandry das völlig zerlegte Kunstwerk ersteigert hatte, wurde es hier in fünfzehnjähriger Arbeit von einem einheimischen Handwerker wieder zusammengefügt.

**Gärten

Vom Obergeschoß des Schlosses gelangt man auf einer Freitreppe zum erhöht gelegenen Teil der etwa 5 ha großen Gartenanlagen. Hier bietet sich ein hervorragender Überblick über die ausgedehnte Anlage: links liegen die Ziergärten, im Vordergrund der sogenannte "Liebesgarten" und dahinter, jenseits des Wassergrabens und etwas tiefer gelegen, die Gemüsegärten. Mit diesen hat es eine besonders Bewandtnis: Im 16. Jh. wurden hier seltene, größtenteils aus dem Ausland eingeführte Gemüsearten kultiviert. Wegen ihres hohen Wertes pflanzte man sie nahe beim Schloß, wo sie am besten überwacht werden konnten. Um jedoch das ästhetische Empfinden der Schloßherrschaft nicht zu verletzen, gestaltete man die Beete in der Art eines Ziergartens.

Umgebung von Villandry

Savonnières

2 km östlich von Villandry, in Savonnières, befindet sich am Ortseingang der Zugang zu den Caves Gouttières, zwei Tropfsteinhöhlen (tgl. 9.00 bis 12.00 und 14.00–18.00) mit schönen Sinterbildungen.

Gartenkunst auf höchstem Niveau: Schloß Villandry

Vitré A 4

Région: Bretagne
Département: Ille-et-Vilaine
Höhe: 90 m ü. d. M.
Einwohnerzahl: 15000

Lage und Allgemeines

"Wäre ich nicht König von Frankreich, so würde ich Bürger von Vitré werden" – soll Heinrich IV. gesagt haben, als er 1593 der Stadt einen Besuch abstattete. Zwischen dem Mont St-Michel im Norden und der Loire im Süden verlief die Grenze zwischen der Bretagne und den benachbarten Fürstentümern, hier lagen die Burgstädte wie Fougères und Vitré, die die Unabhängigkeit des Landes schützen sollten. Vitré liegt 35 km östlich von Rennes, an dem Flüßchen Vilaine. Neben der Landwirtschaft hat sich auch die Industrie (Textilindustrie, Landmaschinenbau, Lebensmittelindustrie) in und um Vitré als Arbeitgeber etabliert.

Sehenswertes in Vitré

**Altstadt

Da Vitré nie zerstört wurde, blieb das mittelalterliche Stadtbild sehr gut erhalten. Mit ihren hohen Mauern und den vielen Türmen mit den spitzen, grauen Kegeldächern, die über einem Gewirr alter Häuser und verwinkelter Gäßchen emporragen, wirken Stadt- und Burganlage wie ein Paradebeispiel strategischer Architektur im Mittelalter.
Den Stadtrundgang beginnt man am besten an der Place St-Yves unterhalb des Schlosses. In schräg ansteigenden Rue d'Embas befindet sich das Hôtel du Bol d'Or (Nr. 10) aus dem 15./16. Jahrhundert. In der nächsten Querstraße links, der schönen Rue de la Beaudrairie, sind bis auf eine Ausnahme alle alten Fachwerkhäuser, oft mit vorkragenden Obergeschossen, erhalten geblieben. Von der Rue de la Beaudrairie gelangt man über eine schmale Straße auf die Place du Château, den einstigen Burghof, an dem die Wirtschaftsgebäude und Pferdeställe lagen.

*Château

Die Burg erhebt sich nicht auf dem höchsten Punkt der Stadt, sondern auf einer Felsnase über dem Tal der Vilaine, die zur Stadt hin langsam ansteigt. Mit dem Bau wurde im 11. Jh. begonnen, im 14. und 15. Jh. fand eine Erweiterung der Verteidigungsanlage statt, im 19. und 20. Jh. wurde das mittelalterliche Bollwerk restauriert. Über eine Zugbrücke und durch einen mächtigen Torbau gelangt man in den dreieckigen Innenhof der Burg mit Wehrumgang.
Auf der rechten Innenhofseite, der Nordseite, befindet sich das Rathaus von Vitré, das über eine Freitreppe zu erreichen ist.

Musée du Château

Von den insgesamt sieben Burgtürmen dienen heute drei als Museum: Im mächtigsten Turm, dem Bergfried St-Laurent, der von zwei Türmchen flankiert wird und vom dem sich ein Blick auf die tief unten liegende Altstadt lohnt, sind u.a. Gobelins aus Flandern und Aubusson (16./17. Jh.), Skulpturen, Truhen, historische Dokumente und ein mit Figurenschmuck reich verzierter Kamin von 1583 zu besichtigen. Der Turm L'Argenterie enthält das städtische Kuriositätenkabinett, zu dessen verrücktesten Ausstellungsstücken wohl ausgestopfte Frösche gehören, die in zeitgenössischen Kostümen Szenen aus dem Alltag des bretonischen Adels darstellen. In der Renaissance-Kapelle ist ein dreiflügeliger Altar (1544) mit 32 Emaille-Tafeln aus Limoges (17. Jh.) zu bewundern.

*Notre-Dame

Die im 14. und 15. Jh. östlich der Burg im Flamboyant-Stil erbaute Kirche Notre-Dame steht auf dem höchsten Punkt der Stadt. Beachtenswert sind ihre Südfassade mit sieben reichverzierten Dreiecksgiebeln – von der Außenkanzel sollen die katholischen Geistlichen gegen die Protestanten gewettert haben – sowie im Innern mehrere Altäre.

Praktische Informationen von A bis Z

Anreise

Mit dem Auto

Von Mulhouse (Elsaß) gebührenpflichtige Autobahn über Besançon nach Beaune; weiter auf Nationalstraßen nach Nevers oder Fortsetzung der Autobahn bis Tournon. Bei Anreise über Paris Autobahn bis Orléans.

Mit dem Flugzeug

Die Anreise mit dem Flugzeug ist nur bedingt zu empfehlen, denn die beiden nächstgelegenen internationalen Flughäfen sind in Paris und Lyon. An den nationalen Flugverkehr angeschlossen sind St-Etienne, Tours, Nantes, Rennes und St-Nazaire (ab Paris-Orly).

Mit der Eisenbahn

Es empfiehlt sich die Anreise über Paris. Von hier gibt es eine Verbindung über Gien, Nevers und Moulins bis Le Puy und eine zweite über Orléans, Tours und Nantes nach St-Nazaire. Des weiteren besteht eine Verbindung von Paris über Nantes nach La Baule mit dem Hochgeschwindigkeitszug TGV (Train à Grande Vitesse; ⟶ Eisenbahn). Grenzüberschreitende Autoreisezüge verkehren zwischen München und Paris; innerfranzösische Autoreisezüge ⟶ Eisenbahn.

Auskunft

Internet

www.franceguide.com/ger/prehome.cfm (deutschsprachig)
www.lvo.com
www.loirevalleytourism.com
www.azureva.com/gb/loire
www.chateaux-france.com

Maison de la France in Deutschland

Französisches Fremdenverkehrsamt
Maison de la France
Postfach 10 01 28, Westendstraße 47
D-60325 Frankfurt/Main
Tel. (069) 97580125 bzw. 28 (indviduelle Auskünfte)
Tel. (0190) 570025 (1,20 DM pro Minute), Fax (0190) 599061

Büro Berlin
Keithstr. 2-4, D-10787 Berlin
Tel. (030) 2 18 20 64, Fax 2141238

in der Schweiz

Französisches Fremdenverkehrsamt
Löwenstr. 59, CH-8023 Zürich
Tel. (01) 2 21 30 85, Fax 2121644

Bureau de reinseignements Genève
2, Rue Thalberg, CH-1201 Genève (Genf)
Tel. (0 22) 9098977, Fax 9098971

◀ *Technisches Denkmal mit Seltenheitswert: die Kanalbrücke bei Briare*

Auskunft

in Österreich

Französisches Verkehrsamt
Argentinierstr. 41 a, A-1030 Wien
Tel. (01) 5032890, Fax 5032871

Auskunft vor Ort

Regionale Fremdenverkehrsämter

Comité Régional du Tourisme Pays de la Loire
2, Rue del la Loire, F-44204 Nantes cedex
Tel. 0240482420, Fax 0240080710

Comité Régional du Tourisme Centre Val de Loire
9, Rue Saint-Pierre Lentin, F-45041 Orléans Cedex 1
Tel. 0238703274, Fax 0238703380

Fremdenverkehrsämter der Departments

Comité Départemental de Tourisme Cher,
Hôtel du Département, Rue de Séraucourt, F-18000 Bourges,
Tel. 0248670018, Fax 0248670144

Comité Départemental de Tourisme de l'Indre,
1, Rue Saint-Martin, F-36003 Châteauroux cedex,
Tel. 0254229220

Comité Départemental de Tourisme Touraine,
9, Rue de Buffon, F-37032 Tours cedex,
Tel. 0247314260, Fax 0247314276

Comité Départemental de Tourisme Loiret,
8, Rue d'Escures, F-45000 Orléans,
Tel. 0238780404, Fax 0238770412

Comité Départemental de Tourisme Loir-et-Cher,
5, Rue de la Voûte du Château, F-41005 Blois cedex,
Tel. 0254570041, Fax 0254570047

Amboise

Office de Tourisme, Quai du Général de Gaulle
F-37402 Amboise, Tel. 02 47 57 09 28, Fax 02 47 57 14 35

Angers

Office de Tourisme, Place Kennedy
F-49000 Angers, Tel. 02 41 23 51 11, Fax 02 41 23 51 10

Azay-le-Rideau

Office de Tourisme, Place Europe
F-37190 Azay-le-Rideau, Tel. 02 47 45 44 40, Fax 02 47 45 31 46

La Baule

Office de Tourisme, 8, Place de la Victoire
F-44500 La Baule, Tel. 02 40 24 34 44, Fax 02 40 11 08 10

Beaugency

Office de Tourisme, 28, Place de l'Hotel de Ville
F-45190 Beaugency, Tel. 02 38 44 54 42, Fax 02 38 46 45 31

Blois

Office du Tourisme, Pavillon Anne de Bretagne
3, Avenue Jean Laigret
F-41000 Blois, Tel. 02 54 90 41 41, Fax 02 54 90 41 49

Bourges

Office de Tourisme, 21, Rue Victor Hugo
F-18000 Bourges, Tel. 02 48 24 75 33, Fax 02 48 65 11 87

La Charité

Office de Tourisme, Place Ste-Croix
F-58400 La Charité-sur-Loire, Tel. 03 86 70 15 06

Chartres

Office de Tourisme, Place de la Cathédrale
F-28000 Chartres, Tel. 02 37 21 50 00, Fax 02 37 21 51 91

Châteaubriant

Office de Tourisme, 22, Rue de Couéré
F-44110 Châteaubriant, Tel. 02 40 28 20 90, Fax 03 40 81 86 02

Châteaudun

Office de Tourisme, 1, Rue de Luynes
F-28200 Châteaudun, Tel. 02 37 45 22 46, Fax 02 37 66 00 16

Châteauroux

Office de Tourisme, Place de la Gare
F-36000 Châteauroux, Tel. 0254 34 10 74, Fax 02 54 27 57 97

Chenonceaux

Office de Tourisme, 13, Rue du Château
F-37150 Chenonceaux, Tel. 02 47 23 94 45

Chinon

Office du Tourisme, 12, Rue Voltaire
F-37500 Chinon, Tel. 02 47 93 17 85, Fax 02 47 93 93 05

La Flèche

Office de Tourisme, Espace P.-Mendès-France
F-72200 La Flèche, Tel. 02 43 48 53 70

Fontainebleau

Office de Tourisme, 4, rue Royale
F-77302 Fontainebleau, Tel. 01 60 74 99 99, Fax 01 60 74 99 98

Fontevraud-l'Abbaye

Office de Tourisme
Chapelle Ste-Catherine (Juni–Sept.)
F-49590 Fontevraud-l'Abbaye, Tel. 02 41 51 79 45

Gien

Office du Tourisme, Centre Anne de Beaujeu
F-45500 Gien, Tel. 02 38 67 25 28, Fax 02 38 38 23 16

Langeais

Office de Tourisme, Place du 14 juillet
F-37130 Langeais, Tel. 02 47 96 58 22, Fax 02 47 96 83 4[illegible]

Loches

Office du Tourisme, Place Wermelskirchen
F-37600 Loches, Tel. 02 47 91 82 82, Fax 02 47 91 61 50

Le Lude

Office de Tourisme, Place F.-de-Nicolay
F-72800 Le Lude, Tel. 02 43 94 62 20, Fax 02 43 94 48 46

Le Mans

Office de Tourisme, Hôtel des Ursulines
F-72000 Le Mans, Tel. 02 43 28 17 22, Fax 02 43 23 37 19

Montreuil-Bellay

Office de Tourisme, Place de la Concorde (April – Sept.)
F-49260 Montreuil-Bellay, Tel. 02 41 52 32 39, Fax 02 41 52 32 35

Moulins

Office de Tourisme, Place de l'Hôtel de Ville
F-03000 Moulins, Tel. 04 70 44 14 14, Fax 04 70 34 00 21

Nantes

Office du Tourisme, Place du Commerce
F-44000 Nantes, Tel. 02 40 20 60 00, Fax 02 40 89 11 99

Nevers

Office de Tourisme, Avenue Pierre Bérégovoy
F-58000 Nevers, Tel. 03 86 68 46 00, Fax 03 86 68 45 98

Niort

Office de Tourisme, Place de la Poste
F-79000 Niort, Tel. 05 49 24 18 79, Fax 05 49 24 98 90

Noirmoutier

Office de Tourisme, Quai Jean-Bart, (Juni – Sept.)
F-85330 Noirmoutier-en-l'Ile,
Tel. 02 51 39 12 42

Oléron

Office de Tourisme, Place de la République
F-17480 Château-d'Oléron,
Tel. 05 46 47 60 51, Fax 05 46 47 73 65

Auskunft

Orléans	Office du Tourisme, Place Albert Ier F-45000 Orléans, Tel. 02 38 24 05 05, Fax 02 38 54 49 84
Paray-le-Monial	Office du Tourisme, Avenue Jean-Paul II F-71600 Paray-le-Monial, Tel. 03 85 81 10 92, Fax 03 85 88 35 61
Ploërmel	Office de Tourisme, 5, Rue du Val F-56801 Ploërmel, Tel. 02 97 74 02 70
Poitiers	Office de Tourisme, 8, Rue des Grandes-Ecoles F-86000 Poitiers, Tel. 05 49 41 21 24, Fax 05 49 88 65 84
Le Puy	Office de Tourisme, Place du Breuil F-43000 Le Puy-en-Velay, Tel. 04 71 09 38 41, Fax 04 71 05 22 62
Ré	Office de Tourisme, Place Carnot F-17590 Ars-en-Ré, Tel. 05 46 29 46 09
Rennes	Office de Tourisme, Pont de Nemours F-35000 Rennes, Tel. 02 99 79 01 98, Fax 02 99 79 31 38
Richelieu	Office de Tourisme, 6, Grande-Rue F-37120 Richelieu, Tel. 02 47 58 13 62, Fax 02 47 58 29 86
Roanne	Office du Tourisme, Cours de la République F-42300 Roanne, Tel. 04 77 71 51 77, Fax 04 77 70 96 62
La Rochelle	Office de Tourisme, Place Petite Sirène F-17000 La Rochelle, Tel. 05 46 41 14 68, Fax 05 46 41 99 85
Romorantin-Lanthenay	Office de Tourisme, Place de la Paix F-41200 Romorantin-Lanthenay, Tel. 02 54 76 43 89, Fax 02 54 76 96 24
Les Sables d'Olonne	Office de Tourisme, Rue du Maréchal Leclerc F-85100 Les Sables d'Olonne, Tel. 02 51 32 03 28, Fax 02 51 32 84 49
St-Etienne	Office de Tourisme, 3, Place Roannelle F-42000 St-Etienne, Tel. 04 77 49 39 00, Fax 04 77 32 71 28
St-Nazaire	Office de Tourisme, Place François Blancho F-44600 St-Nazaire, Tel. 02 40 22 40 65, Fax 02 40 22 19 80
Sancerre	Office de Tourisme, Rue de la Croix de Bois F-18300 Sancerre, Tel. 02 48 54 08 21
Saumur	Office du Tourisme, Place de la Bilange F-49400 Saumur, Tel. 02 41 40 20 62, Fax 02 41 40 20 69
Sully	Office de Tourisme, Place Général de Gaulle F-45600 Sully-sur-Loire, Tel. 02 38 36 23 70, Fax 02 38 36 32 21
Tours	Office de Tourisme, 78, Rue Bernard Palissy F-37000 Tours, Tel. 02 47 70 37 37, Fax 02 47 61 14 22
Valençay	Office de Tourisme, Av. de la Résistance F-36600 Valençay, Tel. 02 54 00 04 42
Vannes	Office de Tourisme, 1, Rue Thiers F-56000 Vannes Tel. 02 97 47 24 34, Fax 02 97 47 29 49

Bootstourismus auf dem Vormarsch: Was liegt näher, als eine Flußlandschaft per Boot zu erkunden?

Auskunft (Forts.)
Vendôme

Office de Tourisme, Hôtel le Saillant,
47–49 Rue Poterie
F-41100 Vendôme
Tel. 02 54 77 05 07, Fax 02 54 73 20 81

Vitré

Office de Tourisme, Promenade St-Yves
F-35500 Vitré, Tel. 02 99 75 04 46, Fax 02 99 74 02 01

Bootstourismus

Allgemeines

Mit einem Hausboot gemütlich von Ort zu Ort zu schippern, ist an der Loire für viele Urlauber eine erholsame Möglichkeit, Land und Leute kennenzulernen. Die Loire selbst ist wegen des stark schwankenden Tiefgangs nur zwischen Angers und Nantes befahrbar, schiffbar sind aber die Loire-Seitenflüsse Sarthe, Mayenne und Oudon. Kanäle sind wegen der Wasserregulierung einfacher zu befahren. Man sollte sich vor Beginn der Reise nach den Schleusenöffnungszeiten erkundigen, da auf manchen Flußabschnitten die Schleusen an Sonn- und Feiertagen geschlossen sein können. Nachtfahrten sind grundsätzlich untersagt. Charterfirmen gibt es an jeder Wasserstraße; gemietet werden können unterschiedlichste Bootstypen vom einfachen Kajütboot bis zu Hauskähnen. Ein Bootsführerschein oder Skippererfahrung ist nicht erforderlich. Je nach Typ und Größe des Bootes können zwei bis 12 Personen darauf Platz finden. Alle Boote haben abgeteilte Kabinen, Küche mit Kühlschrank, Heizung und fließend Wasser sowie oft auch eine Naßzelle. Eine neuere Variante sind die sog. Carabarges, (angeblich) unsinkbare Pontons, auf die ein Wohnanhänger gestellt werden kann. Die Plattform dieses Hausboots bietet viel Bewegungsfreiheit und eine große Abstellfläche (z. B. für Fahrräder).

Bootstourismus, Auskunft

Detaillierte Informationen über Bootstourismus und andere Freizeitaktivitäten erhält man von den "Services Loisirs-Accueil" in den Fremdenverkehrsämtern der Departments (⟶ Auskunft). Dort können Bootsurlaube auch gebucht werden.

Hinweis

Hausboote können auch über deutsche Vermittlungsbüros gemietet werden (Anschriften siehe ⟶ Auskunft, Französisches Fremdenverkehrsamt).

Camping

Allgemeines

Im Loiretal, vor allem im Abschnitt zwischen Orléans und Nantes, gibt es viele Campingplätze, von denen manche sogar direkt am Fluß gelegen sind. Noch größer ist das Angebot an der französischen Atlantikküste, wo in den meisten Orten mehrere Plätze zur Auswahl stehen. In der Hauptsaison empfiehlt es sich, einen Platz im voraus zu buchen. Wie die Hotels sind die Plätze ihrem Komfort entsprechend in Kategorien von einem bis zu vier Sternen eingeteilt. Ein Stern bedeutet einfacher Standard, z. B. nur mit Kaltwasserduschen, vier Sterne weisen auf eine luxuriöse Ausstattung hin mit großzügigen Stellplätzen, Sportanlagen und Restaurants. "Camping à la ferme" nennen sich die Campingplätze, die auf Bauernhöfen angeboten werden. Die Zahl der Stellplätze ist dort meist sehr niedrig und der Komfort ebenfalls eher bescheiden, dafür kann man bei dieser Art des Camping das ländliche Leben aus der Nähe kennenlernen.

Campingführer

Die Fédération Francaise de Camping et de Caravaning gibt den offiziellen, zweibändigen Campingführer für Frankreich heraus (78, Rue de Rivoli, F-75004 Paris, Tel. 0142728408, Fax 0142727021.

Diplomatische und konsularische Vertretungen

Deutschland

Botschaft
13/15, Avenue Franklin D. Roosevelt, F-75008 Paris
Tel. 01 53 83 45 00, Fax 01 43 59 74 18

Honorarkonsulat
24, Rue du Marché Commun, F-44332 Nantes
Tel. 02 40499797, Fax 02 40 52 18 90

Österreich

Botschaft
6, Rue Fabert, F-75007 Paris
Tel. 01 40633063, Fax 01 45 55 63 65

Schweiz

Botschaft
142, Rue de la Grenelle, F-75007 Paris
Tel. 01 49556700, Fax 01 45 55 67 67

Konsulat
81, Rue des Renardières, F-44100 Nantes
Tel. 0240950050

Einkäufe, Souvenirs

Einkaufsmöglichkeiten

In jedem Ort gibt es eine Bäckerei (boulangerie), eine Metzgerie (boucherie) und meist auch einen kleinen Lebensmittelladen, épicerie oder auch alimentation genannt. Kleine Boutiquen, Souvenirläden und Geschäfte mit regionalen Delikatessen findet man in fast allen Kleinstädten an der Loire.

Alles vom Schaf: Handgesponnene Wolle als Mitbringsel

Einkäufe (Forts.)

Außerdem wird nahezu in jeder Stadt ein Wochenmarkt abgehalten. An der Peripherie größerer Ortschaften befinden sich die Supermärkte (supermarché) und Einkaufszentren.

Souvenirs

Mitbringsel Nummer Eins aus der Loire-Region zwischen Sancerre und Nantes ist natürlich der Wein. Kauft man ihn direkt beim Erzeuger, dann kann man ihn vorher in aller Regel auch kosten. Schilder am Straßenrand machen den Durchreisenden auf die zahlreichen Möglichkeiten zur Weinprobe ("Dégustation") aufmerksam.

Zum Verzehr vor Ort, aber auch zum Mitnehmen geeignet sind weiterhin die köstlichen Pasteten und Terrinen, die man sowohl in den kleinen Delikatessenläden als auch in den supermarchés findet. Als Spezialität gilt auch der Ziegenkäse (fromage de chèvre) aus der Touraine. Auf den Märkten und an manchen Souvenirständen ist das Angebot an landwirtschaftlichen und handwerklichen Erzeugnissen noch größer – es reicht von Imkerhonig über selbstgemachte Marmeladen bis zu Schafsfellen und handgesponnener Wolle. Last not least sei noch auf die beiden Fayencen-Zentren Gien und Nevers hingewiesen. In den dortigen Manufakturen kann man – zum Teil zu günstigen Preisen – schöne Tafelservice und Einzelstücke kaufen (siehe dazu das Baedeker Special S. 92/93).

Eisenbahn

Das französische Eisenbahnnetz wird von der staatlichen Gesellschaft SNCF (Sociéte Nationale des Chemins de Fer Français) unterhalten. Auf den Hauptstrecken verkehren zahlreiche TEE-, Fern- und Schnellzüge. Der seit 1981 verkehrende TGV ("Train à Grande Vitesse"), befährt auch die Strecke Paris – Rennes ('TGV Atlantique'). Für das in diesem Reiseführer beschriebene Gebiet ist die Verbindung Paris–Orléans–Tours–An-

Eisenbahn (Forts.)

gers–Nantes–La Baule besonders wichtig. Des weiteren gibt es eine Zugverbindung von Le Puy bis Gien und eine weitere von Orléans bis Nantes und St-Nazaire.

Autoreisezüge

Von Paris verkehren in der Saison Autoreisezüge nach Nantes. Die Züge fahren nachts; die Fahrt von Paris nach Nantes dauert ca. 4 Stunden.

Hinweis

In Frankreich gekaufte Fahrkarten müssen vor dem Einsteigen in den Zug an den orangefarbenen Schaltern entwertet werden!

Auto und Fahrrad am Bahnhof

In Zusammenarbeit mit einer Verleihfirma bietet die SNCF an ausgewählten Bahnhöfen Mietwagen an (Train + Auto). An vielen Bahnhöfen stehen für Bahnreisende Leihfahrräder bereit (Train + Vélo). Eine Liste der Verleihstationen für Train + Auto und Train + Vélo erhält man bei der Generalagentur der Französischen Eisenbahnen.

Informationen im Ausland

Deutschland:
Rail Europe, SNCF-Reservierungszentrale,
Tel. (069) 97584641, Fax (069) 97584635
Schweiz, Österreich:
Kommerzielle Vertretung in Bern, Tel. (031) 3829900

Elekrizität

Bis auf wenige Ausnahmen beträgt die Netzspannung in Frankreich 220 Volt. Flachstecker passen in französische Steckdosen. Bei Schukostekkern muss ein Adapter benutzt werden.

Essen und Trinken

Allgemeines

Das Frühstück (Petit déjeuner) besteht in Frankreich in der Regel aus einer Tasse Kaffee (Café = kleine Tasse schwarzer Kaffee; Crème bzw. Grand crème = Kaffee mit Milch) oder Tee, einem Croissant und einem Stück Baguette. Das Mittagessen (Déjeuner) beschränkt sich oft nur auf einen Gang. Das Abendessen (Dîner), das zwischen 19.00 und 22.30 Uhr serviert wird, besteht aus drei bis fünf Gängen (Amuse geule = Appetitanreger, Hors d'œuvre = Vorspeise, Deuxième entrée = Zwischengericht, Menu principal = Hauptgericht, Fromage = Käsegang, Dessert = Nachtisch).

Regionale Küche

An der Loire wird wie überall in Frankreich gerne und gut gespeist. Der gastronomische Ruf beruht vor allem auf der Frische und Qualität der Erzeugnisse, und das Angebot ist so vielfältig und abwechslungsreich wie die Region selbst. Im Mündungsgebiet der Loire beherrschen vor allem Fisch (*poisson*) und Meeresfrüchte (*fruits de mer*) die Speisekarte. Die zahlreichen Nebenflüsse der Loire gelten als Anglerparadies, und in vielen Restaurants kommen Süßwasserfische wie Hecht, Karpfen und Zander auf unterschiedliche Arten auf den Tisch. Neben frischem Fisch gibt es in den meisten Restaurants auch eine große Auswahl an Fleischgerichten.
Da die ausgedehnten Waldgebiete an der oberen Loire bereits seit Jahrhunderten als hervorragendes Jagdrevier gelten, kann man hier auch fast überall mit Wildgerichten rechnen, so z. B. mit Kaninchen (*lapereau*), Hase (*lièvre*) oder Wildschwein (*sanglier*). Ähnlich breit gefächert ist auch das Angebot an Gemüse (*légumes*), das auf den Feldern und in den Gärten herangezogen wird. Eine leckere Vorspeise aus der Touraine und dem Anjou ist die sogenannte *rillette*, eine Art Schmalz aus zerstoßenem Schweine- und Entenfleisch, das mit Toast oder Baguettebrot serviert wird. Nach der Käseplatte, auf der natürlich der *chèvre* (Ziegenkäse) nicht fehlen darf, werden in der Regel kleine Obsttörtchen, v. a. Apfelkuchen, serviert.

Das beliebteste Getränk ist der Wein (⟶ dort), doch auch Bier wird in Frankreich gerne getrunken. Es kommt meist aus Brauereien im Elsaß oder aus dem Norden des Landes. Erfrischend ist der in der Normandie erzeugte 'cidre', ein kohlensäurehaltiger Apfelwein, den es süß (doux) und trocken (brut) gibt. Klare Schnäpse sind selten; bevorzugt werden Cognac, Armagnac oder der aus Apfelwein gebrannte Calvados. An alkoholfreien Getränken gibt es wie überall Mineralwasser, Fruchtsäfte und Limonaden.

Essen und Trinken (Forts.)
Getränke

Feiertage

1. Januar (Neujahr)
Ostermontag
1. Mai (Tag der Arbeit)
Christi Himmelfahrt
Pfingstmontag
14. Juli (Nationalfeiertag; Sturm auf die Bastille 1789)
15. August (Mariae Himmelfahrt)
1. November (Allerheiligen)
25. Dezember

Ferienstraßen

Viele berühmte, aber auch eine Reihe weniger bekannter Sehenswürdigkeiten liegen an den beschilderten Ferienstraßen, den Routes Touristiques. Im Gebiet des vorliegenden Reiseführers gibt es folgende Touristikrouten:

Routes Touristiques

Die Strecke verläuft von La Bussière bei Gien über Bourges nach Culan. Sie ist im Teil "Reiseziele von A bis Z" bei Bourges kurz umrissen.

Route Jacques-Cœur

Die im wesentlichen dem Tal des Loir, eines Nebenflusses der Sarthe, folgende Strecke beginnt in der Stadt Chartres, berührt Châteaudun und Vendôme und setzt sich in der Région Pays de la Loire fort.

Route Touristique de la Vallée du Loir

Diese Strecke, die gleichfalls in Chartres beginnt, erschließt die an Parks und Gärten reiche Landschaft Beauce, folgt streckenweise dem Tal der Loire und führt weiter ins Berry.

Route des Parcs et Jardins

Die Straße beginnt unweit von Gien an der Kanalbrücke von Briare, berührt zahlreiche bedeutende Schlösser und Ortschaften (u.a. Chambord, Cheverny, Blois, Chenonceau, Azay-le-Rideau und Chinon) und setzt sich im Pays de la Loire fort.

Route de la Vallée des Rois

Von Schloß Villandry ausgehend, vorbei an Tours, Chenonceau und Bourges, folgt die Strecke dem Tal des Loire-Nebenflusses Cher bis in die Auvergne.

Route de la Vallée du Cher

Die in Amboise beginnende Rundtour führt u. a. nach Montrichard, Montrésor, Nouans-les-Fontaines, Loches, Valençay und Beauregard.

Route des Dames de Touraine

Diese von Vendôme ausgehende Strecke berührt Orte, die mit dem Leben von König Franz I. in Zusammenhang stehen.

Route Historique François Ier

Ferienwohnungen

⟶ Unterkunft

Geld

Euro	Seit dem 1. Januar 2002 ist der Euro in Frankreich, Deutschland, Österreich und neun weiteren Ländern der Europäischen Union das offizielle Zahlungsmittel (1 sfr = 0,68 Euro). Die nationalen Seiten der französischen Euro-Münzen zeigen auf den 1- und 2-Euro-Stücken einen Lebensbaum, umgeben von dem Motto "Liberté, Egalité, Fraternité", auf den Münzen zu 10, 20 und 50 Cent die von den alten Franc-Stücken bekannte Säerin in neuer Gestaltung, und auf den Münzen zu 1, 2 und 5 Cent die "Marianne".
Banken	In der Regel sind die Banken werktags von 9.00–12.00 Uhr und 14.00 bis 16.00 Uhr geöffnet. In manchen Banken kann man auch samstags Geldgeschäfte tätigen, dann aber sind sie montags mit Sicherheit geschlossen. Fast überall kann man jedoch mit der Euroscheckkarte und der Geheimnummer am Geldautomaten Geld abheben.
Devisenbestimmungen	Die Ein- und Ausfuhr in- und ausländischer Zahlungsmittel nach Frankreich unterliegt keinen Beschränkungen. Um Schwierigkeiten bei der Ausreise zu vermeiden, empfiehlt es sich jedoch, bei der Einreise Beträge über 7500 Euro zu deklarieren.
Geldwechsel	Wer andere Währungen als den Euro bei sich führt, sollte beachten, daß nur Banken mit dem Schild "Change" Geld wechseln, ansonsten muß man sich an eine Wechselstube (Bureau de change) wenden.
Kreditkarten	In Frankreich wird viel häufiger mit Kreditkarten gezahlt als beispielsweise in Deutschland, sei es nun im Hotel, im Restaurant, an der Tankstelle, im Supermarkt und in vielen Geschäften. Akzeptiert werden die meisten internationalen Kreditkarten wie American Express, Visa, Eurocard oder Diners Club. Bei Verlust der Kreditkarte ist die Polizei und die Bankvertretung zu informieren. Bei Verlust der Euroscheckkarte wende man sich an den Zentralen Annahmedienst für Verlustmeldungen in Frankfurt am Main: Tel. von Frankreich 0049/1805/021021 (Tag und Nacht besetzt). Die Karte wird dann sofort gesperrt.

Hotels

Kategorisierung	Die meisten französischen Hotels sind vom Comité régional du Tourisme durch ein Sternchensystem klassifiziert, das fünf Kategorien umfaßt. Die Hotels werden nach ihrem Komfort bzw. ihrer Ausstattung und ihrem Service beurteilt. Hotels, die nach dem Sternsystem klassifiziert sind, erkennt man an einem sechseckigen blauen Emailleschild mit dem weißen Buchstaben 'H' in der Mitte und den entsprechenden Sternen.
Preise	Die untenstehende, unabhängig von der offiziellen Sternkategorisierung aufgestellte Preiskategorisierung bezieht sich auf die Übernachtung von zwei Personen in einem Zimmer mit Bad. Das Frühstück ist in diesem Preis nicht enthalten, da es in den meisten Hotels gesondert berechnet wird. Der Preis für ein Frühstück liegt in etwa zwischen 5 und 15 Euro. Einzelzimmer sind nur selten verfügbar.

Kategorie	Doppelzimmer
Kategorie 1 (Kat. 1)	80 – 300 Euro
Kategorie 2 (Kat. 2)	60 – 150 Euro
Kategorie 3 (Kat. 3)	40 – 80 Euro
Kategorie 4 (Kat. 4)	bis 40 Euro

Relais & Châteaux, Relais du Silence

Die in der Gruppe Relais & Châteaux zusammengeschlossenen Häuser bieten einen ganz persönlichen und stilvollen Rahmen; auch verfügen sie meist über sehr gute Restaurants. Auskunft: Relais & Châteaux, Frankreich, Tel. 01805333431, sowie im Internet unter www.relaischateau.fr Ein anderer Zusammenschluß gastronomischer Betriebe sind die Hôtel du Silence. Die Häuser dieser Verbindung legen einen besonderen Akzent auf die ruhige Lage und die intakte Naturumgebung ihrer Hotels.

Châteaux d'Accueil

Unter Château d'Accueil versteht man private Haus- oder Schloßbesitzer, die einzelne Zimmer an Gäste vermieten. Ein wesentlicher Unterschied zu Hotels besteht darin, daß die Gäste die Mahlzeiten gemeinsam einnehmen (in manchen Fällen auch mit den Hausherren). Viele Touristen schätzen an diesen Unterkünften auch die persönliche Atmosphäre.

Informationen

Die aktuellen Verzeichnisse der genannten Organisationen sowie zahlreicher, in Frankreich weit verbreiteter Ketten (darunter auch preiswerte wie B&B, Etap Hotel, Fasthotel oder Formule 1) sind bei der Maison de la France und den Fremdenverkehrsämtern (⟶ Auskunft) erhältlich.

Reservierungen

Buchungen im voraus sind in den Hauptreisemonaten, d. h. von Mai bis September, ratsam; in der Regel werden sie in Verbindung mit einer Kreditkarte vorgenommen. Wenn man in Frankreich selbst buchen möchte, kann man dies in den Fremdenverkehrsämtern bis zu acht Tage im voraus tun.

Kleine Hotelauswahl

Amboise

**Château de Pray
F-37530 Nazelles-Négron
Tel. 02 47 57 23 67, Fax 02 47 57 32 50
19 Z., Kat. 2, Januar geschlossen
Hotel in einem Château aus dem 13. Jh., 3 km nördlich von Amboise gelegen, in einem Park hoch über der Loire. Herrlicher Blick auf den Fluß.

Moulin de Vandon
Souvigny de Touraine, F-37530 Amboise
Tel. und Fax 0247572646
www.moulin-de-vandon.de
6 Z., 1 Ferienwohnung, Kat. 3
Versteckt in der waldigen Hügellandschaft, 9 km östlich von Amboise liegt die Mühle von Madame Denisane, die ihre Gäste nicht nur mit großer Herzlichkeit, sondern auch mit einer hervorragenden Küche bewirtet. Was nicht aus dem eigenen Garten stammt, wird bei biologischen Anbaubetrieben eingekauft. Die hübschen, individuell eingerichteten Zimmer besitzen allen Komfort – bis auf den Fernseher, den man in dieser ländlichen Idylle kaum vermissen dürfte; falls doch, dann ist die Moulin die falsche Adresse.

Angers

***Hôtel d'Anjou
1, Boulevard Foch, F-49100 Angers
Tel. 0241882482, Fax 0241872221
50 Z., Kat. 2
Angenehmes, innen stilvoll renoviertes Hotel mitten in Angers mit anspruchsvollem Restaurant ("Le Salamandre"). Ruhige Zimmer dank Doppelverglasung, freundlicher Service.

**Saint-Julien
9, Place Ralliement, F-49000 Angers
Tel. 02 41 88 41 62, Fax 02 41 20 95 19
34 Z., Kat. 3, durchgehend geöffnet
Mittelklassehotel in zentraler Lage an einem hübschen, verkehrsberuhigten Altstadtplatz.

Ambiente zum Wohlfühlen: Halle im Hotel d'Anjou in Angers

Angers (Fortsetzung)

**Hôtel du Mail
8–10, Rue des Ursules, F-49100 Angers
Tel. 0241250525, Fax 0241869120
27 Z., Kat. 4
In einem alten Stadthaus aus dem 17. Jh. untergebrachtes, kleines Hotel mit Privatparkplatz im Zentrum von Angers; kein Restaurant.

Azay-le-Rideau

**Le Grand Monarque
3, Place de la Republique, F-37190 Azay-le-Rideau
Tel. 0247454008, Fax 0247454625
26 Z., Kat. 2
Gemütliches Landhotel mit gutbesuchtem Restaurant und unterschiedlich ausgestatteten Zimmern, nur 150 m vom Schloß entfernt und mitten im Ort gelegen. Der große Innenhof mit seinen schönen alten Bäumen wird im Sommer bewirtschaftet.

La Baule

****Hôtel Castel Marie-Louise
1, Avenue Andrieu, F-44500 La Baule
Tel. 0240114838, Fax 0240114835
31 Z., Kat. 1
Ein Luxushotel der Spitzenklasse im Stil eines Landhauses der Belle Epoque, umgeben von einem Pinienpark in der Nähe des Meeres. Die Hotelgäste haben die Möglichkeit, auf den 30 Plätzen des noblen Tennis Country Club oder auf dem 18-Loch-Golfplatz von St-Denac zu spielen.

*Marini
22, Avenue G. Clemenceau, F-44500 La Baule
Tel. 02 40 60 23 29, Fax 02 40 11 16 98
33 Z., Kat. 3, Nov. – März geschlossen
Im Zentrum gelegenes Haus mit separatem Parkplatz. Kleines sympathisches Hotel, geschmackvoll eingerichtet.

Beaugency

**Hôtel de la Sologne
Place St Firmin, F-45190 Beaugency
Tel. 02 38 44 50 27, Fax 02 38 44 90 19
16 Z., Kat. 3
Im alten Zentrum von Beaugency, an der ruhigen Place St Firmin gelegenes, gepflegtes Hotel mit ruhigen Zimmern, kein Restaurant.

Blois

*Le Savoie
6, Rue Ducoux, F-41000 Blois
Tel. 02 54 74 32 21, Fax 02 54 74 29 58
26 Z., Kat. 4, durchgehend geöffnet
Kleines Hotel abseits vom Touristenrummel, in der Nähe des Bahnhofs. Ambiente einer Familienpension mit freundlichen Zimmern; kein Restaurant. Voranmeldung empfehlenswert.

Bourges

**Bonnets Rouges
3, Rue de la Thaumassière, F-18000 Bourges
Tel. 02 48 65 79 92, Fax 02 48 69 82 05
4 Z., Kat. 3, durchgehend geöffnet
Haus aus dem 16. Jh., mitten im mittelalterlichen Stadtzentrum von Bourges, in der Nähe der Kathedrale. Mit Innenhof, Mansardenfenster, ummauertem Garten. Jedes Zimmer in einem anderen Stil ausgestattet.

Chaumont

***Château des Tertres
11, Route de Monteaux, F-41150 Onzain
Tel. 02 54 20 83 88, Fax 02 54 20 89 21
14 Z., Kat. 2
2 km nordwestlich von Chaumont, auf einer kleinen Anhöhe am Ortsende von Onzain, liegt inmitten eines liebevoll gepflegten Parks dieses Schloßhotel. Das zur Hotelvereinigung “Relais du Silence” gehörende Haus bezaubert vor allem durch seinen altmodischen Charme und seine reizenden Gastgeber. Die Zimmer sind renoviert und mit schönen alten Möbeln bestückt.

Chenonceaux

**Hôtel du Bon Laboureur et du Château
F-37150 Chenonceaux
Tel. 02 47 23 90 02, Fax 02 47 23 82 01
28 Z., Kat. 2, Januar – 15. Febraur geschlossen
Ein angenehmes Hotel mit gutem Preis-Leistungsverhältnis. Die Zimmer sind individuell eingerichtet und mit dem üblichen Komfort ausgestattet.

Chinon

***Château de Marçay
F-37500 Chinon, Marçay (9 km südlich an der D 116)
Tel. 02 47 93 03 47, Fax 02 47 93 45 33
38 Z., Kat. 1
Stilvolles Hotel in einem Schloß aus dem 15. Jh., elegant eingerichtete Zimmer, Schwimmbad und Tennisplatz, Restaurant mit exquisiter Küche.

*Diderot
4, Rue Buffon, F-37500 Chinon
Tel. 02 47 93 18 87, Fax 02 47 93 37 10
27 Z., Kat. 3
Außerhalb des Stadtzentrums gelegenes, einfaches, aber gemütliches Hotel ohne Restaurant.

Cour-Cheverny

***Château du Breuil
Route de Fougères-sur-Bièvre, F-41700 Cour-Cheverny
Tel. 02 54 44 20 20, Fax 02 54 44 30 40
16 Z., 2 Appartments, Kat. 2, 15. Nov. – März geschlossen
Wer Ruhe und Abgeschiedenheit liebt, wird sich in diesem idyllisch inmitten eines Waldparks gelegenen, vornehmen Hotel wohlfühlen. Das hauseigene Restaurant genießt einen noch besseren Ruf als die Herberge.

Hotels

Gien

***Rivage
1, Quai Nice, F-45500 Gien
Tel. 02 38 37 79 00, Fax 02 38 38 10 21
16 Z., Kat. 3, durchgehend geöffnet
Von einigen Zimmern des am Loire-Ufer gelegenen Hauses hat man einen herrlichen Blick auf den Fluß. Hervorragende Küche, hübscher Speisesaal sowie Terrasse. Separater Parkplatz.

Langeais

***Château de Rochecotte
F-37130 Langeais, Ortsteil St-Patrice
Tel. 02 47 96 16 16, Fax 02 47 96 90 59
29 Z., Kat. 1, Februar geschlossen
Das ruhig gelegene Schloßhotel besitzt auch ein stimmungsvolles Restaurant mit hervorragender Küche.

Loches

**George Sand
39, Rue Quintefol, F-37600 Loches
Tel. 02 47 59 39 74, Fax 02 47 91 55 75
20 Z., Kat. 2. Gebäude aus dem 15. Jh. am Ufer der Indre. Lärmisolierte, gemütliche Zimmer mit z. T. etwas altmodischen Möbeln. Restaurant mit traditioneller, aber delikater Küche. Privater Parkplatz.

Montrichard

***Château de la Menaudièr
(3 km außerhalb an der Straße nach Amboise)
Tel. 02 54 71 23 45, Fax 02 54 71 34 58
25 Z., Kat. 2, Januar/Februar geschlossen
Ruhiges und komfortables Schloßhotel mit Restaurant.

Nantes

***Mercure Beaulieu
Ile Beaulieu, F-44200 Nantes
Tel. 02 40 47 61 03, Fax 02 40 48 23 83
98 Z., Kat. 2. Hotel in ruhiger Lage auf der Insel Beaulieu, Schwimmbad und Tennisplätze vorhanden.

**L'Hôtel
6, Rue Henry IV, F-44000 Nantes
Tel. 02 40 29 30 31, Fax 02 40 29 00 95
31 Z., Kat. 3, durchgehend geöffnet
Gegenüber vom Château Anne de Bretagne gelegenes Hotel mit Garten. Es gibt kein Restaurant, aber ein hervorragendes Frühstück. Auch auf behinderte Gäste ist das Haus eingerichtet.

***Abbaye de Villeneuve
Route Nationale de la Roche, F-44840 Les Sorinières
(10 km südlich von Nantes)
Tel. 02 40 04 40 25, Fax 02 40 31 28 45
17 Z., 3 Appartments, Kat. 2
Modern ausgestattetes Hotel in einer Zisterzienserabtei aus dem 17. Jh. mit Swimmingpool und Park. Das Restaurant verwöhnt mit einer gepflegten Küche.

Nevers

*Villa du Parc
16 ter, Rue de Lourdes, F-58000 Nevers
Tel. 03 86 61 09 48, Fax 03 86 57 85 17
27 Z., Kat. 4, ganzjährig geöffnet
Kleines, preisgünstiges Hotel ohne Restaurant.

Niort

***Mercure Porte Océane
17, Rue de Bellune, F-79000 Niort
Tel. 05 49 24 29 29, Fax 05 49 28 00 90
60 Z., Kat. 2. Zentrumsnah gelegenes, sehr komfortables Hotel mit Garten und Schwimmbad.

Noirmoutier

***Saint-Paul
Bois de la Chaise, F-85330 Noirmoutier
Tel. 02 51 39 05 63, Fax 02 51 39 73 98
37 Z., Kat. 3
Das familiär geführte Haus steht 150 m vom Strand entfernt im schönsten Waldgebiet der Insel. Park mit Schwimmbad und Tennisplatz.

Oléron

***Novotel Thalassa
Plage de Gatseau, F-17370 Saint-Trojan-les-Bains
Tel. 05 46 76 02 46, Fax 05 46 76 09 33
80 Z., Kat. 2
Der große, moderne Hotelkomplex liegt unmittelbar am feinsandigen Strand. Zum Haus gehören ein Frei- und ein Hallenbad, Sauna, Solarium und Tennisplätze.

Orléans

**Hôtel d'Arc
37, Rue de la République, F-45000 Orléans
Tel. 02 38 53 10 94, Fax 02 38 81 77 47
35 Z., Kat. 3, ganzjährig geöffnet
Im Stadtzentrum gelegenes, traditionelles Hotel. Die Zimmer sind modern und komfortabel. Kein Restaurant.

Poitiers

**Europe
39, Rue Carnot, F-86000 Poitiers
Tel. 05 49 88 12 00, Fax 05 49 83 97 30
88 Z., Kat. 3
Großes, zentral gelegenes Stadthotel ohne Restaurant.

***Hôtel du Parc
Téléport 3, an der N 10, F-86000 Poitiers
Tel. 05 49 49 08 08, Fax 05 49 49 08 09
Modernes Hotel direkt beim Freizeitpark Furturscope.

Rennes

**Hôtel Garden
3, Rue Duhamel, F-35000 Rennes
Tel. 02 99 65 45 06, Fax 02 99 65 02 62
24 Z., Kat. 3, ganzjährig geöffnet
Gemütliches kleines Hotel, mitten in der Innenstadt gelegen, aber dennoch ruhig. Fast alle der modern eingerichteten Zimmer öffnen sich auf einen Innenhof, wo man im Sommer auch frühstücken kann. Kein Restaurant.

Romorantin-Lanthenay

****Grand Hôtel du Lion d'Or
69, Rue G. Clémenceau, F-41200 Romorantin-Lanthenay
Tel. 02 54 94 15 15, Fax 02 54 88 24 87
13 Z., 3 Appartments, Kat. 1, Mitte Februar – Ende März geschlossen
Das schön renovierte Schloß im Herzen von Romorantin-Lanthenay ist heute ein Nobelquartier. Die Küche des hauseigenen Restaurants kann sich zweier Michelin-Sterne rühmen.

Saint-Etienne

***Terminus du Forez
31, Avenue Denfert-Rochereau, F-42000 Saint-Etienne
Tel. 04 77 32 48 47, Fax 04 77 34 03 30
65 Z., Kat. 2, ganzjährig geöffnet
Gegenüber vom Bahnhof, 5 Minuten vom Zentrum entferntes klassisches Hotel. Moderner Komfort und beinahe schon familiäres Ambiente – kurzum eine gute Alternative zu den Hotelketten am Rand der Stadt.

Saumur

****Le Prieuré
Chênehutte-les-Tuffaux, F-49350 Gennes
(ca. 10 km nordwestlich von Saumur in Richtung Gennes)
Tel. 02 41 67 90 14, Fax 02 41 67 92 24
36 Zimmer und Appartments, Kat. 1, 20. Januar – 5. März geschlossen

Von Grün umgeben: Château des Tertres bei Chaumont

Saumur (Forts.)
Le Prieuré

An einer der wenigen steilen Uferpartien der Loire erhebt sich dieses ehemalige Priorat. Vom Restaurant und von den im Château befindlichen, elegant eingerichteten Zimmern genießt man einen herrlichen Blick über den Fluß. Schwimmbad und Tennisplatz gehören zum Haus.

***Saint-Pierre
8, Rue Haute-St-Pierre, F-49400 Saumur
Tel. 02 41 50 33 00, Fax 02 41 50 38 68
14 Z., Kat. 2. Gemütliches kleines Hotel in der Altstadt.

Tours

****Hôtel Jean Bardet
57, Rue Groison, F-37100 Tours
Tel. 02 47 41 41 11, Fax 01 47 51 68 72,
16 Zimmer und Appartments, Kat. 1
Exklusives Hotel in einer Villa aus dem 19. Jh., umgeben von einem herrlichen Park. Das Restaurant ist in Feinschmeckerkreisen bekannt, denn es wurde mit zwei Michelinsternen ausgezeichnet.

**Royal
65, Avenue Grammont, F-37000 Tours
Tel. 02 47 64 71 78, Fax 02 47 05 84 62
50 Z., Kat. 3, ganzjährig geöffnet
Modernes Hotel im Süden des Zentrums. Für Behinderte gut geeignet. Separater Parkplatz. Ohne Restaurant.

Vannes

***Aquarium Hôtel
Parc du Golf, F-56000 Vannes
Tel. 02 97 40 44 52, Fax 02 97 63 03 20
48 Z., Kat. 2, ganzjährig geöffnet
Die beste Adresse von Vannes, etwas außerhalb gelegen. Von den Zimmern bietet sich ein herrlicher Blick aufs Meer. Gutes Restaurant.

Hotels, Vannes (Fortsetzung)

***Hôtel La Marebaudière
4, Rue Aristide Briand, F-56000 Vannes
Tel. 0297473429, Fax 0297541411
41 Z., Kat. 3, ganzjährig geöffnet, körperbehindertengerechte Zimmer
Das vornehme Hotel befindet sich in ruhiger Lage. Im ebenfalls noblen Hotelrestaurant kann man vorzüglich speisen.

Vitré

**Hôtel du Château
5, Rue Rallon, F-35500 Vitré
Tel. 0299745859
14 Z., Kat. 4, ganzjährig geöffnet
Das Hotel liegt am Stadtwall unterhalb des Schlosses. Die Zimmer sind unterschiedlich eingerichtet (Zimmer zum Hof verlangen!).

Jugendherbergen

Das Jugendherbergswesen hat sich in Frankreich später entwickelt als in Deutschland. Inzwischen gibt es jedoch landesweit über 300 Jugendherbergen (auberges de jeunesse), in denen jeder, der einen internationalen Jugendherbergsausweis besitzt, übernachten kann. Man erhält diesen Ausweis bei der Jugendherbergs-Dachorganisation des Heimatlandes. Im Juli und August ist eine Voranmeldung erforderlich. Die Aufenthaltsdauer in ein und derselben Jugendherberge ist generell auf drei Übernachtungen beschränkt. Im Gebiet der Loire findet man Jugendherbergen in Aubigny-sur-Nère, Beaugency, Blois, Bourges, Chartres, Chinon, Langeais, Le Mans, Nantes, Poitiers, Le Puy, Rennes, Roanne, La Rochelle, Les Sables d'Olonne, Saint-Etienne, Saumur, Tours und Vierzon.

Auskunft

Fédération Unie des Auberges de Jeunesse
27, Rue Pajol, F-75018 Paris
Tel. 0146070001, Fax 0146079310

Ligue Française pour les Auberges de la Jeunesse
67, Rue Verniaud, F-75013 Paris,
Tel. 0144167878

Karten

Wer sich auch abseits der großen Fernverkehrsstraßen bewegen will, sollte neben der zu diesem Reiseführer gehörenden Übersichtskarte zusätzliches Landkartenmaterial mitführen. Nachstehend eine Auswahl.

Shell Reisekarte Frankreich	1:1500000
Hallwag Straßenkarte Frankreich, Michelin France, Blatt 989	1:1000000
Große Shell Autokarte Frankreich	1:750000
Michelin Detailkarten Frankreich; für das in diesem Reiseführer beschriebene Gebiet Blätter 59, 60, 61, 63, 64, 65, 67, 68, 69, 71, 72, 73 und 76	1:200000

Medizinische Versorgung

Krankenversicherung

In Frankreich muß die Rechnung beim Arzt wie auch in der Apotheke sofort bezahlt werden. Die Bürger der Europäischen Union sollten sich vor Reiseantritt bei der Krankenkasse einen Auslandskrankenschein besorgen

Medizinische Versorgung (Fortsetzung)

(Vordruck E 111). Mit diesem Krankenschein und mit dem französischen Behandlungsvordruck (Feuille de Soins d'Assurance Maladie), den der behandelnde Arzt aushändigt, sucht man die nächste Ortskrankenkasse (Caisse primaire d'Assurance Maladie) auf. Nachteile: Es können Wochen verstreichen, bis die Auslagen beim Arzt von der französischen Krankenkasse erstattet werden, und die auch nur zu einem gewissen Prozentsatz, denn der finanzielle Eigenanteil der Versicherten in Frankreich ist höher als in Deutschland; viele Ärzte erkennen den Auslandskrankenschein E 111 nicht an und rechnen statt dessen lieber privat mit dem Patienten ab.

Reiseversicherung

Um problemlos medizinisch versorgt zu werden, um sich Ärger und Geld zu ersparen, empfiehlt sich der Abschluß einer Reiseversicherung.

Ärzte

Die Adressen der Ärzte (Médecins) und Zahnärzte (Dentistes) findet man in den Pages Jaunes (Gelben Seiten) des örtlichen Telefonbuchs. Die Fremdenverkehrsbüros verfügen oft über Listen von Ärzten mit Fremdsprachenkenntnissen (meist Englisch). Die Wochenendbereitschaftsdienste der Ärzte (und der Apotheken) werden in den Regionalzeitungen veröffentlicht.

Apotheken

Apotheken erkennt man am grünen Kreuz an der Hauswand. Welche Apotheke nachts und am Wochenende Bereitschaftsdienst hat, wird an den Türen der Apotheken und in der Lokalpresse angezeigt. Öffnungszeiten: 9.00 – 12.00 und 14.00 – 18.30 Uhr.

Mietwagen

Allgemeines

In den größeren Städten des Reisegebiets findet man führende internationale Autovermietungen wie Avis, Hertz, Europcar und interRent sowie verschiedene regionale Anbieter. Um ein Auto mieten zu können, muß der Fahrer mindestens 21 Jahre alt sein und über ein Jahr den Führerschein besitzen. Beim Mieten eines Fahrzeugs ist eine Kaution von max. 1 000 DM zu entrichten, wenn man keine in Frankreich akzeptierte Kreditkarte vorweisen kann. Die Mietpreise sind in Frankreich wesentlich höher als in Deutschland; es empfiehlt sich daher, nicht nur in der Hauptreisezeit, vom jeweiligen Heimatland aus zu buchen.

AVIS
www.avis.de

Reservierung in Frankreich: Tel. 08 20 05 05 05
Reservierung in Deutschland Tel. (01 80) 5 55 77

Europcar
www.europcar.com

Reservierung in Frankreich: Tel. 08 25 35 23 52
Reservierung in Deutschland Tel.(01 80) 5 22 11 22

Sixt
www.e-sixt.com

Reservierung in Frankreich: Tel. 008 00 11 11
Reservierung in Deutschland: 0180 55 25 25 25

Hertz
www.hertz.de

Reservierung in Frankreich: Tel. 08 03 86 18 61
Reservierung in Deutschland Tel. (01 80) 5 33 35 35

Fly and Drive, Rail and Drive

Viele Fluggesellschaften bieten Fly and Drive-Arrangements (Flug und Mietauto) an, die französische Staatseisenbahn SNCF hat Rail and Drive-Angebote (Bahn und Mietwagen).

Notrufnummern

Polizei (Commisariat de Police, Gendarmerie): Tel. 17
Feuerwehr (Sapeurs pompiers): Tel. 18
Krankenwagen und Notarzt: unter Tel. 15

Notrufnummern (Fortsetzung)

ADAC-Auslands-Notrufzentrale:
(00 49 89) 22 22 22 (Beratung nach Unfällen u.ä.)
(00 49 89) 76 76 76 (Ambulanzdienst und Telefonarzt)

DRK-Flugdienst Bonn:
(00 49 228) 23 00 23

Deutsche Rettungs-Flugwacht Stuttgart
(00 49 711) 70 10 70

Deutsche Flug-Ambulanz Düsseldorf:
(00 49 211) 43 17 17

Öffnungszeiten

In Frankreich gibt es kein striktes Ladenschlußgesetz. So werden die Öffnungszeiten oft unterschiedlich gehandhabt. Für Geschäfte gelten deshalb in etwa folgende Öffnungszeiten: 9.00 – 12.00 Uhr und 14.00 – 18.00/19.00 Uhr. Die nachstehenden Angaben sind deshalb nur Richtwerte. Die Öffnungszeiten von Museen und Schlössern ändern sich leider oft von Jahr zu Jahr. Will man auf Nummer sicher gehen, sollte man unbedingt vorher noch einmal vor Ort telefonisch nach den Öffnungszeiten fragen.

Banken

In der Regel sind die Banken werktags 9.00 – 12.00 und 14.00 – 16.00 Uhr geöffnet. In manchen Banken kann man auch samstags Geldgeschäfte tätigen, dann aber sind sie montags mit Sicherheit geschlossen.

Fremdenverkehrsämter und -büros

In den Touristenhochburgen sind die Fremdenverkehrsämter während der Hauptreisezeit meist durchgehend geöffnet (auch am Wochenende); kleinere Büros halten sich an die Mittagspause. In der Nebensaison haben viele Informationsstellen kürzere Öffnungszeiten bzw. werden geschlossen (Informationen, d. h. Prospekte und Broschüren, sind dann im Rathaus – Marie, Hôtel de Ville – erhältlich).

Geschäfte

Normalerweise sind die Geschäfte Di.–Sa. 9.00–12.00 und 14.00–19.00 Uhr geöffnet. Bäckereien öffnen meist schon um 7.00 Uhr. Viele Bäcker- und Lebensmittelläden haben auch am Sonntag vormittag geöffnet. Am Montag vormittag ist zwar dafür fast alles geschlossen, doch hat in jedem Ort mindestens eine Bäckerei, eine Metzgerei und ein Lebensmittelladen offen. Große Supermärkte sind auch über Mittag geöffnet und schließen oft gegen 20.00 bzw. 21.00 Uhr (sonntags Ruhetag). Montags öffnen sie häufig erst um 12.00 bzw. 13.00 Uhr.

Kirchen und Museen

Auch für Kirchen gilt die Mittagszeit 12.00–14.00 Uhr, vor allem in ländlichen Gebieten. Außerhalb der Hauptreisezeit werden viele Kirchen überhaupt nicht geöffnet.
Während der Hauptsaison sind viele Museen durchgehend geöffnet (ansonsten Mittagspause: 12.00 – 14.00, manchmal bis 15.00 Uhr). Manche Museen haben in der Nebensaison kürzere Öffnungszeiten oder einen Ruhetag, meist der Montag oder der Dienstag.

Post

Postämter

In den größeren Städten sind die Postämter (P.T.T. = Poste, Télégraphe, Téléphone) Mo.–Fr. durchgehend 8.00 – 19.00 Uhr und Sa. 9.00 – 12.00 Uhr geöffnet. In kleineren Orten sind die Postämter mittags meist von 12.00 bis 14.00 Uhr geschlossen. Man erkennt die Postämter am gelben “La Poste” auf blauem Grund.

Post (Fortsetzung)

An die Postämter lassen sich problemlos Briefe und Päckchen schicken. Neben dem Postamt muß dann auch der Vermerk "Poste Restante" auf der Adresse stehen. Wird die postlagernde Sendung nach 15 Tagen nicht abgeholt, geht sie an den Absender zurück.

Briefmarken

Briefmarken (Timbres) erhält man einzeln oder in carnets zu zehn Stück auf den Postämtern, in Tabakläden und Bars und meistens dort, wo es Ansichtskarten gibt. Postkarten und Briefe nach Deutschland, Österreich und in die Schweiz müssen mit 0,46 Euro frankiert werden.

Briefkästen

Die Briefkästen in Frankreich sind gelb und haben in der Regel zwei Einwurfschlitze. Der eine ist für das Département, in dem man sich gerade befindet, der andere für den "Rest" der Welt (Autres destinations).

Telefon

⟶ dort

Radfahren

Das Loiretal zwischen Orléans und Nantes ist für Fahrradtouren bestens geeignet. Die Rues Nationales (mit "N" gekennzeichnet) sollte man wegen des hohen Verkehrsaufkommens meiden, auf den kleinen Landstraßen fährt es sich jedoch in der Regel gemütlich, die Steigungen halten sich in Grenzen, und die wichtigsten Sehenswürdigkeiten bzw. die schönsten Städtchen liegen nicht allzu weit voneinander entfernt. Die Loisirs Accueil Services, die zu den Fremdenverkehrsämtern der Departments gehören, (⟶ Auskunft), organisieren Radtouren. Auch einige deutsche Reiseveranstalter haben Radwandertouren im Programm. Wer individuell die Region auf dem Fahrrad erkunden will, sollte bereits vor Reiseantritt seine Route festlegen – am besten mit Hilfe eines Radwanderführers. Kostenlose Routenvorschläge erhält man bei der Fédération Française de Cyclotourisme, 12, Rue Louis-Bertrand, F-94200 Ivry-sur-Seine, Tel. 0156208888.

Fahrradverleih

An größeren Bahnhöfen der SNCF kann man Fahrräder ausleihen ("train et velo"). Die Maison de la France in Frankfurt (⟶ Auskunft) gibt eine kleine Broschüre "Centre-Val de Loire – Fahrradverleih" heraus, in der diese Bahnhöfe aufgeführt sind.

Reisedokumente

Personal- und Fahrzeugpapiere

Für Reisende aus Staaten der Europäischen Union (EU) genügen der gültige Personalausweis und die national gebräuchlichen Kfz-Papiere. Schweizer müssen weiterhin im Besitz eines gültigen Reisepasses sein. Wenn Kinder nicht im Ausweis der Eltern aufgeführt sind, benötigen sie einen eigenen Kinderausweis.

Haustiere

Wer Haustiere nach Frankreich mitnehmen will, benötigt für diese ein amtstierärztliches Tollwutimpfzeugnis. Die Impfung darf nicht kürzer als einen Monat und nicht länger als ein Jahr zurückliegen.

Reisezeit

Das Loiretal ist von Frühjahr bis Herbst ein interessantes und angenehmes Reisegebiet. Die meisten Veranstaltungen – Theaterfestivals, Märkte und Konzerte sowie Son-et-Lumière-Vorstellungen – fallen in die Sommermonate. Da im Juli und August auch in Frankreich Schulferien sind, muß man zu dieser Zeit auch mit einem entsprechend hohen Besucherandrang rechnen.

Reisezeit (Fortsetzung)

Wer vor allem wegen der Kultur an die Loire reist, für den sind Frühjahr und Herbst die besten Jahreszeiten. Im Frühjahr bieten die Parks und Schloßgärten ein farbenprächtiges Bild, und im Herbst sorgen die bunt gefärbten Wälder für abwechslungsreiche Landschaftsstimmungen. Ein kleiner Minuspunkt der Herbstmonate ist der häufige Frühnebel, der sich in den Orten nahe der Loire oft erst gegen 11.00 oder 12.00 Uhr verzieht.

Restaurants

Allgemeines

Mittags haben die Restaurants zwischen 12.00 und 14.00 Uhr geöffnet, abends zwischen 19.00 und 22.00 Uhr. Nach dem Betreten des Lokals wird der Gast normalerweise von der Bedienung an einen Tisch geführt; natürlich kann man auch eigene Wünsche äußern. Bei den guten Restaurants sollte man sich telefonisch über den Ruhetag informieren und sich per Voranmeldung einen Platz sichern.
Die meisten Restaurants bieten zwei bis drei preislich festgelegte Menüs an; Getränke sind darin nicht enthalten. Man kann natürlich auch 'à la carte" essen, d. h. man stellt sich die Speisenfolge selbst zusammen, doch ist das um einiges teurer. In manchen Restaurants kann man auch wählen zwischen einem Plat du jour (Tagesgericht), einem Menu touristique (dreigängigen Menü) und einem Menu royal (Menü mit sechs Gängen).

Weitere gastronomische Einrichtungen

Weitere gastronomische Einrichtungen sind u. a.: Bar, keine Nachtbar, sondern eine Mischung aus Café und Kneipe (oft mit Zigaretten-, Briefmarken- und Telefonkartenverkauf); Bistro vergleichbar mit einer Bar bzw. einem Café; Brasserie, Bierlokal; Café, mehr Kneipe als deutsches Kuchen-Café; Crêperie, Restaurant mit Crêpes und Galettes, hauchdünnen Pfannkuchen; Fast-Food-Lokale, wie in anderen Ländern auch; Glacier, Eisdiele; Pizzeria, wie in Mitteleuropa; Routiers, preisgünstige Fernfahrerlokale, die nicht nur von den 'Kapitänen der Straße' aufgesucht werden; Salon de Thé, entspricht dem deutschen Kuchen-Café.

Restaurantauswahl

Amboise

Le Choiseul
36, Quai Ch. Guinot, F-37400 Amboise
Tel. 0247304545, Fax 0247304610
Dem Michelin war die Küche dieses Hotelrestaurants zwei Sterne wert. Zu den raffinierten Kreationen kann man Weine aus der Touraine kosten.

L'Aubinière
6 km nördlich in St-Ouen-les-Vignes (D 431)
F-37400 Amboise
Tel. 0247301529, Fax 0247300244
Fischspezialitäten und eine hervorragende Weinkarte mit guten Tropfen aus der Region kennzeichnen dieses Restaurant.

Angers

Le Salamandre
3, Boulevard M. Foche, F-49100 Angers
Tel. 0241882482
Das Restaurant des Hotels d'Anjou (siehe bei Hotels) besticht durch seinen eleganten Speisesaal und eine gediegene Küche.

Pavillon Le Quéré
Boulevard M. Foche, F-49100 Angers
Tel. 0241200020, Fax 0241200620
Nicht nur das historische Ambiente – ein Patrizierpalast aus dem 19. Jh. –, auch die Küche ist in diesem Restaurant erlesen. Zu den Gerichten werden feine Weine aus dem Anjou gereicht.

Restaurants

Blois

Rendez-vouz des Peĉheurs
27, Rue Foixe, F-41000 Blois
Tel. 02 54 74 67 48
Sympathisches Bistro für Fischliebhaber. Lassen Sie sich bei der Auswahl der Loire-Weine vom Chef des Hauses beraten – die sind nämlich sein Hobby!

La Charité-sur-Loire

Grand Monarque
33, Quai Clemenceau, F-58440 La Charité-sur-Loire
Tel. 03 86 70 21 73, Fax 03 86 69 62 32
Ein Hotel-Restaurant, das für seine guten regionalen Spezialitäten und seinen schönen Loire-Blick bekannt ist.

Chinon

Au Plaisir Gourmand
Quai Charles VII, F-37500 Chinon
Tel. 02 47 93 20 48, Fax 02 47 93 05 66
In einem schönen alten Bürgerhaus mit Steinfassade im Zentrum von Chinon ist dieses hervorragende Restaurant zu Hause. Vorbestellung ist angeraten.

Gien

Rivage
1, Quai Nice, F-45500 Gien
Tel. 02 38 37 79 00, Fax 02 38 38 10 21
Erstklassiges Hotel-Restaurant mit Süßwasser-Fischspezialitäten und Loire-Blick.

Le Mans

Le Grenier à Sel
26, Place de l'Eperon, F-72000 Le Mans
Tel. 02 43 23 26 30, Fax 02 43 77 00 80
Restaurant in einem alten Salzspeicher, in dem vor allem regionale Spezialitäten auf den Tisch kommen.

Nantes

La Cigale
4, Place Graslin, F-44000 Nantes
Tel. 02 40 69 76 41
In diesem unter Denkmalschutz stehenden Restaurant werden sehr gute Speisen serviert – auf klassische Art (mittlere Preiskategorie).

La Poisonnerie
4, Rue Léon Maître, F-44000 Nantes
Tel. 02 40 47 79 50
Beste Adresse für Fischgerichte und Meeresfrüchte.

Nevers

Les Voutes
21, Rue St-Etienne, F-58000 Nevers
Tel. 03 86 61 19 28, Fax 03 86 36 02 96
So. und Mo. abend geschlossen
Im Herzen der Altstadt gelegenes Restaurant mit Speisesaal unter altem Gewölbe. Die Küche mit burgundischen Spezialitäten ist hervorragend, und die Preise sind moderat.

Noirmoutier

Côté Jardin
1, Rue du Grand-Four, F-85330 Noirmoutier
Tel. 02 51 39 03 02, Fax 02 51 39 24 46
Einfaches, aber solides Restaurant nahe Schloß und Hafenkanal.

Orléans

La Crémaillère
34, Rue Notre-Dame-de-Recouvrance, F-45000 Orléans
Tel. 02 38 53 52 35
Neben "Les Antiquaires" (2, Rue au Lin) einer der besten, vielleicht sogar *der* beste Gourmet-Tempel in der Stadt, mit drei Kochmützen von Gault Millau ausgezeichnet.

Restaurants (Fortsetzung)

Rennes

Auberge St-Sauveur
6, Rue St-Sauveur, F-35000 Rennes
Tel. 02 99 79 32 56
Das in einer schmalen Gasse der Altstadt gelegene und mit einer hübschen Fachwerkfassade versehene Restaurant bietet eine rustikale und gemütliche Atmosphäre und eine klassische Küche zu annehmbaren Preisen

Le Palais
6–7, Place du Parlament de Bretagne, F-35500 Rennes
Tel. 02 99 79 45 01
Das elegante Restaurant ist eine der besten und teuersten Adressen der Stadt, in zentraler Lage etwa 150 m östlich vom Rathausplatz entfernt

Sancerre

La Moussière
Nouvelle Place, F-18300 Sancerre
Tel. 02 48 54 15 01, Fax 02 48 54 07 62
Eine urige Weinstube, in der man preiswert kleine Gerichte essen kann.

Saumur

Les Délices du Château
Cour du Château, F-49400 Saumur
Tel. 02 41 67 65 60, Fax 02 41 67 74 60
Das im Schloßhof gelegene Restaurant lohnt allein schon wegen der schönen Aussichtsterrasse einen Besuch.

Tours

Charles Barrier
101, Avenue Tranchée, F-37000 Tours
Tel. 02 47 54 20 39, Fax 02 47 41 80 95
Von der strengen, man möchte fast sagen kargen Einrichtung des Speisesaals sollte man nicht auf die Küche Rückschlüsse ziehen, denn die ist ausgefallen und sehr variationsreich. Auch ohne Michelinstern kann dieses Restaurant neben “La Roche Le Roy” oder “Jean Bardet” bestehen.

Vannes

La Morgate
21, Rue de la Fontaine, F-56000 Vannes
Tel. 02 97 42 42 39
Das Restaurant mit seinem rustikalen, gutbürgerlichen Ambiente ist eine gute Adresse für Fischliebhaber.

Son et Lumière

Klang und Licht

In den Sommermonaten, an manchen Orten auch bis in den Herbst, wird in vielen touristisch bedeutenden Orten und vor allem in den großen Schlössern nach Einbruch der Dunkelheit das “Spectacle Son et Lumière” (‘Klang und Licht’) veranstaltet. Unterstützt von manchmal recht theatralischen Beleuchtungseffekten, die oft auch die umgebenden Parklandschaften einbeziehen, werden Szenen aus der Geschichte nacherzählt und musikalisch bzw. mit schauspielerischen Darbietungen untermalt. Klang- und Licht-Veranstaltungen werden u. a. gezeigt in Amboise, Azay-le-Rideau, Blois, Chambord, Chenonceau, Cour-Cheverny, Loches und Valençay.

Sport

Angeln

Angeln erfreut sich in Frankreich größter Beliebtheit. Im Loire-Gebiet sind die Möglichkeiten für diesen Sport breitgefächert: die Loire selbst, vor allem aber ihre Nebenflüsse und die vielen kleinen Wasserläufe, die diesen zuströmen, sowie die zahlreichen in den Wäldern versteckten Weiher laden zum Fischen ein. Was man wo angeln darf, ist von der Jahreszeit und der

Angeln (Forts.)

Art des Gewässers abhängig. Man unterscheidet zwei Kategorien von Fischgewässern: In Gewässern der ersten trifft man hauptsächlich Lachsfische an, zur zweiten Kategorie gehören alle anderen Gewässer. Für erstere benötigt man eine Steuermarke (supplément), für die zweite genügt eine Grundmarke (timbre de base). Wer in öffentlichen Gewässern angeln will, braucht den entsprechenden Erlaubnisschein der zuständigen Société de Pêche, für private Gewässer die Genehmigung des Besitzers bzw. Pächters; Auskünfte erteilen die örtlichen Fremdenverkehrsämter, über die man auch den Erlaubnisschein für öffentliche Gewässer erhält. Das Angeln im Meer ist vom Ufer aus mit höchstens zwei Ruten für jedermann erlaubt; man informiere sich jedoch über eventuelle Sperrgebiete. Allgemeine Informationen über Angelmöglichkeiten und -vorschriften findet man in der Broschüre "Pêche en France" (auch in deutscher Sprache erhältlich), die herausgegeben wird vom Conseil Supérieur de la Pêche, 134 Avenue de Malakoff, F-75016 Paris, Tel. 0145022020, Fax 0145012723.

Golf

Der Golfsport findet auch in Frankreich immer mehr Anhänger. Im unteren Loire-Tal, zwischen Orléans und Nantes, gibt es ein gutes Dutzend Golfplätze, u. a. in Amboise (16 Löcher), in Tours (18 Löcher), in Saint-Laurent-Nouan (zwischen Chambord und Beaugency; 18 Löcher), in Cheverny (18 Löcher) und in der Nähe von Angers (18 Löcher). Auskunft erteilt die Fédération Française de Golf, 69 Avenue Victor Hugo, F-75116 Paris, Cédex 16, Tel. 0144176300, Fax 014417636.

Jagd

Das Loire-Tal bietet mit seinen unterschiedlichen Biotopen vielfältige Möglichkeiten zur Jagd auf Rot- und Schwarzwild, Fasane, Wildenten, Rebhühner und Wildkaninchen. Traditionell geschätzte Jagdreviere sind die großen Waldgebiete südlich der Loire zwischen Orléans und Tours. Ausländische Jäger benötigen eine Jagderlaubnis (permit de chasser) bzw. eine für 48 Stunden gültige Jagdlizenz (licence de chasse; nur mit gültigem Jagdschein des Heimatlandes). Für beide ist eine in Frankreich abgeschlossene Jagdversicherung, für das "permit de chasser" zusätzlich ein polizeiliches Führungszeugnis erforderlich. Auskünfte erteilt das Office National de la Chasse, B. P. 236, F-75822 Paris Cédex 17, Tel. 0144151717, Fax 0147637913.

Reiten

Reitmöglichkeiten gibt es an der Loire zur Genüge, insbesondere Saumur und seine Umgebung sind Hochburgen des Reitsports. Informationen über Reitställe und -schulen erteilen die örtlichen Fremdenverkehrsämter sowie die Loisirs Accueil Services der Départements (⟶ Auskunft).

Wandern

Das Wanderwegenetz ist in ganz Frankreich gut ausgebaut. Zum einen gibt es die sog. Grandes Randonnées (abgekürzt GR; Fernwanderwege), zum anderen die Petites Randonnées genannten kürzeren Routen. ren. Das in diesem Reiseführer beschriebene Gebiet ist durch mehrere Fernwanderwege erschlossen, einer davon begleitet die Loire von der Quelle bis zur Mündung (GR 3). Genau beschrieben werden die Grandes Randonnées in den sog. "Topo Guides", Wanderführern, die vom französischen Wanderverband herausgegeben werden (in französischer Sprache). Man erhält sie in Buchhandlungen oder beim Wanderverband direkt (Fédération Française de la Randonnée Pédestre (FFRP), Centre d'Information, 14, Rue Riquet, F-75014 Paris, Tel. 0144899393).

Sprache

Verständigung

Wer individuell durch das Loire-Tal reist, sollte zumindest ein paar Grundvokabeln Französisch beherrschen, da man nicht überall damit rechnen darf, daß man sich auf deutsch verständigen kann. In den größeren Hotels und in den Tourismusbüros wird in der Regel auch Englisch gesprochen.

Sprache (Forts.)
Aussprache

Charakteristische Merkmale des Französischen sind die Betonung am Wortende (meist auf der vorletzten Silbe), die häufige Nasalierung von bestimmten Buchstabengruppen und die Bindung zwischen zwei Wörtern. Vokale: ai wie e; ais wie ä; eau wie o; ay vor Vokal wie äj, é wie e; è, ê wie ä; ei wie ä; en, em am Silbenende wie an (nasaliert); eu wie ö; im, in wie än (nasaliert); oi, oy wie ua; oy vor Vokal wie uaj; ou wie u; u wie ü; um, un am Silbenende wie ön (nasaliert); y wie i.
Konsonanten: c vor e, i, y, ebenso ç wie scharfes s; c vor a, o, u wie k; ch wie sch; g vor e, i, y ebenso j wie g in Genie; g vor a, o, u wie g; gn meist wie nj: h immer stumm; ll zwischen Vokalen oft wie j, aber elle = äl; m, n nach Vokal vor Konsonant oder am Wortende nasaliert; ph wie f; q, qu wie k; v wie w; x, z zwischen Vokalen wie stimmhaftes s. Folgende Buchstaben sind am Wortende (oft auch am Silbenende) meist stumm: b, c, d, e, p, r, (nur nach e) s, t, x, z.

Grundzahlen

0 zéro
1 un, une
2 deux
3 trois
4 quatre
5 cinq
6 six
7 sept
8 huit
9 neuf
10 dix
11 onze
12 douze
13 treize
14 quatorze
15 quinze
16 seize
17 dix-sept
18 dix-huit
19 dix-neuf
20 vingt
21 vingt et un
22 vingt-deux
30 trente
40 quarante
50 cinquante
60 soixante
70 soixante-dix
71 soixante et onze
80 quatre-vingt(s)
81 quatre-vingt-un
90 quatre-vingt-dix
91 quatre-vingt-onze
100 cent
101 cent un
153 cent cinquante trois
200 deux cent(s)
300 trois cent(s)
1000 mille
1001 mille un
2000 deux mille
1 Mio. un million

Ordnungszahlen

1. premier, première
2. deuxième
   second, seconde
3. troisième
4. quatrième
5. cinquième
6. sixième
7. septième
8. huitième
9. neuvième
10. dixième
11. onzième
12. douzième
100. centième

Bruchzahlen

$^1/_2$ demi, demie
$^1/_4$ quart
$^1/_3$ tiers
$^3/_4$ trois quarts

Monate

Januar	Janvier
Februar	Février
März	Mars
April	Avril
Mai	Mai
Juni	Juin
Juli	Juillet
August	Août
September	Septembre
Oktober	Octobre
November	Novembre
Dezember	Décembre
Monat	Mois
Jahr	An, année

Wochentage	Montag	Lundi
	Dienstag	Mardi
	Mittwoch	Mercredi
	Donnerstag	Jeudi
	Freitag	Vendredi
	Samstag	Samedi
	Sonntag	Dimanche
	Feiertag	Jour de fête
	Tag	Jour, journée
Festtage	Neujahr	Nouvel An
	Ostern	Pâques
	Christi Himmelfahrt	Ascension
	Pfingsten	Pentecôte
	Fronleichnam	Fête-Dieu
	Mariä Himmelfahrt	Assomption
	Allerheiligen	Toussaint
	Weihnachten	Noël
	Silvester	La Saint-Sylvestre
Verkehrs-aufschriften	Attention!	Vorsicht! Achtung!
	Au pas!	Langsam! Im Schritt!
	Bouchon	Stau
	Brouillard	Nebel
	Centre ville	Zur Stadtmitte
	Chantier	Baustelle
	Danger (de mort)	Gefahr (Lebensgefahr)
	Déviation	Umleitung
	Douane	Zoll
	Fin de limitation de vitesse	Ende der Geschwindigkeits-beschränkung
	Garage	Garage, Ausweichstelle
	Gravier, Gravillons	Rollsplitt
	Halte!	Halt!
	Impasse	Sackgasse
	Limitation de vitesse	Geschwindigkeitsbeschränkung
	Passage interdit!	Durchfahrt verboten!
	Passage protégé	Kreuzung mit eigener Vorfahrt
	Poids lourds	Schwerlastverkehr
	Priorité à droite	Vorfahrt von rechts
	Prudence!	Achtung! Vorsicht!
	Ralentir, ralentissez!	Langsam fahren!
	Route barrée	Straße gesperrt
	Sens unique	Einbahnstraße
	Serrez à droite!	Rechts fahren!
	Sortie de camions	Ausfahrt von Lastwagen
	Tenez vos distances!	Abstand halten!
	Toutes directions	Alle Richtungen
	Travaux	Straßenarbeiten
	Verglas	Glatteis
	Virage (dangereux)	(gefährliche) Kurve
	Voie unique	einspurige Verkehrsführung
	Zone bleue	Parken nur mit Parkscheibe erlaubt
	Zone rouge – Mise en fourrière immédiate	Halten verboten! Wagen wird sofort abgeschleppt
Auf der Reise	Abfahrt, Abflug	Départ
	Ankunft	Arrivée
	Auskunft	Information
	Autobus-Bahnhof	Gare routière
	Bahnhof	Gare
	Bahnsteig	Quai

Auf der Reise (Fortsetzung)

Fahrkarte	Billet
Einsteigen!	En voiture!
Fahrplan	Horaire
Fensterplatz	Coin fenêtre
Flug	Vol
Flughafen	Aéroport
Flugplan	Horaire
Flugschein	Billet, ticket
Gepäck	Bagages
Gepäckschein	Bulletin de bagages
Gepäckträger	Porteur
Gleis	Voie
Haltestelle	Arrêt
Liegewagen(platz)	Couchette
Nichtraucher	Non-fumeur
Raucher	Fumeur
Schaffner	Contrôleur
Schalter	Guichet
Schlafwagen	Wagon-lit
Speisewagen	Wagon-restaurant
Toilette(n)	Toilette(s)
Umsteigen	Correspondance
Wartesaal	Salle d'attente
Zug	Train

Auf der Post

Adresse	Adresse
Brief	Lettre
Briefkasten	Boîte à lettres
Briefmarke	Timbre(-poste)
Einschreiben	Recommandé
Luftpost	Par avion
Päckchen	Petit paquet
Paket	Paquet, colis
Postkarte	Carte postale
Postlagernd	Poste restante
Telefon	Téléphone
Telegramm	Télégramme

Wichtige Redewendungen

Guten Morgen, guten Tag!	Bonjour!
Guten Abend!	Bonsoir!
Auf Wiedersehen!	Au revoir!
Sprechen Sie deutsch?	Parlez-vous allemand?
Ich verstehe nicht	Je ne comprends pas
Ja	Oui
Nein	Non
Bitte!	S'il vous plaît!
Danke!	Merci!
Gestern	Hier
Heute	Aujourd'hui
Morgen	Demain
Hilfe!	Au secours!
Haben Sie ein Einzelzimmer?	Avez-vous une chambre à un lit?
Haben Sie ein Doppelzimmer?	Avez-vous une chambre à deux lits?
Wieviel kostet das?	Combien ça coûte?
Wollen Sie mich bitte um 6 Uhr wecken?	Veuillez me réveiller à six heures, s'il-vous-plaît?
Wo ist die Toilette?	Où sont les toilettes?
Wo ist die Apotheke?	Où est la pharmacie?
Ist dies der Weg zum Bahnhof?	Est-ce le chemin à la gare?

Straßenverkehr

Das französische Straßennetz ist ausgesprochen engmaschig, wobei sich auch die Nebenstrecken meist in sehr gutem Zustand befinden.

Autobahnen

Autobahnen (autoroutes) sind abgesehen von einigen Kurzstrecken gebührenpflichtig (péage).

Nationalstraßen

Hauptträger des Fernverkehrs sind nach wie vor die vorzüglich ausgebauten Nationalstraßen (routes nationales), die etwa den deutschen Bundesstraßen entsprechen. Sie sind durch rot-weiße Kilometersteine, welche die Straßennummer (z. B. N 55) tragen, gekennzeichnet und besitzen häufig für beide Fahrtrichtungen zusammen drei Fahrspuren, deren mittlere dem Überholen dient. Wegen des weitverzweigten Straßennetzes ist die Verkehrsdichte meist recht gering.

Landstraßen

Die Landstraßen (routes départementales) sind durch gelb-weiße Kilometersteine (z. B. D 555) markiert.

Benzin

Bleifrei (sans plomb) kann man mittlerweile überall tanken. Die Benzinpreise für Normal bleifrei, Super bleifrei (95 bzw. 98 Oktan) und Super verbleit sind in Frankreich höher als in Deutschland; Dieselkraftstoff (gazole) ist etwa gleich teuer wie in Deutschland.
Achtung: Am Sonntagnachmittag haben viele Tankstellen in den ländlichen Regionen geschlossen.

Parkplätze

Bei den Hauptsehenswürdigkeiten stehen im allgemeinen genügend Parkplätze (meist gebührenpflichtig) zur Verfügung. Im Bereich der Innenstädte gibt es die sogenannte 'zone bleue' ('Blaue Zone'), in der die Verwendung einer Parkscheibe (disque) obligatorisch ist. Rot-weißer oder rotgelb gestreifter Randstein bedeutet Parkverbot. Bei kleinen Ortschaften empfiehlt es sich, den Wagen am Ortsrand zu parken und sich zu Fuß ins Zentrum zu begeben.

Verkehrsvorschriften

Die Verkehrsregeln entsprechen denen im deutschsprachigen Raum. Das Anlegen der Sicherheitsgurte ist für alle Mitfahrenden obligatorisch. Motorradfahrer müssen Sturzhelme tragen und tagsüber mit Abblendlicht fahren. Vorfahrt hat grundsätzlich das von rechts kommende Fahrzeug; im Kreisverkehr sind die in den Kreis Einfahrenden wartepflichtig. Die Höchstgrenze für den Blutalkoholgehalt liegt bei 0,5 Promille.

Geschwindigkeitsbeschränkungen

Höchstgeschwindigkeit für Kraftfahrzeuge in Frankreich:
auf Autobahnen 130 km/h (bei Regen 110 km/h)
auf Schnellstraßen 110 km/h (bei Regen 100 km/h)
auf National- und Landstraßen 90 km/h (bei Regen 80 km/h)
in den Orten 50 km/h

Wer seinen Führerschein noch nicht länger als ein Jahr besitzt, darf nicht schneller als 90 km/h fahren.

Telefon

Kartentelefone

Die meisten öffentlichen Telefonzellen sind inzwischen auf Kartentelefone (Télécarte) umgestellt, die man in Postämtern, Tabakläden und Büros der France Telecom zu 50 und 120 Gebühreneinheiten erhält.

Telefonnummern

Seit 1996 sind die französischen Telefonnummern zehnstellig, d. h. den bis dahin achtstelligen Nummern wurden zwei Zahlen vorangestellt, die auch innerhalb der Départements zu wählen sind.

Die Vorwahl für Frankreich von Deutschland, Österreich und der Schweiz aus lautet 00 33. — Vorwahl Frankreich

Deutschland: 00 49
Österreich: 00 43
Schweiz: 00 41
(die Vorwahl der Stadt ohne die 0 und dann die gewünschte Rufnummer) — Vorwahl Ausland

Den telefonischen Auskunftsdienst (Renseignements téléphoriques) erreicht man unter der Rufnummer 12. — Auskunft

Trinkgeld

In den Restaurants und Cafés ist das Bedienungsgeld fast immer im Rechnungsbetrag enthalten, d. h. Service compris. Doch mehr als in Deutschland, Österreich und der Schweiz gehört das Pourboire, das Trinkgeld, in Frankreich zum guten Ton. Bei netter, zuvorkommender Bedienung hinterläßt man dem Kellner im Restaurant bis zu 15 FF bzw. rundet die Endsumme der Rechnung (bis zu 10 %) nach oben auf. Wer mit Scheck- oder Kreditkarte zahlt, sollte dennoch ein paar Münzen auf dem Tisch zurücklassen. Dies gilt auch für Cafés und Bars: Hier läßt man einfach das Geld auf dem Rechnungsteller liegen. Auch Taxifahrer, Fremdenführer, Toilettenfrauen, Gepäckträger sowie das Personal des Zimmerservice freuen sich über ein Trinkgeld.

Unterkunft

Allgemeines

Entlang der Loire, vor allem natürlich im unteren Abschnitt zwischen Orléans und Angers, ist die Auswahl an Unterkünften entsprechend der touristischen Bedeutung dieser Region groß. Das Angebot umfaßt exklusive Hotels ebenso wie preisgünstige Privatzimmer oder Campingplätze.

Privatzimmer und Ferienwohnungen

Das Übernachten in Privatunterkünften, sog. chambres d'hôtes, wird auch in Frankreich immer beliebter. Wer gerne mal das Leben in einem Château aus der Nähe kennenlernen will, kann von den sog. Châteaux d'Accueil Gebrauch machen (⟶ Hotels).
Das Angebot an Ferienwohnungen (gîtes) ist an der Loire ebenfalls reichlich und sehr differenziert – es reicht von einfachen Quartieren bis zu großzügigen, komfortabel eingerichteten Landhäusern. Auch auf vielen Bauernhöfen kann man Zimmer oder Ferienwohnungen mieten. Eine Liste mit den Adressen von Ferienwohnungen bzw. deren Vermieter erhält man von den Auskunftsstellen der Departments bzw. den Fremdenverkehrsämtern (⟶ Auskunft) sowie von

Gîtes de France
59, Rue Saint Lazare, F-75009 Paris, Tel. 01 49 70 75 75, Fax 01 42 8. 28 53

Hotels ⟶ dort
Camping ⟶ dort
Jugendherbergen ⟶ dort

Veranstaltungen

Bourges: Printemps de Bourges (Musik-, Folklore- und Theaterfestival) — April

Orléans: Blumenschau im Parc de la Source — April–Juni

Son et Lumière: Chinon bei nächtlicher Beleuchtung

April/Mai	Saumur: Internationales Reit- und Springturnier Le Mans: 42-Stunden-Motorradrennen (April/Mai)
April–Oktober	Amboise: Klassische Konzerte in der Kirche St-Denis
Mai	Bourges: Altstadtfest Orléans: Fest der Jeanne d'Arc mit Prozession Sancerre: Käsemarkt Tours: Blumenkorso Châteaudun: Schloßkonzerte (bis Septmeber)
Juni/Juli	Amboise: Johannisfeuer (24. Juni) Langeais: Internationale Musiktage Tours: Musikfest der Touraine
Juli	Loches: Marché paysan (ländlicher Markt) Sully-sur-Loire: Festival mit klassischer Musik, Ballett und Tanz
Juli–August	Orléans: Musikalischer Sommer Valençay: Musik- und Theaterfestival Azay-le-Rideau: Sommerkonzerte (auch im September)
August	Amboise: Weinmarkt Chinon: Mittelalterlicher Markt mit Gauklern, Kostümen, Kunsthandwerk Langeais, Plessis-les-Tours, Ussé: Sommerkonzerte Sancerre: Weinfest Tours: Sommerkonzerte
September	Amboise: Sommerkonzerte
Dezember	St-Benoît-sur-Loire: Weihnachtliche Mitternachtsmesse

Wein

Feine Weiße, charmante Rote und elegante Schaumweine

Die Loire ist ebenso wie der Rhein und die Rhône, der Duero beziehungsweise Duoro in Spanien und Portugal und wie – streckenweise – auch die Donau ein Fluß des Weins. Die Rebfläche an der Loire und ihren Nebenflüssen umfaßt rund 55 000 Hektar. Die Weinvielfalt an Frankreichs längstem Strom ist immens. Beträchtliche Unterschiede, was Klima, Landschaft und Bodenbeschaffenheit angeht, bedingen die Vielzahl der Rebsorten, die in Anbaugebieten der Loire kultiviert werden.
Frische, trockene Weißweine – das erwarten die meisten Weinliebhaber, wenn sie an die Loire kommen. Wesentlich geprägt wurde das Bild von der Loire als Region der "frischen Weißen" vor allem vom Muscadet und Sancerre, zwei bekannten trockenen Weißweinen, die auf der ganzen Welt in recht unterschiedlichen Qualitäten zu haben sind. Weniger bekannt ist dagegen, daß rund um Saumur ähnlich große Mengen Schaumwein wie in der Champagne produziert werden, daß von den Coteaux du Layon herausragende edelsüße Weine stammen und daß westlich von Angers, in Savennières, ein betörender, trockener Weißwein wächst, der zu den interessantesten, besten (und teuersten) Frankreichs gehört.

Sancerre und Pouilly-Fumé

Sancerre und das auf der gegenüberliegenden Flußseite liegende Pouilly am Oberlauf des Stroms markieren den Beginn ernstzunehmenden Weinbaus an der Loire und setzen gleich einen Höhepunkt. Die bei den Konsumenten zunehmend beliebter werdende Rebsorte Sauvignon blanc ist hier der unumstrittene Star. Sie findet hier die Böden und das Klima, die sie braucht, um Weine hervorbringen, die fruchtig und aromatisch sind (Stachelbeere, Grüner Paprika), dabei aber knochentrocken und mit einer oft rauchig-mineralischen Note versehen. Letztere ist beim Pouilly-Fumé, wie der Weißwein rund um Pouilly genannt wird, besonders ausgeprägt, denn ein Großteil der Weinberge wurde auf sehr feuersteinhaltigen Böden angelegt. Die meisten Weine werden ihrer floralen bzw. mineralischen Eigenschaften wegen in Edelstahlgebinden ausgebaut; einige Winzer arbeiten jedoch erfolgreich mit dem kleinen Holzfaß. Aus der Rebsorte Pinot noir werden in dem Gebiet auch ansprechende Rosé- und Rotweine erzeugt.

Orléanais

Flußabwärts bei Orléans, wo die Loire ihren nördlichsten Punkt erreicht, hat der Weinbau nicht den Stellenwert wie in den westlich davon gelegenen Gebieten Touraine und Anjou. Von hier kommen leichte Roséweine sowie Weiße aus der Sorte Chardonnay.

Chinon und Bourgueil

In der ehemaligen Provinz Touraine schlägt das touristische Herz der Loire – 650 klassifizierte Schlösser gibt es hier –, aber auch für den Weinfreund ist einiges geboten. In der Gegend rund um das malerische Städtchen Chinon südwestlich von Tours macht man Rotweine aus der Sorte Cabernet franc, die auch in den berühmten Tropfen des Bordelais enthalten ist. Sie gelten als die besten Rotweine der Loire. Sie sind himbeerfruchtig und tanninbetont; gute Jahrgänge haben auch ein gewisses Reifepotential

Vouvray und Montlouis

Aus Bourgueil auf der anderen Loireseite kommt ein vergleichbarer Roter, ebenfalls aus der Cabernet-franc-Traube, der im allgemeinen als etwas robuster und tanninbetonter beschrieben wird. Leichter und duftiger sind die Weine aus der im Westen angrenzenden Zone Saint-Nicolas-de-Bourgueil. Die besten Weißweine der Touraine sind zweifellos die Gewächse aus Vouvray und Montlouis östlich von Tours. Hier zeigt eine weitere große weiße Rebsorte, was sie kann: Chenin blanc. Auf kalkhaltigen Tuffsteinböden wachsen je nach Jahr und Willen des Winzers entweder trockene oder halbtrockene Weine, aber auch edelsüße Kreszenzen aus überreifen Trauben, vergleichbar mit deutschen Beerenauslesen.

Anjou – Saumur

Die Region Anjou, die auch den Bereich Saumur umfaßt, erzeugt zirka 25 Prozent aller Loireweine und steht für eine Vielzahl unterschiedlicher Stile.

Anjou – Saumur (Forts.)

Die Weißen, oft Chenins blancs, können trocken sein, halbtrocken oder süß; außerdem werden halbtrockene und trockene Rosés hergestellt sowie diverse Rotweine. Saumur und seine Umgebung sind darüber hinaus das Zentrum der Schaumweinindustrie an der Loire. Als Anjou beziehungsweise Anjou-Village kommen beliebte Rotweine aus den Rebsorten Cabernet franc und Cabernet Sauvignon in den Handel. Rosé d'Anjou ist ein etwas altmodischer, lieblicher Rosé, die Bezeichnung Rosé de Loire steht für die trockene Machart. Bemerkenswert ist der rote Saumur-Champigny, der ebenfalls aus den beiden Cabernet-Sorten bereitet wird. In der Jugend eher frisch, reift er sehr gut und kann erstaunlich fein und ausgewogen gelingen. Die weißen Protagonisten der Region sind die meist süßen Chenin-blanc-Weine der Coteaux de Layon, deren bedeutendste Orte Bonnezeaux und Quart de Chaume eigene Herkunftsbezeichnungen besitzen. Diese Weine profitieren von der gewünschten Edelfäule (Botrytis), die die Austrocknung der Trauben befördert und so für eine stärkere Konzentration des Saftes und für ein komplexeres Aroma sorgt. Die so gewonnenen Weine bestechen mit ihrem Körper und zeichnen sich durch eine mehr oder minder spürbare Süße aus. Raffiniert werden sie aber erst durch die tragende Säure, die ihnen Länge und Eleganz verleiht; auch hier ist der Vergleich mit Auslesen und Beerenauslesen von Rhein und Mosel angebracht.

Savennières

Ein weiteres Highlight ist der Savennières aus dem gleichnamigen Ort am Nordufer der Loire, westlich von Angers. Dieses nur 75 Hektar große Anbaugebiet bringt verführerische, meist trocken ausgebaute Chenin-blanc-Weine hervor, die zu den elegantesten Weinen der Loire und Frankreichs überhaupt gehören und dementsprechend gesucht sind. Je nach Erzeuger brauchen diese Tropfen einige Jahre, bis sie zugänglich sind. Es gibt aber auch samtig-zarte Gewächse, die schon jung gut schmecken. Der Savennières ist gemeinhin duftig und üppig, er hat eine weiche Fruchtigkeit und eine filigrane Würze; bestenfalls gerät er ausgesprochen komplex. Im Alter bekommt er einen an Honig erinnernden Charakter und wird weniger trocken. Diese langsame Verwandlung ist übrigens ein Merkmal aller guten Chenin-blanc-Weine.

Muscadet

Die Landschaft rund um die Stadt Nantes, kurz vor der Mündung der Loire in den Atlantik, ist das Reich des Muscadets. Er wird aus der Rebsorte Melon de Bourgogne bereitet und ist ein idealer Begleiter zu Fisch und Meeresfrüchten. Im Vergleich zu den hier etwas ausführlicher beschriebenen Chenins blancs und Sauvignon blancs aus dem Anjou bzw. Sancerre/ Pouilly sur Loire ist er einfacher strukturiert, frisch, süffig und außerdem günstiger im Preis!

In seiner "Sur-lie-Variante", wenn er nach sechs Monaten Lagerzeit auf seiner eigenen Hefe direkt in die Flasche gefüllt wird, kann er aber auch an Eleganz und Komplexität gewinnen und zu sehr guter Form auflaufen. Muscadets sollten jung getrunken werden, wobei die "Sur-lies" aus guten Jahrgängen (1995, 1996, 1997) auch ein paar Jahre halten und sich dabei in Richtung eines leichteren weißen Burgunders hin verändern können.

Der Gros Plant du Pays Nantais, der ebenfalls hier erzeugt wird, ist leicht, süffig und anspruchslos; etwas besser gerät dieser Wein im bereits erwähnten Sur-lie-Verfahren.

Kleine Auswahl empfehlenswerter Erzeuger

Sancerre/ Pouilly-Fumé

Didier Dagenau,
F-58150 Saint Adelain, Tel. 0386391562

Baron de Ladoucette, Chateau de Nozet,
F-58150 Pouilly, Tel. 0386391016

Vouvray

Domaine Huet,
F-37210 Vouvray, Tel. 0247527887

Catherine und Didier Champalou,
F-37210 Vouvray, Tel. 0247526449

Chinon

Philippe Alliet, L'Ouche Monde,
F-37500 Cravant-les-Coteaux, Tel. 0247931762

Charles Joguet,
F-37220 Sazilly, Tel. 0247585553

Bourgueil

Yannick Amirault, La Coudraye,
Route du Moulin Bleu, F-37140 Bourgueil,
Tel. 0247977807

Joël Taluau,
F-73140 St-Nicolas-de-Bourgueil, Tel. 0247977879

Anjou/ Saumur

Chateau Pierre Bise, Claude Papin,
F-49750 Beaulieu-sur-Layon, Tel. 0241783144

Coulée de Serrant, Nicolas Joly,
F-49170 Savennières, Tel. 0241722232

Cave Cooperative de Saumur,
F-49260 St-Cyr-en-Bourg, Tel. 0241530606

Muscadet

Jean-Ernest Sauvion,
Chateau du Cléray-Sauvion,
F-44300 Vallet, Tel. 0240362255

Luc Choblet, Domaines des Herbauges,
F-44830 Bouaye, Tel. 0240654492

Zeit

Im Winterhalbjahr gilt in Frankreich die Mitteleuropäische Zeit (MEZ); von Ende März bis Ende Oktober wurde die Sommerzeit (MEZ + 1 St.) eingeführt.

Zollbestimmungen

EU-Binnenmarkt

Innerhalb der Mitgliedstaaten der Europäischen Union, das wissen wir jetzt, ist der Warenverkehr für private Zwecke weitgehend zollfrei.
Zur Abgrenzung zwischen privater und gewerblicher Verwendung gelten folgende Höchstmengen: 800 Zigaretten, 400 Zigarillos, 200 Zigarren, 1 kg Rauchtabak, 10 l Spirituosen, 90 l Wein (davon max. 60 l Schaumwein) und 110 l Bier. Bei Stichprobenkontrollen ist glaubhaft zu machen, daß die Waren tatsächlich nur für den privaten Verbrauch bestimmt sind.

Zollbestimmungen

Einreise nach Frankreich aus Nicht-EU-Ländern

Für Reisende aus Nicht-EU-Ländern (u. a. Schweizer Staatsbürger) liegen die Freigrenzen für Personen über 17 Jahren bei 200 Zigaretten oder 100 Zigarillos oder 50 Zigarren oder 250 g Rauchtabak; ferner bei 2 l Wein und 2 l Schaumwein oder 1 l Spirituosen mit mehr als 22 Vol.-% Alkoholgehalt oder 2 l Spirituosen mit weniger als 22 Vol.-%Alkoholgehalt, 500 g Kaffee oder 22 g Kaffeeauszüge, 100 g Tee oder 40 g Tee-Extrakt, 50 g Parfüm oder 0,25 l Eau de Toilette. Zollfrei sind ferner Geschenkartikel bis zu einem Wert von 175 Euro.

Wiedereinreise in die Schweiz

Abgabenfrei für Personen ab 17 Jahren sind 200 Zigaretten oder 50 Zigarren oder 250 g Rauchtabak, an alkoholischen Getränken 2 l mit bis zu 15 Vol.-% Alkoholgehalt und 1 l mit mehr als 15 Vol.-% Alkoholgehalt als Höchstmenge; ferner Geschenke im Wert bis 100 sfr.

Register

Verzeichnis der Karten und graphischen Darstellungen

Bildnachweis

Baedeker-Archiv: 41, 92
Birkeneder, Isabella: 6/7, 25, 34, 168
Archiv für Kunst und Geschichte: 20 (3x), 22 (3x)
Lade/Bergmann: 87
Müller, Wolfgang: 133
Nahm, Peter M.: 8, 12, 21, 28, 31, 37 (unten), 38 (2x), 39, 40 (2x), 45, 54 (2x), 57, 58, 60, 64/65, 66 (2x), 72, 74, 76, 78, 82 (2x), 84, 89 (2x), 90, 94, 95, 97, 99 (2x), 100, 101, 103, 105, 107, 111, 117, 119, 122 (2x), 123, 124, 127, 129, 130, 131, 136, 137, 138, 140, 141, 144, 151, 152, 154, 155, 157 (2x), 158, 160, 163, 165, 166, 167, 170, 172, 174, 176, 177 (2x), 181, 182, 184, 189, 214
Schliebitz, Anja: 37 (oben), 68 (2x), 148, 179
Strobel, Manfred: 6 (unten), 46, 49
Wurth, Andrea: 1, 3, 5, 6 (oben), 6/7, 7 (3x), 33, 43, 47, 53, 55, 80, 85, 93, 108, 109, 191, 196, 200, 216
ZEFA Bildagentur: 70

Titelbild: Schloß Azay-le-Rideau (Bildagentur Schuster/Braunschmid)
Hintere Umschlagseite: Gasthaus in Langeais (Wurth)

Impressum

Ausstattung:
125 Abbildungen
24 Karten und graphische Darstellungen, 1 große Reisekarte

Text: Peter M. Nahm
mit Beiträgen von Andrea Wurth und Holger Zwink (Praktische Informationen, Wein)

Bearbeitung: Baedeker-Redaktion (Andrea Wurth)

Kartographie: Christoph Gallus, Hohberg-Niederschopfheim; Franz Huber, München; Mairs Geographischer Verlag GmbH & Co., Ostfildern (große Reisekarte)

Chefredaktion: Rainer Eisenschmid, Baedeker Ostfildern

8. Auflage 2003

Printed in Germany
ISBN 3-87504-159-3

Gedruckt auf 100% chlorfreiem Papier

Verlagsprogramm

Städte in aller Welt

Amsterdam
Athen
Bangkok
Barcelona
Berlin
Brüssel
Budapest
Dresden
Florenz
Frankfurt/M.
Hamburg
Hongkong
Istanbul
Köln
Kopenhagen
Lissabon
London
Madrid
Moskau
München
New York
Paris
Prag
Rom
San Francisco
St. Petersburg
Singapur
Stuttgart
Venedig
Weimar
Wien

Reiseländer · Großräume

Ägypten
Australien
Baltikum
Belgien
Brasilien
China
Dänemark
Deutschland
Dominikanische Republik
Finnland
Frankreich
Griechenland
Großbritannien
Indien
Irland
Israel
Italien
Japan
Jordanien
Kanada
Karibik
Kenia
Kuba
Luxemburg
Malaysia
Marokko
Mexiko
Namibia
Nepal
Neuseeland
Niederlande
Norwegen
Österreich
Polen
Portugal
Schweden
Schweiz
Skandinavien
Spanien
Sri Lanka
Südafrika
Syrien
Thailand
Tschechien
Tunesien
Türkei
Ungarn
USA
Vietnam

Regionen · Inseln · Flüsse

Algarve
Andalusien
Bali
Bodensee
Bretagne
Burgund
Costa Brava
Elba
Elsaß/Vogesen
Florida
Franken
Französische Atlantikküste
Fuerteventura
Gardasee
Gran Canaria
Griechische Inseln
Harz
Hawaii
Ibiza · Formentera
Ischia · Capri · Procida
Istrien · Dalmat. Küste
Italienische Riviera
Kalifornien
Kanada · Osten
Kanada · Westen
Kanalinseln
Korfu · Ionische Inseln
Korsika
Kreta
Kykladen
La Palma
Lanzarote
Loire
Lombardei · Mailand · Oberital. Seen
Madeira
Malediven
Mallorca · Menorca
Malta
Mecklenburg-Vorpommern
Norditalien
Oberbayern
Provence · Côte d'Azur
Rhodos
Rügen
Sachsen
Salzburger Land
Sardinien
Schleswig-Holstein
Schottland
Schwäbische Alb
Schwarzwald
Seychellen
Sizilien
Südengland
Südtirol
Sylt
Teneriffa
Tessin
Toskana
Türkische Küsten
Umbrien
USA · Nordosten
USA · Südstaaten
USA · Südwesten
Zypern

Kleine Städteführer Deutschland und Schweiz

Augsburg
Bamberg
Basel
Berlin
Bonn
Bremen
Freiburg
Hannover
Heidelberg
Konstanz
Leipzig
Lübeck
Mainz
Nürnberg
Regensburg
Trier
Wiesbaden